KB059350

모바일 미래보고서 2023

모바일 미래보고서 2023

— 커넥팅랩 지음 —

리인벤트

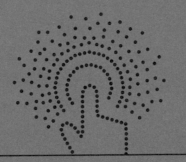

비즈니스북스

모바일 미래보고서 2023

1판 1쇄 인쇄 2022년 9월 1일
1판 1쇄 발행 2022년 9월 8일

지은이 | 커넥팅랩
발행인 | 홍영태
편집인 | 김미란
발행처 | (주)비즈니스북스
등 록 | 제2000-000225호(2000년 2월 28일)
주 소 | 03991 서울시 마포구 월드컵북로6길 3 이노베이스빌딩 7층
전 화 | (02)338-9449
팩 스 | (02)338-6543
대표메일 | bb@businessbooks.co.kr
홈페이지 | http://www.businessbooks.co.kr
블로그 | http://blog.naver.com/biz_books
페이스북 | thebizbooks
ISBN 979-11-6254-300-9 03320

비즈니스북스는 독자 여러분의 소중한 아이디어와 원고 투고를 기다리고 있습니다.
원고가 있으신 분은 ms1@businessbooks.co.kr로 간단한 개요와 취지, 연락처 등을 보내 주세요.

긴축의 시대,
비즈니스를 '재창조'해야 살아남는다

2023년은 IT 산업에 불가피한 변화가 시작되는 해가 될 것이다. 2021년, 2022년에는 디지털 트랜스포메이션을 시도한 기업들이 생존하고 성장했다. 팬데믹에 발 빠르게 대처한 기업, 변화된 환경에 적합한 비즈니스 모델을 가진 기업들이 주인공이 되었다. 하지만 이런 전략이 2023년에도 유효하지는 않다. 여기에는 2가지 이유가 있다.

이유 1. 글로벌 시장 경제의 대변화

지금 전 세계 경제는 거대한 변화의 한가운데에 놓여 있다. 팬데믹 폭발

당시 각국 정부가 경제를 살리기 위해 펼쳤던 정책의 후폭풍이 찾아왔다. 특히 주요 국가들이 경제의 침몰을 막기 위해 풀었던 유동성이 회수되면서 인플레이션이 시작되었다. 여기에 중국·러시아·북한과 한국·미국·일본을 비롯한 서방 국가 사이의 신냉전 구도에 러시아-우크라이나 전쟁까지 발발했다. 원유 등 에너지를 비롯해 주요 원자재를 공급하고 있는 러시아가 전쟁을 일으키고 경제 제재를 받게 되자 원자재 수급이 더욱 어려워졌다. 이는 곧 원자재 비용 상승으로 이어졌고, 소비자 물가 상승에 더더욱 불을 지폈다. 세계 각국 정부는 치솟는 물가를 잡기 위해 기준 금리를 0.5퍼센트포인트 인상하는 빅 스텝Big step, 또는 0.75퍼센트포인트 인상하는 자이언트 스텝Giant step을 연이어 단행했다. 하지만 세계 물가 상승세는 꺾이지 않았다. 여기에 반도체 쇼티지Shortage(공급 부족)와 에너지 쇼티지까지 더해지며 각국의 기업 활동이 위기에 봉착하고 있다.

이유 2. 디지털 경험에 익숙해진 고객들

팬데믹 이후 고객들의 디지털 서비스 접근성이 크게 확대됐다. 특히 40대 이상 중장년층의 서비스 이용 증가율이 눈에 띈다. 신한카드 빅데이터 연구소는 2019년과 비교하여 2021년의 온라인 업종 이용 증가율이 전 연령대에서 평균 71퍼센트라고 밝혔다. 이 중 40대 이상의 이용률은 평균을 크게 상회하여 증가했다(40대 84퍼센트, 50대 110퍼센트, 60대 142퍼센트). 카카오뱅크 또한 2022년 1분기 신규 고객 중 70퍼센트가 40대 이상이며, 카카오뱅크의 전체 고객 중 40대 이상의 비중이 41퍼센트에 달한다고 발표했다.

디지털 기기 구매율의 변화도 눈에 띈다. G마켓은 2021년 50대 이상 고객들의 VR 디바이스 구매가 2019년과 비교하여 29퍼센트 늘었고, 프로젝터 용품은 340퍼센트, 스마트 워치나 스마트 밴드 등 웨어러블 디바이스 구매는 681퍼센트 늘었다고 발표했다. 중장년층의 디지털 서비스 이용 니즈가 이전과 비교하여 확연히 늘어난 것이다. 이렇듯 디지털 경험에 익숙해진 중장년층을 디지털 소외계층으로 평하기는 어려울 것이다.

MZ세대 또한 비대면 온라인·모바일 서비스 증가 이후 더 많은 디지털 경험을 하고 있다. 디지털 네이티브로 나고 자란 이들은 온라인 수업을 듣고 AI 면접을 보며 메타버스 라이프에 누구보다 빠르게 적응하고 있다. 기성세대들은 상상하지 못할 디지털 경험들을 하고 있는 것이다. 디지털 분야에 있어서 중장년층은 변화를 학습하는 세대이고, MZ세대는 변화를 만들어가는 세대라 할 수 있다. 향후 MZ세대에서는 디지털 특화 서비스에 대한 니즈가 더욱 증가할 것이고, 중장년층 또한 MZ세대에서부터 나타나는 변화와 니즈, 서비스에 적응하며 디지털 경험이 더욱 누적될 것이다.

이처럼 경제 시장, 고객 니즈가 달라지며 비즈니스 환경도 큰 변화의 기로에 놓였다. 개인의 삶이 팬데믹 이전으로 돌아갈 수 없듯이 기업의 비즈니스 환경도 팬데믹 이전으로 완벽히 돌아갈 수 없을 것이다. 바로 이런 이유에서 이번 《모바일 미래보고서 2023》의 키워드를 '리인벤트' Re:invent(재창조)로 결정했다. 다가오는 2023년, 거대한 변화를 마주한 IT 비즈니스는 생존과 성장을 위해 다시 한번 비즈니스 모델을 재창조, 즉 리인벤트해야 한다. 이를 누구보다 빠르게 해내는 기업만이 다음 10년의 주인공이 될 것이다.

저자들을 대표하여, 현경민

10년의 모바일 혁명 이후
시장이 달라지기 시작했다

지난 10년간 '모바일 혁명'이 완성되었다. 바로 그 중심에 스마트폰과 4세대 이동통신 LTE가 있다. 휴대 가능한 개인 디바이스로 빠른 속도의 인터넷까지 이용할 수 있는 모바일은 불과 10년 사이에 사실상 비즈니스 생태계를 완전히 바꾸었다. 업계마다 규제나 추가 기술 개발에 따라 약간의 시차만 있었을 뿐 사실상 모든 업계가 모바일 전략을 필수로 추진했다.

우리의 일상 또한 모바일을 기반으로 크게 달라졌다. 우리는 이제 SNS로 다양한 사람들과 소통하고, 개인의 데이터를 분석하여 추천되는 맞춤형 콘텐츠를 즐긴다. 안전하고 편리하게 금융 서비스를 이용하는 데도 익숙하다. 지금은 자주 사용하는 삼성페이, 토스, 카카오T, 웨이브, 당근마켓 등은 10년 전에는 존재하지 않았던 서비스다.

하지만 모바일을 중심으로 꾸준히 성장하던 시장에도 한계가 찾아왔다. 모바일 디바이스 시장은 포화된 지 오래다. 게임, SNS, OTT 등 모바일 중심의 비즈니스를 펼치던 기업들의 성장세도 예전 같지 않다. 여기에 팬데믹이라는 변수까지 등장하며 기업들은 기존과는 다른 성장 동력을 찾고 있다. 과거 10년간 꾸준히 성장했던 대표적인 IT 기업 카카오도 2022년 3월 남궁훈 대표를 선임하며 '비욘드 모바일'Beyond Mobile과 '비욘드 코리아'Beyond Korea라는 슬로건 아래 새로운 비즈니스 전략의 등장을 예고했다. 구글, 애플, 삼성전자, 넷플릭스, 아마존 등 IT 기술을 기반으로 한 모든 기업이 비슷한 상황이다. 생존과 성장을 위해 비즈니스 모델을 새롭게 창조하는 '리인벤트'를 준비 중인 것이다.

이들은 과거에도 모바일 중심의 리인벤트를 통해 지금의 비즈니스 모델을 성공시킨 경험이 있다. 그리고 이번에도 새로운 전략으로 미래를 계획해야 하는 상황이다. 하지만 과거처럼 기존 사업에 모바일을 적용하는 단순한 전략으로는 승산이 없다. 각자의 비즈니스 환경과 서비스 특성에 따른 특화 전략이 필요하다. 여기에 글로벌 인플레이션에 휩쓸리지 않고 디지털 네이티브로 거듭난 고객을 만족시켜야 하는 어려운 과제가 눈앞에 놓였다. 이렇게 급격히 달라진 비즈니스 환경에서 앞으로 10년간 시장을 선점하기 위해 기업들은 무엇을 해야 할까?

이를 알기 위해서는 지금까지의 변화를 탐색해 볼 필요가 있다. 과거와 현재의 트렌드가 미래로 이어지며 영향을 미치기 때문이다. 커넥팅랩은 모바일 미래보고서를 통해 매년 다음 해에 주목받을 키워드를 선정하여 네트워크, AI, 커머스, 금융, 콘텐츠 등 다양한 분야의 트렌드를 예측해 왔다. 각 분야의 실무자들이 모여 면밀히 예측한 트렌드는 예상 범위를 크게 벗어나지 않았고, 책이 출간된 해를 넘어 수년간 지속되거나 현재까지 이어지고 있다. 커넥팅랩이 선정했던 과거의 키워드를 통해 지난 10년간의 트렌드 변화를 살펴보면 향후 10년의 모바일 트렌드가 어떤 방향으로 발전할지 가늠해 볼 수 있을 것이다.

최근 10년간의 모바일 트렌드 키워드

2014년의 키워드는 '모바일'Mobile 그 자체였다. 2014년은 스마트폰과 LTE가 빠르게 확산되며 모바일 서비스들이 본격적으로 트렌드가 되기 시작하던 해였다. 당시 커넥팅랩은 우리의 삶이 '모바일 퍼스트'Mobile First 시대를 넘어 '모바일 온리'Mobile Only 시대로 진입할 것으로 예상했고, 이는 빠르게 현실화되었다.

2015년은 '옴니채널'Omni-Channel을 키워드로 선정했다. 옴니채널은 온라인, 오프라인, 모바일 등 모든 고객 접점 채널들이 유기적으로 결합하여 고객과 지속적으로 연결되는 것을 의미한다. 교보문고에서 제공하는 바로드림이 대표적인 서비스다. 바로드림은 온라인에서 서적을 10퍼센트 할인된 가격으로 구매하고 오프라인에서 바로 받을 수 있는 서비스다. 이처럼 온라인, 오프라인, 모바일 채널이 고객 관점에서 통합되어 제공되는 것을 옴니채널 서비스라 할 수 있다. 이는 온라인과 오프라인이 연결되는 서비스 관점의 O2O_{Online to Offline}와도 연계된다.

2016년에는 고객의 수요에 따라 시공간의 제약 없이 맞춤형으로 제공되는 서비스를 의미하는 '온디맨드'_{On Demand}를 키워드로 선정했다. 유튜브, 네이버TV 등을 통해 원하는 시간에 자유롭게 영상을 시청할 수 있는 VOD_{Video On Demand}가 범용적인 온디맨드 서비스다. 또한 원하는 시간과 장소에서 차량을 호출할 수 있는 카카오택시, 우버, 타다 등의 택시 호출 및 승차 공유 서비스도 대표적인 온디맨드 서비스라 할 수 있다.

2017년의 키워드는 '컨시어지'_{Concierge}였다. 컨시어지는 원래 호텔의 관리인이나 안내인이 고객의 요구에 따라 제공하는 서비스를 의미하는 용어로 주로 상위 소득층을 위한 맞춤형 서비스 개념에 가까웠다. 하지만 IT 기술이 발전하며 더 대중적인 의미로 고객의 요구에 따라 모든 것을 일괄적으로 처리해 주는 가이드라는 의미로 사용되고 있다. 당시는 AI 스피커의 보급과 함께 챗봇, 로보어드바이저 등 다양한 AI 기반 서비스들이 주목받았던 시기였다.

2018년은 '무'_無라는 키워드를 중심으로 무감각_{無感覺}, 무한_{無限}, 무선_{無線}, 무인_{無人}, 무소유_{無所有}, 무정부_{無政府} 등 6가지의 부제를 추가하여 트렌드를 분석했다. 기술적 변화가 가져오는 궁극의 결과가 결국 무_無로 귀결되며 기존의 시스템을 대체하는 새로운 체계를 만드는 현상을 다루었다.

2019년과 2020년은 '5G'를 통해 이동통신 네트워크가 한 세대 진화하며 나타나게 될 새로운 기회와 위기를 전망했다. 특히 2019년에 세계 최초로 상용화된 5G가 4차 산업혁명의 핵심 인프라로 자리매김하며 ABCD_{AI, Blockchain, Cloud, Data}를 기반으로 한 다양한 기술이 발전할 것이라 예상했다. 이를 통해 기존의 한계를 초월하는 서비스들이 등장할 것으로 기대하며 '초'超라는 키워드를 중심으로 초고속超高速, 초연결超連結, 초경험超經驗, 초공유超共有, 초감각超感覺, 초지능超知能 등 6가지의 보조 키워드를 더하여 트렌드를 예측했다.

팬데믹으로 가장 큰 변화가 있었던 2021년은 '온택트'On-Tact를 키워드로 선정했다. 팬데믹은 학교를 휴교시켰고, 공장을 멈춰 세웠으며, 사람들의 교류와 이동을 통제했다. 이렇게 의도된 단절 속에서 기존과 다른 새로운 연결 방식이 필요했고, 그 결과 온택트라는 트렌드가 급부상했다. 온택트는 '접촉 없는 연결이 구현되는 기술과 서비스'라는 의미로 사용되었다. 온택트를 통해 줌Zoom과 같은 원격회의 솔루션, 넷플릭스, 티빙 등의 OTT, 홈 트레이닝 서비스를 비롯하여 로블록스, 제페토 등의 메타버스까지 모든 분야에서 디지털 경험이 다양하게 이루어졌고 지금까지도 이어지고 있다.

2022년은 팬데믹이 주기적으로 발생하는 감염병을 의미하는 엔데믹Endemic으로 변해 가며 주목받은 '펜트업'Pent-Up이 키워드였다. 펜트업은 '팬데믹으로 멈췄던 소비를 다시 일으키는 기술과 서비스'를 의미한다. 펜트업의 가장 큰 특징은 디지털 경험에 기반한다는 것이다. 아이러

연도	키워드	연도	키워드
2014	모바일	2015	옴니채널
2016	온디맨드	2017	컨시어지
2018	무	2019	5G
2020	초	2021	온택트
2022	펜트업	2023	리인벤트

니하게도 팬데믹을 거치며 단절을 극복하기 위해 등장한 서비스들이 전 세대의 디지털 경험을 증진시켰다. 이미 디지털 서비스에 익숙한 MZ세대뿐만 아니라 중장년층들도 마스크 구매, 백신 예약 등으로 디지털 경험을 누적하여 이제는 온라인 커머스와 모바일 결제의 이용률까지 늘고 있다. 대표적인 예로 온전히 중장년층이 타깃인 패션 앱 퀸잇Queenit 등은 새로운 시장을 개척하며 큰 인기를 끌고 있다. MZ세대는 스트리밍 기반의 라이브 커머스, 블록체인 기반의 디파이DeFi, 메타버스 기반의 커뮤니티 등 다양한 디지털 특화 서비스는 물론 ESGEnvironment, Social, Governance 기반의 가치 소비까지 받아들이며 펜트업 트렌드를 이끌었다.

2023년, IT 비즈니스는 재창조를 준비한다

지난 10년간의 트렌드 변화를 통해 모바일이 우리 삶을 급속도로 바꿔

놓았다는 것을 확인할 수 있었다. '피처폰 시대의 종말'이라는 단순한 해석을 넘어 스마트폰과 LTE로 시작된 비즈니스 변화를 체감한 것이다. 그리고 지금, 다시 한번 큰 변화의 시간이 찾아오고 있다.

시장조사기관 가트너Gartner는 글로벌 CEO들을 대상으로 포스트 코로나 시대의 사업 방향에 대해 5R 관점으로 설문조사를 진행했다. 5R은 사업을 정리하는 관점의 리타이어Retire, 원가 절감을 나타내는 리듀스Reduce, 기존으로의 복귀를 의미하는 리턴Return, 비즈니스 모델을 재창조하는 리인벤트Reinvent, 산업의 경계를 넘어 새로운 방향으로 진입하는 리스케일Rescale을 의미한다. 조사 결과 리인벤트를 선택한 CEO의 비율이 57퍼센트를 차지하며 가장 높게 나타났다. 더 적극적인 변화를 의미하는 리스케일 또한 20퍼센트에 달했다. 글로벌 CEO들 또한 기존으로의 회귀가 아니라 비즈니스 모델을 새롭게 창조하는 수준의 변화가 필요하다는 것을 인지하고 있다.

아이러니하게도 이러한 기업들의 고민은 컨설팅사들의 호황으로 이어지고 있다. 일반 기업들의 주가가 급락하는 동안 컨설팅사들의 주가는 오히려 상승하고 매출도 늘어났다. 불안한 비즈니스 환경을 타개하기 위하여 컨설팅 수요가 늘었기 때문이다. 프로세스 개선, 사업 전략 수립, 신사업 기획, M&A 자문 등 급변하는 사업 환경에 대응하기 위한 리인벤트 전략 수립에 대한 니즈로 해석할 수 있다.

이러한 니즈에 적절한 방향을 제시하고자 커넥팅랩은《모바일 미래 보고서 2023》을 통해 새로운 전략 수립이 활발하게 이루어지고 있는

7개의 빅테크 트렌드를 설명하고자 한다. 커머스, OTT, 메타버스, 디지털 헬스케어, 모빌리티, 휴먼 인터랙션, 스페이스 테크 총 7개의 IT 산업에서 이루어지고 있는 리인벤트 트렌드를 만나볼 수 있을 것이다. 각 챕터는 분야의 트렌드를 대표하는 보조 키워드를 선정했다.

• Re:vival 커머스 대동소이한 상품을 쿠폰, 이벤트 등의 특가로 판매하며 경쟁하던 커머스 시장이 변화 중이다. 팬데믹이 시작된 후 안전하고 빠른 배송의 중요성이 부각되며 고객에 이르는 마지막 접점을 의미하는 라스트 마일Last Mile 서비스들이 주목받기 시작했다. 새벽배송이 대표적이다. 하지만 새벽배송은 특성상 고비용 사업구조로 수익성 확보가 어렵다는 단점이 있다. 이에 새로운 라스트 마일 서비스로 주목을 받고 있는 것이 1시간 내로 배송을 완료하는 퀵커머스 서비스다. 새벽배송을 제공하던 업체가 관련 사업을 철수하고 퀵커머스에 집중한다는 전략을 발표하기도 했다. 이외에도 커머스 업계는 명품이나 한정판 스니커즈 등을 온라인으로 재판매하는 리커머스, 가상세계인 메타버스에서 제공되는 메타커머스까지 준비하며 리인벤트를 시도하고 있다.

• Influx OTT OTT는 리인벤트가 가장 활발한 분야다. 팬데믹으로 외부 활동이 어려워지자 여가를 즐기기 위해 넷플릭스를 필두로 한 OTT 서비스 가입자와 이용률이 크게 증가하며 업계는 호황을 누렸다. 하지만 엔데믹으로 향하며 사람들은 다시 야외 활동을 하기 시작했고, 이는

OTT 이용률 감소라는 결과로 이어졌다. 대부분의 OTT 서비스들은 월 정액의 구독료를 수익 모델로 삼고 있기 때문에 타격을 입고 있다. 이를 타개하기 위해 생방송 콘텐츠, 게임 등 기존과 차별화된 콘텐츠를 도입하거나 광고 기반의 저렴한 요금제를 도입하는 등 단순했던 구독료 기반의 비즈니스 모델을 새롭게 설계하며 큰 변화를 준비하는 중이다.

• **Next World 메타버스** 메타버스가 게임회사의 주요 전략으로 부상하고 있다. 게임 개발 과정에서 누적된 다양한 개발 노하우와 IP, 서비스 운영 및 관리 능력은 곧 메타버스 구현에 핵심 역량으로 작용한다. 이를 통해 게임업계는 메타버스 경쟁에 유리한 위치를 점해 다양한 산업군과의 협업이 가능해졌다. 또한 메타버스의 콘텐츠를 구현하기 위한 하드웨어인 XR 디바이스의 발전과 보급으로 가상세계를 현실과 융합한 믹스버스Mixverse의 등장도 예상된다. 여기에 블록체인 기반의 NFT까지 연계된다면 현실 경제와 메타버스를 연결하는 것까지 기대할 수 있다. 날이 갈수록 발전하고 있는 메타버스 기술은 그동안 보지 못했던 새로운 비즈니스 모델을 만들어 갈 것이다.

• **V-curve 디지털 헬스케어** IT 기술을 기반으로 치료, 진료, 관리를 포함한 개인 건강 관리 서비스·기술을 가리키는 디지털 헬스케어는 팬데믹의 확산으로 대면 진료가 제한되는 상황에서 주목받으며 반등하는 모습을 보여 주고 있다. 디지털 헬스케어에 대한 관심은 비대면 원격의료

서비스를 넘어 디지털 치료제와 데이터 기반의 건강 모니터링 분야까지 확산되는 추세다. 특히 국내에서는 의료 마이데이터My Data가 도입될 것으로 예상되기 때문에 디지털 헬스케어 분야의 새로운 비즈니스 모델들이 발굴될 것으로 기대된다. 향후 의료 서비스의 품질이 디지털 기술의 수준으로 결정되는 시대가 도래할지도 모른다.

•**Evolution 모빌리티** 모빌리티 분야는 다양한 서비스를 통합 제공하며 진화하고 있다. 하나의 앱에서 택시, 렌터카, 킥보드, 전기바이크, 시외버스, 비행기 등 다양한 이동 수단을 심리스Seamless 하게 연결하여 최적의 경험을 제공하는 것이 대표적이다. 또한 모빌리티와 관련된 공간을 중심으로 서비스를 통합하기도 한다. 전기자동차 충전 공간이 세차와 정비 서비스를 동시에 제공하는 허브가 되고, 자율주행 모빌리티는 사무실, 카페, 영화관 등 이동이 제한된 상태에서 이용하는 다양한 서비스를 제공하는 제2의 공간이 될 것으로 전망되기도 한다. 또한 모빌리티에서 생산되는 데이터들은 자동차 보험뿐만 아니라 차량의 관리나 사고 처리에 활용되며 지도 서비스와 결합되어 인프라를 강화하는 역할을 할 것이다.

•**New human 휴먼 인터랙션** 팬데믹은 서비스 로봇 시장을 개화시켰다. 비대면 서비스에 대한 수요가 증가한 것이 원인이다. 노동 인구 감소, 인건비 증가의 대안으로 로봇이 제시되었다. 음식을 운반하는 서빙

로봇, 건물 내 소독을 담당하는 방역 로봇, 의료진과 함께 이동하며 디스플레이로 각종 검사 결과를 제공하는 회진 로봇까지 식당, 호텔, 병원 등 다양한 곳에서 서비스 로봇이 사용되며 새로운 시장을 만들어 내고 있다. 디지털 휴먼도 TV 광고, 뉴스 등 다양한 콘텐츠에서 속속들이 등장 중이다. 이들은 금융, 리테일, 교육 등의 분야에서 사람을 대신하여 고객과의 상호작용을 통해 다양한 응대 업무를 수행하고 있다. 디지털 휴먼은 사람과 기계 간의 자연스러운 소통을 구현하는 기술로 비즈니스 관점에서 많은 주목을 받고 있으며 로봇과 함께 휴먼 인터랙션 비즈니스를 이끌 것으로 예상된다.

• **Transform 스페이스 테크** 스페이스 테크는 지구라는 공간의 물리적인 한계를 극복할 수 있는 기술이다. 그동안 나사NASA나 미 공군과 같은 정부 지원에 의존하던 올드 스페이스 테크가 산업을 주도했다면 이제는 기술을 보유한 스타트업 중심의 민간 기업들이 혁신을 주도하는 뉴 스페이스 테크가 앞으로의 트렌드를 주도할 것이다. 스페이스 테크는 디바이스, 네트워크, AI, 클라우드, 3D 프린팅, 로봇 등 최첨단 IT 기술들이 집약되어 있는 분야다. 민간 기업들이 분야를 주도하면서 위성 인터넷, 우주 관광, 관측 기반의 분석 서비스, 우주 탐사 등 다양한 비즈니스를 만들어 내고 있다. 이들은 경쟁을 통해 관련 기술들을 발전시키면서 비용 절감까지 이끌고 있으며 이는 역으로 지구 내의 관련 산업들에도 영향을 미칠 것이다. 이처럼 스페이스 테크는 미래 산업을 이끌 주

요한 분야로 많은 기대를 모으고 있다.

   이후 등장할 각 챕터에서 리인벤트를 통해 다양한 분야의 비즈니스들이 개선되는 모습을 직접 확인해 보자. 학습, 교육, 사업 등 다양한 목적으로 미래를 준비하는 이들에게 커넥팅랩이 예측한 모바일 트렌드가 실용적이고 구체적인 도움이 되기를 바란다.

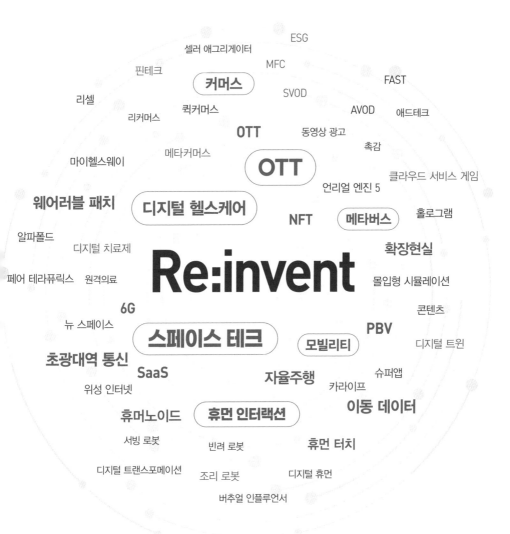

ESG
셀러 애그리게이터
MFC
핀테크
FAST
리셀
SVOD
AVOD 애드테크
리커머스
커머스
퀵커머스
OTT 동영상 광고 촉감
마이헬스웨이
메타커머스
OTT 클라우드 서비스 게임
언리얼 엔진 5
웨어러블 패치
디지털 헬스케어 **NFT** **메타버스** 홀로그램
알파폴드
디지털 치료제 **확장현실**
페어 테라퓨릭스 원격의료 **Re:invent** 몰입형 시뮬레이션
6G 콘텐츠
뉴 스페이스 **PBV**
스페이스 테크 **모빌리티** 디지털 트윈
초광대역 통신 **SaaS** **자율주행** 슈퍼앱
위성 인터넷 카라이프
휴머노이드 **휴먼 인터랙션** **이동 데이터**
서빙 로봇 빈려 로봇 **휴먼 터치**
디지털 트랜스포메이션 조리 로봇 디지털 휴먼
버추얼 인플루언서

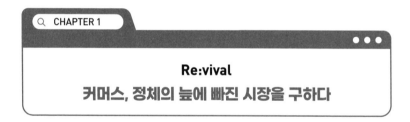

▶ 쇼핑, 더 빠르고 더 흥미롭고 더 풍족하게

▶ 블루오션을 찾지 말고 만들어라

▶ 소규모 셀러를 돕는 히어로 커머스의 등장

CHAPTER 1

팬데믹 이후 폭발적으로 성장했지만 이제는 성숙 단계에 접어든 이커머스 시장. 커머스 기업들은 시장의 성장 둔화에 대처하기 위해 새로운 커머스 트렌드와 비즈니스 모델을 꾸준히 탐색 중이다. 부흥 Re:viva 을 꿈꾸는 커머스 기업들이 준비 중인, 주목할 만할 움직임을 살펴보자.

커머스,
정체의 늪에 빠진
시장을 구하다

쇼핑, 더 빠르고
더 흥미롭고 더 풍족하게

왜 이커머스 시장의 성장은 정체되고 있는가

이커머스 플랫폼에서 주문한 상품이 한 시간 내에 도착하는 것은 일상이 됐다. 명품이나 한정판 스니커즈를 온라인에서 리셀resell, 즉 재판매하는 사람도 많아졌다. 네이버에서는 2022년 7월부터 쇼핑 카테고리에 리셀 판매자들을 입점시키기도 했다. 가상세계인 메타버스도 커머스를 도입했다. 제페토Zepeto, 이프랜드ifland에서는 이용자들이 아바타를 꾸미기 위해 버추얼 의류와 액세서리를 구매한다. 이들을 공략하는 유명 브랜드의 전시장도 늘어나고 있다. 어스2Earth2나 디센트럴랜드Decentraland 같은 곳에서는 메타버스 부동산이 매진되기도 했다.

수치를 살펴보면 이커머스 시장은 성숙 단계에 접어들고 있다. 2022년 2분기 이커머스 침투율, 즉 전체 소매 판매액 중 온라인 쇼핑몰 거래액의 비중은 전 세계에서 가장 높은 36퍼센트 수준까지 도달했다. 하지만 국내 이커머스 시장의 전년 대비 성장률은 10퍼센트대로 내려왔다.

전체 이커머스 시장의 규모를 키우고 시장의 점유율을 좀 더 빼앗으려면 기업들이 새로운 경쟁의 도구를 갖춰야 한다. 주력 사업의 진입장벽을 세우고 고객을 더욱 확보하기 위한 도구의 '재창조'가 필요한 시점이다. 따라서 2023년에는 퀵커머스Quick-Commerce, 리커머스Re-Commerce, 메타커머스Meta-Commerce가 시장을 회복시키는 경쟁의 도구로 확고히 자리잡을 것이다.

빠른 배송을 바탕으로 한 퀵커머스는 기존 이커머스 서비스가 고도화되는 형태라 할 수 있다. 기존 이커머스 환경에서 배송 기간은 2~3일 정도였다. 하지만 퀵커머스 환경에서는 제품이 한 시간 이내에 배송된다. 대기업이 주도하는 B2CBusiness to Consumer 시장의 주요 트렌드다.

리커머스는 개인들의 적극적인 참여로 커지고 있는 C2CConsumer to Consumer 중심의 중고거래 시장이다. 일반 중고 물품 거래는 물론, 한정판 제품의 리셀까지 더해지며 시장이 확장되고 있다.

퀵커머스와 리커머스가 실제 현실에서 이뤄지는 거래 방식인 반면, 메타커머스는 가상세계, 즉 메타버스와 커머스가 결합된 거래 방식이다. 지금부터 3가지 새로운 커머스 트렌드를 살펴보자.

커머스 트렌드 1. 퀵커머스, 속도가 전부다

이커머스 시장에 익일배송, 당일배송, 새벽배송 방식이 등장해 한동안 인기를 끌었다. 이제는 한 시간 이내 배송을 약속하는 퀵커머스까지 등장해 우리의 일상을 바꾸고 있다. 퀵커머스는 플랫폼에서 상품을 제공할 뿐만 아니라 배달기사를 자체 또는 외주 고용해 한 시간 이내 배송 서비스까지 책임지는 형태다. 배송지 2킬로미터 내외 거리에 도심형 물류 센터인 MFC_{Micro Fulfillment Center}를 구축해 1,000~3,000개 내외의 상품을 도보, 자전거, 오토바이, 가벼운 전기차 등으로 주문 즉시 소비자에게 전달하는 방식으로, 3세대 커머스로 주목받고 있다(도표 1-1). 퀵커머스 시장 규모는 국내 기준 2021년 1조 원 미만이었으나 2025년까지 5조 원대로 성장할 수 있다고 전망된다.

퀵커머스의 성장 배경을 설명할 때 팬데믹을 빼놓을 수 없다. 거리두기 규제 강화와 외식 감소로 음식 및 식료품 배달이 폭증하면서 배달 자체에 대한 수요가 늘어났다. 실제 국내 온라인 음식 서비스 거래액의 전년 대비 성장률은 2020년 78퍼센트, 2021년 48퍼센트였다. 전체 온라인 쇼핑몰 거래액의 전년 대비 성장률인 2020년 15퍼센트와 2021년 19퍼센트를 크게 상회하는 수준이다.

퀵커머스는 서비스 차별화 측면에서도 주목을 받았다. 기존 커머스의 차별화 요소는 가격 할인이나 다양한 품목처럼 상품과 관련된 경우가 많았다. 그러나 퀵커머스는 상품이 아닌 배송이라는 서비스와 경험의 영역을 차별화 요소로 내세웠다. 물리적으로 보이지는 않지만 소

도표 1-1 **3세대 커머스로서의 퀵커머스**

1세대 커머스	2세대 커머스	3세대 커머스
소비자가 픽업	배송 2~3일	1시간 이내 배송
모든 제품 대상	주요 제품 대상	일부 제품 대상
자가용	배달트럭	오토바이
대형 마트, 상점	대형 풀필먼트센터	로컬 상점, MFC
3~4인 가구		주로 1인 가구
할인이 중요		속도가 중요

퀵커머스 배송 시스템

필요 발생	소비자
앱을 통해 쇼핑	
주문 접수(MFC)	
주문 목록 피킹	MFC
상품 패킹(포장)	
주문 픽업	
최적 배달 경로	배달
배송 완료	

출처: Delivery Hero, 팩플

비자와 마지막으로 직접 접촉하고 인상을 남기는 라스트 마일과 밀접하다.

소비자 입장에서도 퀵커머스의 경험은 깊은 인상이 남은 듯하다. 빠른 배송을 한번 경험하고 나면 속도에 대한 역치가 오르기 마련이다. 이에 따라 소비자들이 빠른 배송에 대한 추가 지불 의지를 내비치면서 빠르게 시장이 형성되고 있다. 어쩌면 퀵커머스를 한 번도 경험하지 못한 사람은 있어도 한 번만 이용하고 그만두는 사람은 없을 것이다.

국내에서는 B마트가 퀵커머스의 시작을 알렸다. B마트는 배달의민족을 운영하는 우아한형제들이 2018년 말 선보인 퀵서비스 기반 온라인 장보기 서비스다. B마트의 매출은 2019년 500억 원대, 2020년 1,000억 원대, 2021년에는 4,000억 원대로 늘어났다. 기존에는 배달원들이 여러 집의 주문을 수락해 한 번에 배달하는 묶음 배달의 형태였다. 2020년부터는 일부 지역에 한해 단건 배달을 앞세운 B마트원(B마트1)이 등장했다. 배송 시간도 한 시간에서 20분 내로 줄었다.

CJ올리브영도 2018년에 시작한 '오늘드림' 배송 서비스를 확대하고 있다. 2022년 수도권에 물류 거점인 MFC 6곳을 추가하며 도심형 퀵커머스 시스템을 강화했다. 그동안 CJ올리브영은 전국 주요 매장을 물류 거점으로 활용했지만 MFC를 통해 '오늘드림' 배송을 늘리고 온라인몰의 일반 주문 건에 대해서도 하루 내 배송 서비스를 확대하고 있다.

편의점 GS25를 운영하는 GS리테일은 배달 전용 주문앱 '우딜'(우리동네 딜리버리)을 출시했다. 배달앱 요기요, 새벽배송 물류대행 업체 팀프레시TeamFresh, 물류자동화 기업 씨메스CMES 등 여러 기업도 공격적으로 인수했다. 요기요는 GS리테일에 인수된 후에 식료품과 생필품을 한 시간 내로 배송하는 퀵커머스 서비스인 요마트를 재출시하고 전국 300여 개의 GS더프레시 오프라인 매장들을 거점으로 삼아 슈퍼마켓 즉시 장보기 서비스를 구현했다.

새벽배송보다 퀵커머스를 도입하는 기업이 점점 늘어나고 있다는 점을 주목할 만하다. 전날 자정 전 또는 밤 11시까지 주문하면 다음 날 새벽에 받을 수 있는 신선식품 새벽배송 서비스는 장보기 시간을 대폭 줄여 준다. 마켓컬리Market Kurly에서 2015년에 새벽배송을 선보인 후 쿠팡,

도표 1-2 2022년 국내 주요 퀵커머스 사업 현황

운영사	서비스	출시연도	배송시간	배송비	상품 수	지역
배달의민족	B마트	2018	30분	3,000원(3만 원 이상 무료)	7,000여 개	서울 전역, 경기/인천/대전 일부
CJ올리브영	오늘드림	2018	1시간	2,500원 ~5,000원	비공개	서울 도심
롯데슈퍼	1시간 배송	2020	1시간	2,500원 ~4,000원	일부 고중량 제외 전 제품	수도권 일부
쿠팡	쿠팡이츠 마트	2021	15분	2,000원	비공개	서울 송파/강남
GS리테일 + 요기요	우리동네 딜리버리, 요마트	2021	30~50분	3,000원	5,000여 개	전국
이마트 에브리데이	스피드e 장보기	2021	2~3시간	3,000원(3만 원 이상 무료)	5,000여 개	서울 서초/광진, 경기 동탄
홈플러스	홈플러스 익스프레스 온라인	2021	1시간	3,000원	3,000여 개	35개 주요 도시
오아시스 + 메쉬코리아	브이마트	2022	1~3시간	미정	3,000여 개	서울 강남, 경기 분당
네이버 + CJ대한통운	당일배송	2022	당일		비공개	서울, 경기 (2025년 전국구 목표)

출처: 각 사, 언론 보도

이마트, 롯데 등 많은 기업에서 유사한 서비스를 내놓았다.

새벽배송은 기업 입장에서는 부담이 큰 유통 방식이다. 신선식품 위주의 상품 구성에 저온 유통 체계인 콜드체인Cold Chain을 구축해야 하고 주간보다 인건비가 비싼 야간 인력을 동원해야 하므로 비용 부담이 크다. 반면 퀵커머스는 기존 오프라인 매장을 물류 거점으로 활용할 수 있고 주간 인력 위주로 운영할 수 있어 상대적으로 적은 비용이 든다. 이러한 장점 덕분에 특히 오프라인 매장을 많이 보유한 기존 유통 대기업들이 퀵커머스에 적극적으로 참여하고 있다(도표 1-2).

퀵커머스에는 IT 기술과 물류, 모빌리티 역량, 로컬 중심 전략이 총

도표 1-3 이커머스 시장의 배송비용 구성 비율

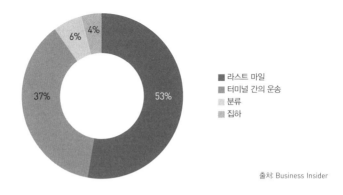

- 라스트 마일
- 터미널 간의 운송
- 분류
- 집하

53%
37%
6%
4%

출처: Business Insider

동원된다. 퀵커머스 서비스를 제대로 구현하려면 온라인 플랫폼 운영 및 마케팅 외에도 도심 물류센터 구축에 따른 투자가 선제적으로 이뤄져야 하고 배송 인력도 운영해야 하는 등 상시 비용이 발생한다(도표 1-3). 결국 시장 점유율이 높고 현금 흐름이 원활한 상위 커머스 기업만이 일관된 품질로 퀵커머스를 구현하고 유지할 수 있다. 퀵커머스를 지속적으로 운용할 수 있는 기업이라면 경쟁자의 등장을 막는 진입장벽을 이미 가지고 있는 것이라 할 수 있다.

퀵커머스를 도입하려는 기업은 배송과 관련해 많은 투자를 집중해야 하는 터미널 단위의 물류센터보다 로컬 물류 거점인 MFC를 추가로 구축하고 라스트 마일에 집중적으로 배송 인력을 확보해야 한다. 오프라인 매장을 보유한 대형 유통 기업들은 도심 거점의 매장을 활용해 적은 비용으로 MFC를 구축하고 있다. 독립 물류센터를 구축한다면 1,000억 원이 넘는 비용이 들지만 기존 점포를 리뉴얼하면 30억 원 정도밖에 들지 않는다.

신세계와 이마트에서는 MFC를 자체적으로 PP Picking & Packing 센터라 부른다. 이마트의 온라인 스토어 전용 대형 물류센터인 네오 NE.O, NExt generation Online store 가 물류의 심장이라면, 전국 이마트 점포를 활용한 PP센터는 물류의 모세혈관에 해당한다. 특히 이마트는 전국의 120여 개 점포에서 PP센터를 운영하고 있으며, 일부는 대형화하고 자동화 시스템을 도입했다. 이마트처럼 오프라인 매장을 보유한 전통 유통 기업들이 MFC를 도입해 체질 개선을 해낸다면 퀵커머스 시장의 주요 참여자로서 충분히 자리매김할 수 있을 것이다.

오프라인 매장을 갖고 있지 않은 플랫폼 기업들도 퀵커머스 경쟁력을 확보하기 위해 발 빠르게 움직이고 있다. 쿠팡은 자체 물류센터를 지었고, 네이버는 자체 밸류체인 대신 CJ대한통운과의 연합으로 경쟁력을 확보하고 있다.

MFC를 서비스로서 제공하는 기업들도 등장하고 있다. 미국의 아마존 Amazon 이 대표적이다. 아마존은 자사의 솔루션을 서비스화 As A Service 하는 데 능숙한 회사답게 바이 위드 프라임 Buy with Prime 이라는 서비스명으로 자체 물류센터인 풀필먼트 서비스 FBA, Fulfillment By Amazon 를 외부 판매자에게 개방했다. 이 서비스를 통해 아마존에 입점하지 않은 판매자도 물류 효율화를 구현할 수 있다. 아마존은 물류 서비스화를 통해 경쟁사인 쇼피파이 Shopify 를 견제할 뿐만 아니라 추가 수익원을 발굴하고 데이터 확보 풀도 넓히고 있다.

퀵커머스의 성장과 함께 PBPrivate Brand상품 전략도 더욱 부각될 것으로 예상된다. PB상품은 재고를 직접 관리할 수 있다는 장점이 있다. 이는 퀵커머스에서 발생하는 비용을 보상하기 위한 수익원으로도 활용될 수 있다. 퀵커머스로 소비자의 충성도를 높이고 서비스뿐만 아니라 상품에 커머스 기업 고유의 브랜드를 부여한다면 브랜드 각인 효과도 기대할 수 있다. 미국의 퀵커머스 기업 고퍼프Gopuff는 베이지컬리Basically라는 생필품 위주의 PB상품 브랜드를 출시했고 음식 배달에 활용하는 더민토마토The Mean Tomato라는 자체 식당 브랜드도 론칭했다.

다양한 분야에서 주목하고 있는 해외 퀵커머스는 VCVenture Capital 투자를 활발히 받으며 팬데믹 시대의 주인공으로 떠올랐다. 2013년에 설립된 고퍼프는 퀵커머스의 사업 구조를 잘 보여 준 선도적 기업으로 누적 33억 달러(약 4조 3,200억 원)의 VC 투자를 유치했다. 고퍼프는 도심 물류 거점인 다크 스토어Dark Store를 4개국에 걸쳐 500개 이상 보유하고 있으며 1,200개 도시에 서비스하고 있다. 도매가로 재고를 직매입해 얻는 유통 마진과 배달비를 주요 수입원으로 삼으며 멤버십 구독료도 도입했다.

독일의 신생 퀵커머스 고릴라스Gorillas도 2020년 설립 후 누적 19억 달러의 투자를 유치했다. 고릴라스는 도심의 작은 물류 창고를 거점으로 삼아 단거리의 단건 주문만 취급한다. 대부분 독일 혹은 배달 지역에서 생산되는 농산물과 지역의 베이커리, 양조장, 식육점과 제휴해 상품

도표 1-4 해외 주요 퀵커머스 기업

미국 '고퍼프' gopuff	· 2013년 설립 · 기업 가치: 150억 달러 · 미국 500개 도시 운영 · 24시간 배달 서비스 · 아마존, 우버에서 벤치마킹
독일 '고릴라스' GORILLAS	· 2020년 설립 · 기업 가치: 31억 달러 · 유럽 12개 도시 운영 · 10분 이내 배송 · 1인 가구 타깃팅/근거리 자전거 배송
튀르키예 '게티르' getir groceries in minutes	· 2015년 설립 · 기업 가치: 118억 달러 · 유럽 30개 도시 운영 · 10~15분 배송 · 미국 진출 계획 중/유럽에서 가장 인기
스페인 '글로보' Glovo	· 2015년 7월 설립 · 기업 가치: 26억 달러 · 21개국 서비스 제공 · 360만 명 이용 고객 · 5달러 멤버십 운영

출처: 각 사, 언론 보도

을 공급받으며 지역사회와의 상생 모델을 꾀하고 있는 점도 이색적이다. 이 외에도 튀르키예의 게티르Getir는 2015년 설립돼 누적 19억 달러의 VC 투자를 유치했고, 스페인의 글로보Glovo도 2015년 설립돼 누적 11억 달러(약 1조 4,400억 원)의 투자를 받는 등 VC의 퀵커머스 사업 투자가 활발히 이어지고 있다. 이를 바탕으로 기업 가치도 크게 상승했다(도표 1-4).

하지만 팬데믹 기간 동안 고성장을 기록했던 퀵커머스 기업들은 거리두기 규제 완화 조치가 선포된 이후 조금씩 하락세를 띠고 있다. 금리 상승과 인플레이션으로 경기 둔화까지 가속화되며 투자 시장이 위축되고 있어 사업 확장에도 타격을 받고 있다. 배달 주문 건수가 현저히 줄어들면서 매출이 하락하고, VC 투자가 줄어들면서 현금 흐름을 보조할 만한 외부 재원도 부족해졌다. 2022년 2분기부터 고퍼프, 고릴라스, 글로보, 게티르 등은 일부 직원들을 해고하며 긴축 재정에 돌입했다. 고릴라스는 경쟁사와 합병을 논의 중이라는 소문도 돌았다.

2022년까지는 퀵커머스 시장에 진입하려는 기업이 늘어나고 시장 자체가 커지는 과정을 밟았다. 퀵커머스 구현에 따른 투자와 비용 마련을 위해 VC 투자 등 외부 재원에 대한 의존도도 높았다. 2023년부터는 퀵커머스의 지속 가능성에 대한 고민과 도전으로 관심이 이동할 전망이다. 향후 MFC의 서비스화, PB상품 전략, 유료 멤버십 도입 및 가격 상향 조정, 광고를 비롯한 부가 비즈니스 모델 도입 등 다양한 수익화 전략을 도모하는 기업만이 살아남을 수 있다. 이를 통해 자체 현금 흐름으로도 충분히 사업을 운영할 수 있는 튼튼한 퀵커머스 기업이 더욱 부각될 것이다.

커머스 트렌드 2. 리커머스, 시장을 리브랜딩하다

"혹시… 당근이세요?" "너, 당근해?" 2015년에 등장한 당근마켓은 이제 일상에서 자연스럽게 이뤄지는 중고거래의 대명사가 됐다. 네이버나 구글로 대표되는 검색 서비스, 카카오톡으로 대표되는 메신저 서비스처럼 중고거래도 일상생활의 친숙한 플랫폼으로 자리잡은 것이다.

2022년 국내 중고거래 모바일앱 이용자 수는 약 2,000만 명 수준으로 전 국민 중 40퍼센트에 이른다. 국내 중고거래 시장 규모도 2008년 4조 원 수준에서 2020년 20조 원 수준까지 증가했다. 미국 중고 시장 규모는 2022년 430억 달러(약 56조 3,300억 원)에서 2026년에는 820억 달러(약 107조 4,200억 원) 수준으로 성장할 전망이다. 특히 리셀은 2021년에 전년 대비 58퍼센트 성장했는데 이는 최근 5년 내 가장 높은 성장률이었다. 2026년에는 2021년 전체 소매 의류 시장보다 16배 빠르게 성장할 전망이다(도표 1-5).

중고거래를 의미하는 리커머스 시장이 성장할 수 있었던 배경에는 크게 3가지가 있다. 첫 번째, 중고거래에 대한 인식 개선이다. 특히 패스트 패션의 효과적인 대안으로서 중고거래 채널이 부상했다. 지난 15년 간 의류 생산은 2배가 늘었으나 옷을 착용하는 실제 이용률은 40퍼센트 줄었다. 과거와 비교하면 의류의 구매량과 종류는 늘어난 반면 착용 기간은 훨씬 더 짧아졌기 때문이다. 심지어 몇 번 입지 않는 경우도 많다고 한다.

두 번째, 젊은 이용자들의 중고거래에 대한 선호도 상승이다. 미국 중고 의류 플랫폼 기업 스레드업ThredUP이 2022년에 조사한 결과, MZ세대 중 62퍼센트가 새 제품을 사기 전에 중고거래를 고려한다고 한다. 반면 중고거래를 경험한 X세대는 32퍼센트, 베이비부머 세대는 16퍼센트 정도에 불과했다. MZ세대가 중고거래를 선호하는 이유로는 비용 절감,

도표 1-5 **미국 내 중고 시장**(기부 및 절약, 리셀) **거래 비율**

단위: 억 달러

■ 리셀   ■ 전통 중고품 및 기부   ▨ 거래 예상치

리셀의 경우 2026년까지 전체 소매 의류 시장보다 16배 빠르게 성장할 전망이다.

출처: ThredUp, GlobalData

복고 트렌드의 부상 등이 있다. 환경 문제에 따른 가치 소비 선호도 중요한 이유로 부각되고 있다. 글로벌 커머스 마케팅 기업 크리테오Criteo가 2021년에 조사한 바에 따르면, MZ세대 중 52퍼센트는 친환경·비건Vegan 등 자신의 신념과 가치관에 따라 소비Meaning Out한다.

3번째, 경기 침체에 대한 우려다. 스레드업의 2022년 조사에서는 인플레이션 등 거시 경제 환경 때문에 의류 소비를 줄이고 중고거래를 고려하겠다고 답한 소비자가 44퍼센트에 달했다. 글로벌데이터Global Data의 2020년 조사에서도 여성 응답자 5명 중 4명이 쇼핑 예산이 부족해 중고거래를 한 적이 있거나 할 용의가 있다고 답했다.

리커머스 플랫폼은 상품 성격에 따라 대중적인 상품Mass, 한정판 및 명품Luxury으로, 거래 성격에 따라 개인 간 거래P2P와 기업형 마켓플레이

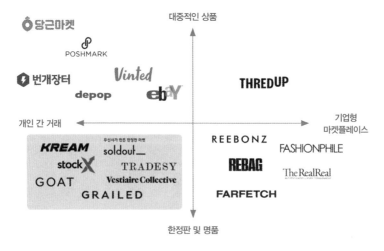

출처: ThredUP

스Managed Marketplace로 나눌 수 있다. 전통적인 중고거래 플랫폼은 대중적인 상품과 P2P가 결합된 형태, 즉 국내로 치면 중고나라나 당근마켓 같은 플랫폼이다.

2023년에는 차세대 중고거래 시장인 한정판 시장과 P2P가 결합된 시장(도표 1-6의 제3사분면 참고)이 더욱 부각될 전망이다. 투자 측면에서도 주목받는 분야다. 다른 기업들은 이미 주식 시장에 상장됐지만 한정판 P2P 리커머스 시장을 대표하는 기업 중에는 아직 비상장 기업들이 많다. 이 분야는 소셜 커뮤니티를 중심으로 마니아가 주도하는 시장이면서 '한정판 플레이'라는 재미가 가미된 성격이 강해 리커머스 자체의

도표 1-7 번개장터의 자체 간편 결제 시스템 '번개페이'의 전체 거래액 내 비중

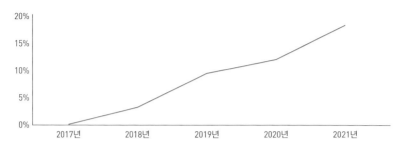

이미지를 리브랜딩하는 데 일조하고 있다. 리커머스의 인식 개선, 가치 소비 선호, 경제적 수요 등의 기반 위에 재미와 희소가치까지 더해진 리커머스 시장의 성장에 더욱 관심이 쏠릴 전망이다.

2023년에는 리커머스 기업들이 본격적으로 사업을 확장하면서 수익성을 확보하기 위한 비즈니스 모델의 도입이 더욱 활발해질 것이다. 한정판 P2P 리커머스 기업들도 스니커즈 중심으로 이뤄지던 거래를 명품이나 한정판으로 확장할 수 있도록 카테고리를 다양화하고 있다. 또한 거래나 배송 수수료의 비율을 높여 수익성을 확보하고 초기 검수 비용이나 플랫폼 관련 투자비를 충당하고자 할 것이다.

한정판 스니커즈 거래로 유명한 네이버 계열의 크림Kream은 그동안 배송비를 무료로 제공했으나 2021년 12월부터 2022년 5월까지 매달 배송비를 500원씩 올렸다. 또한 늘어나는 거래액에 따라 자체 간편 결제를 유도해 결제 수수료 매출도 공략하고 있다. 번개장터에서도 자체 간편 결제 시스템을 활용하고 있다(도표 1-7).

리커머스 기업으로 점차 트래픽이 집중되고 커뮤니티가 충분히 형성되면서 기업의 광고 수익도 늘어날 전망이다. 당근마켓은 2022년 2월부터 지역 광고 과금 기준을 노출 횟수에서 클릭 횟수로 변경하면서 평균 광고 단가를 상향 조정했다. 기존 광고비는 1,000회 노출 기준 3,000~5,000원 수준이지만, 변경된 방식으로는 클릭 50회에 5,000원을 부과한다. 당근마켓은 출시 후 이용자가 1,000만 명을 돌파했을 때도 계속 무료 서비스를 고수했다. 본격적으로 수익화에 나선 이후 거래액뿐만 아니라 수수료 매출과 이익도 증가할지 관심을 모으고 있다.

한편 리커머스 시장의 성장에 따라 제품을 만드는 기업들의 고민도 커질 전망이다. 소비자를 끌어들일 만큼 품질이 좋거나 기존과 차별화된 상품을 만들어야 매출을 올릴 수 있기 때문이다. 전략적인 브랜드 관리의 필요성도 함께 커질 것이다. 대표적으로 나이키, 이케아, 룰루레몬 Lululemon 등은 직접 중고 제품을 수거해 재판매하는 사업을 본격화했다. 제품 설계 단계부터 중고 활용을 염두에 두고 전문 기업과 제휴해 중고 제품 회수 과정에 고객을 참여시킴으로써 브랜드 평판을 관리하는 기업도 늘어나고 있다.

커머스 트렌드 3. 메타커머스, 메타버스와 믹스하다

팬데믹 이후로 메타버스가 주목받으면서 커머스 시장도 가상세계로 확

도표 1-8 메타커머스의 주요 유형

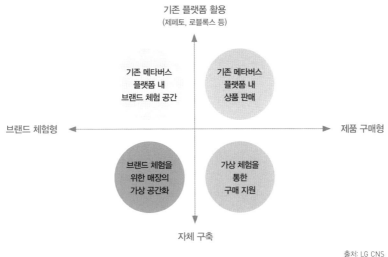

출처: LG CNS

장되고 있다. 메타버스 등장 초기에는 메타버스라는 개념 정의와 구현 방식에 초점을 뒀다. 이제는 메타버스에서 일어나는 활동의 종류와 수익 창출 방식에 관심이 더 집중되고 있다.

메타커머스는 이커머스 시장이 가상세계, 즉 메타버스 기술과 합쳐지면서 외연과 차원을 넓힌 새로운 커머스 시장 환경이다. 가상세계에 대한 수요가 늘어나는 만큼 잠재력이 높다고 분석된다. 메타커머스에서 이뤄지는 거래는 가상의 상품이나 서비스를 거래하는 방식과 기존 실생활의 이커머스와 연계되는 방식으로 나눌 수 있다(도표 1-8).

메타버스 기반의 디지털 아이템 판매가 대표적인 가상 상품 거래 방식의 메타커머스다. D2ADirect-to-Avatar 커머스라 불리며 아바타 또는 디지털 신원에 디지털 제품을 판매하는 방식이다. 패션 브랜드 구찌는 메타버스 플랫폼 IMVU에서 온라인 패션쇼를 열고 오프라인 패션 제품을 디지털화해 판매했다. 랄프 로렌도 소셜미디어 스냅챗Snapchat의 아바타인 비트모지Bitmoji에 적용할 수 있는 디지털 패션 아이템을 선보여 이목을 끌었다.

국내에서는 메타버스 시대 이전인 2000년대 초반에 이미 마이크로 블로그 서비스 싸이월드, 게임 리니지 등에서 디지털 아이템 판매 방식을 활용했다. 현재는 글로벌 가입자 수 3억 명에 달하는 네이버 계열 메타버스 서비스 제페토의 행보가 눈에 띈다. 네이버는 제페토 스튜디오라는 서비스를 통해 일반 크리에이터들에게 디지털 아이템 생태계를 개방하고 개인의 수익 활동을 돕고 있다. 2022년 6월 기준 스튜디오의 아이템 판매량은 7,000만 개, 참여 크리에이터 수는 200만여 명에 달한다. 소셜미디어의 주인공이 인플루언서였다면 메타커머스의 주인공은 바로 D2A 아이템 크리에이터다.

2022년 6월, 메타Meta(구 페이스북)도 가상 상품 판매 시장에 뛰어들었다. 메타는 페이스북, 인스타그램 등 메타의 서비스와 연계해 사용할 수 있는 아바타용 디지털 의류 아이템을 2~9달러로 판매하겠다고 발표했다. 이어서 발렌시아가, 프라다, 톰 브라운 등 명품 패션 브랜드가 메타의 디지털 의류 아이템을 선보였다. 메타는 향후 일반 크리에이터와 개발자도 아이템을 만들어 팔 수 있도록 개방된 마켓플레이스를 만들 계획이다.

2020년대에 새롭게 등장한 메타커머스 분야는 부동산이다. 메타버스 내 아이템이 아니라 메타버스 공간 자체를 판매하는 진일보한 방식이다. 현실 세계의 부동산Real Estate과 구분하기 위해 가상의 부동산Unreal Estate으로 표현하기도 한다. 메타버스에서 부동산을 거래하는 이유는 현실 세계에서 찾을 수 있다. 현실 세계의 자산 가격이 급등해 부동산 소유가 어려워지자 가상의 부동산을 소유함으로써 대리만족을 얻으려는 사람들의 심리가 반영된 결과로 해석된다. 또한 실제 부동산과 같은 실물 자산뿐 아니라 디지털 자산도 투자의 대상으로 급부상하면서 메타버스 부동산이 함께 조명됐다.

대표적인 메타커머스 부동산 기업으로 미국의 디센트럴랜드, 업랜드Upland가 있다. 또 캐나다의 가상 부동산 신탁 회사인 메타버스 그룹Metaverse Group은 2021년 11월 디센트럴랜드가 보유한 250만 달러(약 32억 7,500만 원) 규모의 가상 부동산을 매입했고 2022년에는 해당 부동산에 빌딩을 세워 유명 브랜드에 광고 및 임차를 추진하고 있다. 현실 세계의 부동산 개발 신탁 회사와 대상만 다를 뿐 사업 행태는 비슷한 모습이다.

이러한 메타커머스 관련 기업들은 실생활의 커머스와도 연계되는 가상 환경의 특징을 활용해 실제 제품의 구매율을 높이는 것을 큰 목표로 삼는다. 대표적으로 이케아는 소비자가 가구나 그림을 가상의 방에 배치해 살펴보고 구매를 결정할 수 있도록 가상현실 앱을 제공하고 있다. 또 화장품이나 염색약 등을 판매하는 업체에서는 소비자가 자신의 얼굴을 보며 가상 체험을 할 수 있는 서비스를 제공하기도 한다.

출시된 지 20년이 넘은 시뮬레이션 게임 심즈의 가상 공간도 메타커머스의 영향을 받고 있다. 유명 식품 기업들이 게임 환경에 속속 입점해 게임 캐릭터에게 음식을 배달하기도 하고 요리법을 선보이기도 한다. 이전까지 게임 안에 존재하는 음식은 게임 캐릭터의 배고픔을 없애기 위한 아이템에 불과했다. 하지만 심즈3부터 대규모의 업데이트를 통해 음식 아이템의 화질을 높이고 종류의 다양화를 꾀하고 있다. 게임 속에서 현실 세계의 음식과 흡사한 가상 음식을 주문할 수 있게 되자 식품 기업들도 심즈에 러브콜을 보내기 시작했다. 이제는 심즈가 게임 플랫폼을 넘어 글로벌 미식 플랫폼으로 거듭나고 있다는 평가까지 나올 정도다.

메타커머스를 통해 가상 상품과 실제 상품을 동시에 판매하는 경우도 있다. 미국의 도미노 피자는 디센트럴랜드의 메타버스 속 가상 매장에서 암호 화폐인 이더리움Ethereum 등으로 피자를 결제하면 실제 피자가 배달되는 서비스를 구현했다. 이처럼 메타버스의 경험과 행동이 현실에서도 일어나면서 메타버스와 현실이 서로 상호작용하는 가상의 옴니채널로 발전하고 있다.

메타커머스는 상대적으로 저렴한 비용으로 마케팅과 공간 체험을 할 수 있어 참여 기업의 연구개발에도 좋은 영향을 줄 수 있다. 실제 상품의 출시 전에 테스트 기회로도 활용 가능하다. 디지털화된 이용자의 선호 데이터를 입수해 신규 시장을 포착하고 신제품을 인큐베이팅할 수도 있다. 이용자와 기업이 함께 혜택을 누릴 수 있는 가상의 놀이터인 셈이다. 이커머스의 속도와 편의성, 현실 물리 세계의 종합적인 공간 경험이라는 요소들을 결합한 곳이 바로 메타커머스다.

블루오션을
찾지 말고 만들어라

커머스 슈퍼앱은 결국 핀테크로 향한다

커뮤니케이션 기능으로 시작한 슈퍼앱의 행보는 결국 커머스로 귀결됐다. 네이버와 카카오, 인스타그램이 대표적이다. 광고와 커머스가 결합해 시너지를 내면서 광고 매출과 커머스 거래액의 성장이라는 두 마리 토끼를 잡았다. 슈퍼앱의 행보는 이제 결제, 투자 등 핀테크로 이어지고 있다. 네이버는 쇼핑 사업의 성장에 따라 네이버페이를 출시했고, 쿠팡은 쿠팡페이, 당근마켓은 당근페이, 번개장터는 번개페이를 잇달아 출시했다. 미국의 페이팔도 사실 커머스 기업 이베이에서 갈라져 나온 기업이다.

남미의 아마존이라고 불리는 메르카도리브레Mercadolibre도 최근 핀테크 사업에서 의미 있는 성장세를 보이고 있다. 커머스 기업은 결국 결제가 원활해야 매출이 발생한다. 하지만 남미에서는 은행을 이용하는 사람이 인구의 절반도 되지 않고 직불카드 보유율도 굉장히 낮다. 이러한 환경을 극복하기 위해 메르카도리브레는 결국 결제와 신용카드 서비스에 직접 뛰어들기로 결정했다.

메르카도리브레는 2003년 결제 서비스인 메르카도 파고Meracado Pago, 2017년 신용카드 서비스인 메르카도 크레디토Mercado Credito를 출시했다. 2021년 메르카도리브레의 전체 매출 중에서 핀테크가 차지하는 비중은 30퍼센트를 넘어섰다. 핀테크 사업을 통해 메르카도리브레는 커머스 사업의 시장 지배력이 강화되는 동시에 수익원 다변화로 시가총액이 늘어나는 시너지 효과를 보았다(도표 1-9).

국내에서는 네이버가 알짜배기 커머스 기업으로 통한다. 2022년 2분기 커머스 거래액이 10조 원에 달한다. 핀테크 거래액은 이미 2021년 4분기에 10조 원을 넘어섰다. 게다가 스마트스토어 등의 내부 결제 거래가 아닌 외부 결제 거래액이 4조 원을 웃돌면서 자사 의존도도 낮추고 있다.

네이버는 결제 이외에도 멤버십과 통장, 신용(후불결제), 사업자 대출 등으로 핀테크 사업을 확장하고 있다. 특히 기술력과 커머스 데이터를 활용해 스마트스토어 사업자 대출을 운영 중이다. 대출을 받은 사업자의 구성을 보면 60퍼센트가 MZ세대이고, 30퍼센트는 스토어 개설 1년

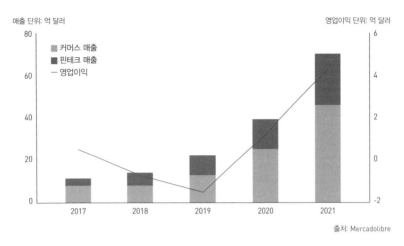

매출 단위: 억 달러   영업이익 단위: 억 달러

■ 커머스 매출
■ 핀테크 매출
— 영업이익

출처: Mercadolibre

미만의 초기 사업자다. 네이버가 금융 거래 이력이 부족한 씬파일러Thin Filer의 금융 사다리 역할을 하고 있는 것이다. 주로 금융사에 돈을 빌릴 때 한도나 금리 측면에서 불이익을 감수하는 사람들이 대상이다. 구체적으로 살펴보면 최근 2~3년간 대출이나 신용카드, 연체 내역 등이 없는 사회초년생이나 대학생, 주부, 자영업자 등이 많다.

일본의 커머스 기업 라쿠텐Rakuten도 핀테크 사업에 열성적이다. 아직 많은 커머스 기업이 커머스와 직결된 결제에 머물러 있는 데 반해 라쿠텐은 네이버페이 포인트와 같은 포인트 제도 도입은 물론, 금융 투자 영역까지 깊숙이 침투하고 있다. 사실 포인트 제도를 커머스 환경에 받아들여 생활 곳곳에서 활용한 것은 일본이 한국보다 먼저다. 2002년에는 쇼핑에 대한 보상으로 포인트를 받는 제도를 시작했고, 2017년부터는 포인트를 투자에 활용할 수 있는 생태계를 마련했다(도표 1-10). 또한 2019년에는 일본 주식, 2021년에는 미국 주식으로 투자처를 확대했다 (도표 1-11). 2023년에는 비트코인 등 디지털 자산에도 투자할 수 있도록 금융 투자 상품의 범위를 넓힐 것으로 예상된다. 라쿠텐 포인트 자체를 코인으로 전환하려는 계획도 발표해 커머스 기업의 포인트를 블록체인 생태계로 편입시키는 대표적인 사례가 될 전망이다.

커머스 슈퍼앱에서 활용하는 핀테크는 사업 성장을 위한 수단이기도 하지만, 이용자의 불편을 해결하고 시장 생태계 자체의 성장을 촉진하는 솔루션의 성격이 크다. 또한 기존 커머스에서 파생된 핀테크 사업이 독립해 자체 생명력을 갖추는 모습을 지켜보는 것도 흥미롭다. 마치 부모의 지원을 받다가 독립해 성공하는 자녀의 모습처럼 느껴진다.

글로벌 상장 기업 중 시가총액이 가장 큰 인터넷 기업은 아마존이지만 글로벌 비상장 기업 중 기업가치 1위를 다투는 기업은 핀테크 기업인 스트라이프Stripe다. 커머스에만 집중하는 기업은 더 이상 시장에서 좋은 평가를 받지 못한다는 것을 보여 주는 사례다. 그만큼 시장의 눈높이가 올라가 있다. 이제 커머스는 기본이고 다른 사업에서도 탁월한 성과를 보이는 기업만이 스포트라이트를 받을 수 있다.

광고 전문가 스카웃 전쟁이 펼쳐진다

커머스 기업의 주요 먹거리로 광고를 빼놓을 수 없다. 광고는 트래픽을

도표 1-10 라쿠텐의 포인트 투자 생태계 개념도

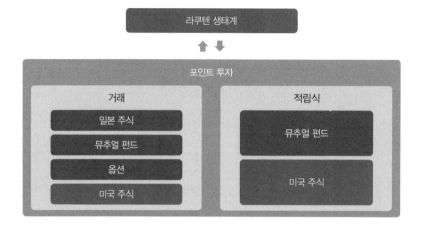

도표 1-11 라쿠텐의 포인트 이용량 현황

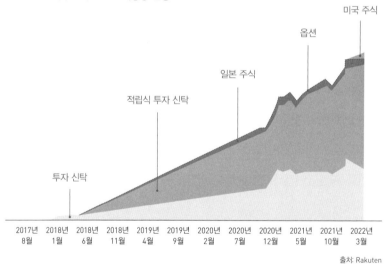

출처: Rakuten

도표 1-12 국내 주요 커머스 기업의 영업 적자 현황

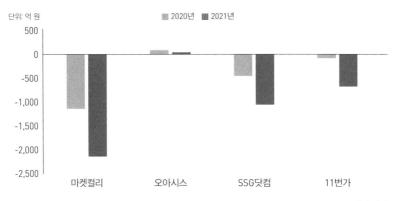

단위: 억 원

출처: 각 사

재고 삼아 판매하는 대표적인 비즈니스 모델로, 전통적인 인터넷 플랫폼들은 선先 트래픽 모집, 후後 수익화라는 사업 패턴을 따른다.

특히 많은 커머스 기업이 가격 할인에 이어 퀵커머스를 위한 인프라 투자 부담까지 떠안으면서 비용 지출은 물론, 적자 상황까지 겪고 있다(도표 1-12). 기업의 이익에 도움이 될 만한 수익원이 절실한 상황이다. 흑자를 기록하고 있는 기업에 눈길이 갈 수밖에 없다. 국내에서는 신세계에 인수된 이베이코리아가 영업이익을 내고 있는 대표적인 기업이다(도표 1-13).

지마켓과 옥션을 보유한 이베이코리아의 광고 매출은 거래액의 3퍼센트가량으로 추산된다. 오픈마켓 플랫폼이라는 특성상 검색 광고 성격의 매출이 높다. 예를 들어 지마켓에서 삼다수라는 생수 브랜드를 검색하면 동일한 상품 정보가 동시에 여러 개 노출된다. 자사의 상품을 검색

도표 1-13 **이베이코리아의 영업이익과 영업이익률 현황**

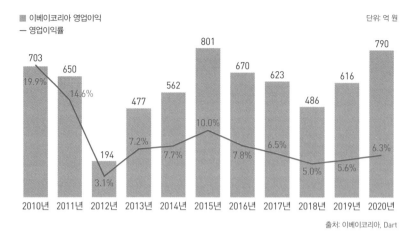

출처: 이베이코리아, Dart

상위에 노출시키려면 광고 상품을 구매해야 하는 구조다. 구글이나 네이버 등의 포털 사이트의 검색 결과 노출 방식과 유사하다. 이러한 광고 매출은 이익 구조와 직결된다. 이는 많은 적자를 안고 있는 커머스 기업들이 하나같이 광고 사업 확대에 관심을 갖는 이유이기도 하다.

해외 커머스 기업들 사이에서도 광고와 관련된 화두가 떠오르고 있다. 식료품 배달 위주의 퀵커머스 기업인 우버이츠Uber Eats, 도어대시 Door Dash, 인스타카트Instacart 등도 적자에서 벗어나기 위해 일제히 검색 광고 사업을 본격화하고 있다. 인스타카트는 2020년에 검색 광고를 도입했고 우버이츠와 도어대시, 고퍼프도 2021년에 검색 광고를 시작했다.

이들은 검색어를 입력하면 관련 음식점이나 상품을 추천하는 방식을 채택했다. 이전에도 모바일앱에서 배너 광고를 활용했지만, 배너 광고는 작은 모바일 스크린 화면에서 한계가 있었다. 반면 검색 결과에서 노출되는 광고는 추천 콘텐츠로 인식될 수 있다. 앱 운영사 입장에서는 광고 인벤토리Inventory를 늘릴 수 있고 이용자에게도 효과적으로 다가갈 수 있어 배너 광고보다 유리하다.

또한 해외 퀵커머스 기업들은 광고비 집행 규모에 따라 광고주에게 고객 관련 구매 데이터를 차등 제공하면서 광고 집행 유인도 자극하고 있다. 아마존이나 페이스북, 핀터레스트Pinterest 같은 기업들도 광고 사업 전문가들을 임원으로 스카우트하기 위해 경쟁 중이다.

글로벌 커머스 기업 1위인 아마존은 일찍부터 광고 매출에 적극적이었다. 2012년부터 광고 사업을 시작했고, 현재 글로벌 검색 1위 기업인 구글을 바짝 추격하고 있다. 미국 온라인 광고 기준, 2020년 아마존 광고의 시장 점유율은 10퍼센트를 넘어섰고, 2021년에는 유튜브와 페이스북 광고 매출을 넘어선 것으로 추정된다(도표1–14).

광고와 관련된 기술 환경 변화도 커머스 기업들에게는 중요한 이슈다. 애플의 광고 정책 변경이 대표적이다. 애플은 2021년 4월에 iOS 14.5 업데이트를 통해 이용자 사생활 보호를 강화했다. IDFAIdentifier for Advertisers라는 광고 식별자를 아이폰 단말에 적용한 것이다. 애플이 앱 추적 투명성ATT, App Tracking Transparency 정책을 시행하면서 광고주들은 IDFA를 이용하기 위해 이용자의 사전 동의를 얻어야 한다.

ATT라는 새로운 광고 정책 시행 이후 아이폰 이용자의 20퍼센트 정

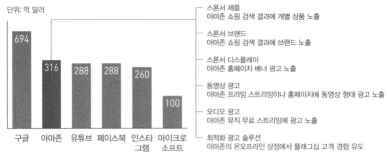

도표 1-14 **2021년 미국 온라인 광고 매출 순위와 아마존 광고 상품 종류**

단위: 억 달러

694 316 288 288 260 100

구글 아마존 유튜브 페이스북 인스타 마이크로
그램 소프트

스폰서 제품
아마존 쇼핑 검색 결과에 개별 상품 노출

스폰서 브랜드
아마존 쇼핑 검색 결과에 브랜드 노출

스폰서 디스플레이
아마존 홈페이지 배너 광고 노출

동영상 광고
아마존 프라임 스트리밍이나 홈페이지에 동영상 형태 광고 노출

오디오 광고
아마존 뮤직 무료 스트리밍에 광고 노출

최적화 광고 솔루션
아마존의 온오프라인 상점에서 플래그십 고객 경험 유도

출처: Influencer Marketing Hub, Amazon Ads

도만 IDFA에 동의한 것으로 나타났다. 기존 타깃팅Targeting 광고 방식으로 구매 전환을 노렸던 커머스 기업에게는 예상치 못한 변수로 작용하고 있다. 실제로 해당 정책의 악영향으로 메타(페이스북)는 2021년 광고 실적이 둔화되고 주가가 폭락했다. 반면 애플의 자체 광고 매출은 2021년 전년 대비 238퍼센트 폭증했다.

타깃팅 광고 솔루션을 활용하던 대표적인 커머스 기업은 쇼피파이다. 쇼피파이는 한국의 '카페24'처럼 자체 쇼핑몰 홈페이지를 만들 수 있게 도와주는 커머스 솔루션 기업이다. 특히 페이스북이나 인스타그램 등 소셜미디어에 타깃팅 광고를 실어 랜딩페이지로 쇼핑몰을 연결시키는 방식을 많이 활용하고 있다. 쇼피파이는 애플의 광고 정책 변경에 대응해 광고 기술을 자체 내재화하기 위한 인수합병도 검토하고 있다. 또한 자체 데이터를 확보 및 분석해 외부에 의존하지 않는 광고 알고리즘을 만들기 위해 애쓰고 있다.

이처럼 에이전시나 솔루션 제공 기업과 같은 중개 회사들은 외부 주요 플랫폼들이 광고 정책을 바꿀 때마다 적응해야만 한다. 2022년에 애플의 광고 정책 변경에 따른 악영향이 확인된 이상, 2023년에는 데이터 분석 기술이나 애드테크AD Tech 기업에 대한 인수합병도 활발해질 것으로 예상된다. 결국 자체 데이터와 트래픽을 보유한 플랫폼형 기업들이 광고 매출을 올리는 데 유리할 것이다.

아마존의 적자를 메우기 위한 선택

아마존은 핀테크와 광고 이외의 새로운 비즈니스 모델을 찾아 체질을 변화시킨 대표적인 커머스 기업이다. 자사의 IT 역량을 서비스화해 외부 업체에 클라우드나 풀필먼트 서비스를 솔루션으로 판매하는 방식을 택하고 있다.

아마존은 글로벌 넘버원 커머스 기업이라는 인식이 강해 항상 영업 이익이 좋을 것 같지만 커머스 사업만 따로 떼어 살펴보면 적자를 낼 때도 있다. 커머스 기업으로서 거래 수수료 인하 경쟁에 노출돼 있고 마케팅 비용와 물류 및 IT를 위한 투자 등을 감당하다 보니 어쩔 수 없는 결과다. 실제로 2022년 상반기에 아마존은 커머스 사업에서 영업 적자를 기록했다.

그러나 클라우드 사업인 AWSAmazon Web Services의 영업이익이 전년

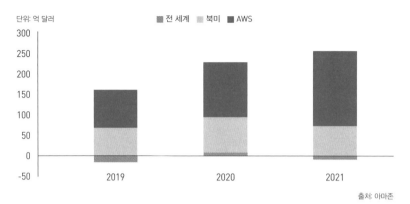

단위: 억 달러

출처: 아마존

대비 40퍼센트 넘게 늘어나면서 커머스 사업의 적자를 메우고도 남았다 (도표 1-15). 커머스 사업의 영업이익이 들쭉날쭉하는 동안 AWS가 30퍼 센트 이상의 영업이익률로 캐시카우 역할을 하면서 버텨 내고 있는 것 이다. 전 세계의 많은 커머스 기업들도 커머스 사업만으로는 투자와 비 용 부담이 너무 심해서 다른 부가 사업을 찾고 있는 상황이다. AWS처 럼 이익도 꾸준하고 경기에도 민감하지 않은 구독 비즈니스 모델을 찾 을 수만 있다면 걱정이 없을 것이다.

최근 부각되고 있는 기업인 오카도Ocado는 이 과제를 해결했다. 식 품에 특화된 커머스 기업인 오카도는 IT 솔루션을 판매하는 커머스 기 업 중에서 눈에 띄는 기업이다. 자체 콜드체인 풀필먼트 솔루션인 오카 도 스마트 플랫폼OSP을 글로벌 대형 할인점에 공급하고 있다. 온라인 사업을 위한 토털 솔루션Total Solution, 즉 풀필먼트 센터 건설, 로봇 자동

© Ocado

화 운영 시스템, 재고 관리, 온라인 주문 처리 프로세스 등이 주요 서비스다.

오카도의 풀필먼트 솔루션은 세계 각지에서 가동되고 있다. 2021년에는 미국 할인점 크로거Kroger와 계약한 풀필먼트 센터가 가동을 시작했다. 또한 2023년에는 호주의 콜스Coles와 일본의 이온AEON, 2024년에는 스페인의 알캄포Alcampo와 폴란드의 오샹리테일폴란드Auchan Retail Poland에서도 오카도의 솔루션이 가동될 예정이다. 현재 오카도는 IT 솔루션 수출이 이끄는 매출 상승을 보이고 있다(도표 1-16).

국내에서는 네이버가 아마존이나 오카도 같은 IT솔루션 사업을 버퍼Buffer(완충제)로 삼아 커머스 사업을 하고 있다. 마찬가지로 검색 광고가

도표 1-16 오카도 IT 솔루션의 매출 추이

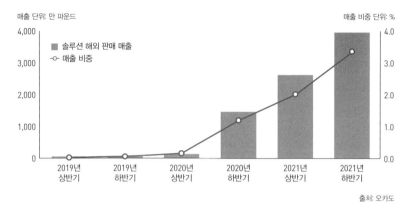

출처: 오카도

캐시카우 역할을 하며 커머스와 핀테크 사업이 서로 시너지를 내고 있는 상황이다. 또한 커머스를 자체 사업으로 활용할 뿐만 아니라 솔루션화하며 스마트스토어 시스템을 일본에 수출하려고 시도하고 있다. 클라우드 사업을 뒷받침할 제2의 데이터센터 '각 세종'도 2022년 12월에 완공, 2023년 정식 운영이 예정돼 있다.

소규모 셀러를 돕는
히어로 커머스의 등장

아마존이 쇼피파이를 두려워하는 이유

커머스 시장이 커지고 생태계가 다채로워지면서 다양한 판매 단계들이 등장하고 있다. 특히 소상공인 같은 판매자를 대상으로 하는 B2B 커머스 영역에서 다양한 기업들이 부상하고 있다. 팬데믹을 겪으면서 각 분야의 비즈니스 모델이 새롭게 설계되고 업계로부터 각광받은 사례들도 많이 등장했다. 소상공인을 도와주는 영웅 또는 조력자 역할을 하는 커머스 기업도 생겨났다.

소상공인 전자상거래에서 기본은 온라인 쇼핑몰 구축이다. 아마존이나 쿠팡, 지마켓처럼 플랫폼에 입점하는 방법도 있다. 하지만 독립된 쇼핑몰 홈페이지를 만드는 경우도 많다. 대표적인 예가 바로 쇼피파이다.

쇼피파이를 주목하는 이유는 파생되는 비즈니스 모델의 다양함 때문이다. 거래 수수료를 넘어서 구독 모델, 핀테크, 물류 등으로 매출원을 확대하고 있다. 기본적으로는 쇼핑몰 구축에 필요한 솔루션을 구독 방식으로 판매한다. 소상공인에게 필요한 금융, 광고, 물류, 배달 등도 솔루션화해 제공한다. 소상공인의 필요에 따라 해당 솔루션을 구매해 사용하면 된다.

쇼피파이는 해외 사업의 전개 방식에도 참고점을 주고 있다. 현재 쇼피파이는 175개국에 진출해 수익을 올리고 있다. 12개국에 진출한 아마존보다 훨씬 많은 숫자다. 실제로 해외에 사업을 진출시킬 때는 마켓플레이스 플랫폼을 운영하는 것보다 솔루션을 제공할 때 더 신속하고 유연하게 대응할 수 있다. 네이버도 국내에서는 스마트스토어라는 플랫폼을 직접 운영하지만 해외에는 솔루션 형태로 진출할 계획을 갖고 있다.

ESG 솔루션도 주목할 만하다. 최근 ESG는 소상공인 및 중소기업 입장에서도 필수 개념으로 자리잡아 가고 있다. 그동안 ESG는 대기업의 전유물로 여겨졌다. 하지만 시대의 흐름이 바뀌어 소상공인이나 중소기업도 실천해야 하는 핵심 가치로 떠오르고 있다. 사업 환경의 변화나 소비자의 관심 분야 변동에 적극적으로 대응해 서비스에 반영하고, 지역 및 이해관계자와 상생을 꾀한다면 영업에도 도움이 될 수 있다. 이제는 고객과 지역사회로부터 긍정적인 평판을 받고 좋은 관계를 구축해야 생존할 수 있고 성장할 수 있는 시대로 변화하고 있기 때문이다.

특히 스코프3Scope3 탄소 배출 보고 규제의 강화는 대기업을 넘어 작은 기업, 소상공인들에게까지 영향을 미치고 있다. 스코프3는 기업의 직접 통제를 벗어난 탄소 배출량을 공급망 전반에 걸쳐 규제하는 국제적인 규약을 말한다. 하지만 소상공인이나 중소기업은 탄소 배출을 줄이는 등 ESG를 실행하고 싶어도 노하우가 부족하고 비용도 많이 발생한다. 이러한 수요를 예상해 탄소 측정 및 절감 도구를 솔루션으로 만들어 공급하는 기업들이 등장하고 있다. ESG의 서비스화를 내세운 기업들이다.

미국의 스트라이프는 2022년《패스트컴퍼니》에서 발표한 혁신 기업 1위로 선정됐다. 2020년에 시작한 스트라이프 클라이밋Stripe Climate이라는 솔루션이 주효했다. 스트라이프 클라이밋은 결제와 관련된 탄소 감축을 위한 기후 솔루션이다. 예를 들어 "결제액의 1퍼센트를 탄소 제거를 위해 기여하겠습니까?"라는 서약 옵션을 소비자 결제 화면에 띄워 동의를 구하는 식이다. 만약 소비자가 서약에 동의하면 결제액의 1퍼센트를 탄소 제거 프로젝트를 위한 자금으로 모아 활용한다. 소상공인은 몇 번의 클릭으로 ESG 관련 서비스를 기존 결제 단계에 붙이기만 하면 된다.

2022년 7월 기준으로 아직까지 국내에는 스트라이프 클라이밋과 유사한 서비스가 없는 것으로 파악된다. 한국이 글로벌 ESG 흐름에 빠르게 동참하고 있는 것을 고려하면 국내에도 ESG와 결제를 결합한 솔루션이 곧 나올 것으로 기대된다. 실제로 국내 상장기업 중 ESG위원회를

● 스트라이프의 결제 기후 솔루션 스트라이프 클라이밋 화면

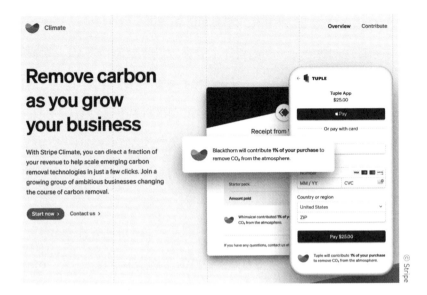

설치한 기업은 2021년 182개사로 10퍼센트대에 불과했으나, 2022년 263개사로 늘어 25퍼센트대다. RE100Renewable Energy 100에 가입한 국내 기업도 2019년까지는 한 곳도 없었으나, 2022년 7월 기준 21개사로 늘어났다. 자사의 ESG를 챙기는 수준을 넘어 ESG 자문을 하는 컨설팅펌과 로펌 등의 인력도 많아졌다. 장차 ESG 솔루션을 IT 기술 기반으로 서비스화해 중소기업이나 소상공인을 효과적으로 도와주면서 수익을 거두는 기업이 많이 등장할 것으로 기대된다.

아마존 생태계 속 영리한 포식자들

많은 커머스 기업이 아마존을 벤치마킹하려고 노력할 때, 아마존이라는 거인의 어깨 위에서 노는 기업이 등장했다. 바로 스라시오Thrasio다. 사명도 그리스 신화에 등장하는 아마존의 여전사 스라소Thraso에서 따왔다고 한다. 스라시오는 아마존 생태계의 포식자로 비유되는 셀러 애그리게이터Seller Aggregator다. 소상공인을 도와주는 것이 아니라 잡아먹어 사업을 키우는 콘셉트다. 멀티 레이블과 전문 매니지먼트 스태프가 있는 대형 엔터테인먼트 소속사에도 비유되기도 한다.

스라시오의 운영 방식을 살펴보면 우선 아마존 플랫폼의 매출 데이터를 분석해 투자 대상을 스크리닝한다. 타깃을 정하고 나면 투자 대상이 창출하는 영업이익의 약 2배에 달하는 금액으로 아마존 계정을 사들인다. 이후에는 공급망, 재고 관리, 마케팅 등의 전문가들이 소속사의 전문 인력처럼 달라붙어 하드 트레이닝을 시킨다. 원석과 같은 연습생을 상품 가치가 있는 아이돌로 키워 내는 과정과 흡사하다.

아마존이나 네이버 스마트스토어 등에 입점한 많은 소상공인은 사업을 어느 정도 키우고 나면 한계점에 봉착한다. 스라시오는 이처럼 잠재성은 있지만 더 이상 규모를 키울 여력이 없는 소상공인, 특히 1인 셀러로부터 사업을 사들인 후 전문 인력을 통해 사업 확장과 수익 창출이라는 목표를 추구하는 기업이다. 투자 대상의 체질 변화 과정은 철저히 데이터 기반으로 진행된다. 구매 전환율, 반품률, 물류 이용 규모, 배송비, 거래 수수료 등 커머스와 연관된 정량적인 데이터와 검색 트렌드, 소비자 평판, 계절성 등 정성적인 데이터도 활용한다.

스라시오가 확보한 소상공인 브랜드는 2021년 기준 100개가 넘고, 판매 품목도 1만 개가 넘는다. 매출은 2020년에 5억 달러(약 6,550억 원)를 넘어선 것으로 추정된다. 기업 가치는 2021년 10월 투자 유치 당시 기준 100억 달러(약 13조 원)가 넘는 수준으로 평가받았다.

스라시오의 성공에 자극을 받아 유사 기업들도 우후죽순 생기고 있다. 독일의 레이저Razor Group, 미국의 퍼치Perch가 대표적이다. 레이저는 2022년 기준 누적 9억 5,000만 달러(약 1조 2,000억 원) 투자를 유치했다. 퍼치는 소프트뱅크로부터 투자받은 7억 달러(약 9,170억 원)를 포함해 누적 9억 달러(1조 1,790억 원)의 투자를 유치했다.

국내에도 홀썸브랜드Wholesum Brands, 부스터스Boosters, 넥스트챕터Next Chapter 등 유사 기업이 등장했다. 미디어 커머스 기업으로 유명했던 블랭크Blank도 셀러 애그리게이터 모델로 전환한다는 계획을 발표했다. 홀썸브랜드는 2022년 4월까지 5개의 브랜드를 인수했고, 향후 1년 내에 최대 20개의 브랜드를 추가로 인수할 계획이다. 넥스트챕터는 2021년 7월에 끌림벤처스 등으로부터 시드 투자를 유치했다. 주요 인수 대상은 쿠팡과 네이버 스마트스토어의 중소 온라인 브랜드다.

단, 셀러 애그리게이터는 철저하게 지배적인 플랫폼에 맞춰진 전략을 구사한다는 점에서 양날의 검과 같다. 아마존이나 쿠팡 등 거대 플랫폼에 최적화돼 있기 때문에 플랫폼이 정책을 바꾸거나 셀러 애그리게이터 모델을 내재화한다면 사업에 큰 타격을 입을 수 있다. 브랜드를 인수해 수익을 내는 투자의 성격을 띤다는 점도 일반적인 커머스 사업과는 다른 위험 요소다. 셀러 애그리게이터가 외부 VC로부터 투자를 받아 인수 자금을 마련한다는 점도 마찬가지다. 투자에는 항상 가치 평가와 수익률 위험이 따르게 마련이다. 2023년은 셀러 애그리게이터의 사업 패턴이 지속 가능할지 지켜보는 한 해가 될 것이다.

IT 공룡, 소상공인의 히어로가 되다

어려운 상황 속에서는 항상 작고 힘없는 이들이 가장 큰 피해를 입는다. 커머스 시장도 팬데믹 기간 동안 오프라인의 작은 가게들이 가장 큰 피해를 입었다. 물론 정부에서 소상공인을 돕기 위해 다양한 대책을 마련하지만 한계는 있기 마련이다. 이처럼 정부의 도움이 미치지 못하는 부분을 기술과 마케팅 역량을 가진 민간 기업들이 돕고 있다.

소매상들의 아마존이라고 불리는 미국의 페어Faire가 대표적이다. 기존의 커머스 기업들은 B2C, 즉 기업과 소비자를 연결하는 영역에 집중돼 있지만 페어는 생산자와 기업을 연결하는 B2B의 영역에 집중한다. 쉽게 말해 생산자와 소매상을 연결하는 온라인 도매상이다.

우선 제조사가 페어의 플랫폼에 상품 정보를 등록하면, 소매상은 해당 상품을 선택해 주문하는 방식으로 운영된다. 이 과정에서 페어는 작은 소매상에게는 돈을 받지 않고, 제조사로부터만 수수료 수익을 얻는다. 현금 흐름이 풍부하지 않은 소매상을 위해서 2개월 이내 상품 대금

지불, 무료 반품 정책도 운영하고 있다. 2022년 7월 기준 전 세계 1만 5,000개의 도시에서 50만 개의 소매상이 페어를 이용해 제품을 구매하고 있으며, 7만 개의 브랜드를 취급하고 있다.

페어의 차별화는 제품의 구성에서도 찾아볼 수 있다. 소비자들은 대형 프랜차이즈보다는 개별 브랜드에서 평범하지 않고 색깔이 분명한 상품을 찾는다. 이러한 소비자의 요구를 파악한 페어는 아마존 등 대형 커머스 플랫폼에서 흔히 볼 수 없는 제품을 공급하고 있다. 또한 페어는 디지털 회사답게 데이터 기반의 상품 추천도 주력으로 삼는다. 보통 소매상은 대부분 영세한 규모로 운영되므로 하루하루의 영업에 신경 쓸 시간도 부족하기 쉽다. 시장 환경 분석이나 고객 데이터 분석조차 어렵다. 이러한 소상공인의 현실을 돕기 위해 페어는 특정 지역과 특정 시기의 인기 상품을 예측해 추천한다. 제조사에게 소매상의 판매 데이터를 제공받아 프로모션 정책이나 제품 개발 등에 활용하기도 한다.

일반적으로 소규모 매장의 디지털 전환이라고 하면 쇼핑몰 홈페이지 제작 정도로만 생각하기 쉽다. 페어는 한 발 더 나아가 소매상이 팔면 좋은 제품은 물론 해당 제품을 파는 도매상들을 연결해 주는 등 전략적으로 지원한다. 한마디로 소매상들의 인텔리전스 플랫폼Intelligence Platform이다.

페어의 기업 가치는 2022년 5월 투자 유치 기준 125억 달러(약 16조 3,750억 원)를 기록했다. 특히 2022년 들어 VC 시장이 위축된 상황 속에서도 기업 가치가 오히려 증가하는 모습을 보이며 17억 달러(약 2조

2,000억 원)에 가까운 투자를 유치했다. 단순한 쇼핑몰 구축이 아닌 소매상들의 '페인 포인트'Pain Point(불만 사항)를 찾아내는 브레인 역할을 한다는 점, 그리고 미국이라는 선진 및 성숙 커머스 시장에서 나온 모델이라는 점에서 주목을 받고 있다.

국내에서도 딜리셔스Dealicious가 운영하는 신상마켓이 생산자와 소매상을 연결하는 온라인 도매상 사업을 하고 있다. 2013년 설립된 신상마켓은 50여 년간 이어진 동대문 의류 시장의 거래 방식을 바꿨다. 보통 의류 시장의 소매상들은 자신의 쇼핑몰에 등록할 의류들을 동대문 도매업체를 통해 공급받는다. 이때 매장을 직접 방문하거나 동대문 시장 고유의 물류 대행업자인 '사입 삼촌'을 통하는 것이 일반적이다.

신상마켓은 도매 업체들의 의류를 플랫폼에 등록하고 소매상이 고르는 방식을 택했다. 의류의 사입, 검수, 재고 관리, 고객 직배송 등을 자체 풀필먼트 물류센터를 통해 대행함으로써 소매상이 상품을 판매하는 본업에만 집중하도록 돕는다. 2022년 기준 월 평균 도매상품 등록 수는 100만 건이 넘고, 누적 상품 수는 7,000만 건이 넘는다. 2022년 초에 시리즈 C 투자(시장 점유율 확장 및 성장 가속화를 위한 투자)를 통해 570억 원을 유치하는 등 VC 시장에서 성장성도 인정받았다.

앞서 소개한 소상공인 관련 커머스 기업들은 성숙 단계에 접어든 커머스 생태계를 풍부하게 만들고 판매자들의 디지털 전환과 사업 역량을 향상을 돕는다는 점에서 주목할 만하다.

팬데믹 기간 동안 가속도를 높이며 성장한 커머스 시장의 미래가 기대된다. 2023년을 앞두고 성장 둔화를 염려하는 분위기 속에서도 커머스 시장은 새로운 비즈니스 모델 도입과 잠재된 시장의 발굴, 다양한 기술과 데이터 활용 등을 통해 비즈니스를 재창조할 것이다.

모바일
인사이트

이커머스 시장의 새로운 트렌드 3대장

- **퀵커머스:** 익일배송, 당일배송, 새벽배송이 한동안 인기였다. 이제는 플랫폼에서 배달기사를 자체 또는 외주로 고용해 한 시간 이내에 상품을 배송해 준다. 국내에서는 B마트가 첫 테이프를 끊었고 CJ올리브영, GS리테일 등 유통 공룡들이 적극적으로 참여하고 있다.

- **리커머스:** 중고거래를 의미하는 리커머스는 중고거래에 대한 인식 개선, 경기 침체에 대한 우려와 함께 이커머스 트렌드 중 하나로 자리잡았다. '당근 열풍'을 일으켰던 당근마켓 외에도 한정판 스니커즈 거래로 유명한 네이버의 크림, 번개장터 등이 대표적이다.

- **메타커머스:** 메타버스 관련 기업들은 실제 제품의 구매율을 높이기 위해 가상 환경을 제공한다. 발렌시아가, 프라다, 톰 브라운 등 명품 패션 브랜드는 디지털 의류 아이템을 선보였고, 이케아는 가구를 가상의 방에 배치하는 가상현실 앱을 제공한다.

CHAPTER 2

바이러스를 피해 집 안에 머물던 사람들에게 OTT는 일상생활의 활력소가 되어 주었다. 그러나 지금 OTT 비즈니스는 큰 위기에 봉착했다. 경쟁자들로 포화된 시장, 거리두기 해제와 함께 줄어드는 이용률… OTT 기업들은 밀려드는 Influx 위협에 어떻게 대처할까?

OTT 경쟁자들이
몰려온다,
고객을 지켜라

집 밖의 경험에 목마른 고객들

엔데믹과 OTT의 위기

넷플릭스는 영화, 드라마 등의 동영상 서비스, 이른바 OTT_{Over-the-Top} 서비스의 대명사로 전 세계 최대 프리미엄 동영상 서비스 업체로 자리매김한 업체다. 2022년 4월 넷플릭스의 주가가 하루에 20퍼센트 이상 폭락하며 투자자들에게 큰 충격을 줬다(도표 2-1). 2022년 1분기 실적 발표에서 2011년 이후 10여 년 만에 처음으로 20만 명의 가입자가 감소했고 2분기에도 200만 명 이상의 감소가 예상된다고 밝힌 것이 가장 큰 이유였다.

도표 2-1 넷플릭스의 주가 추이

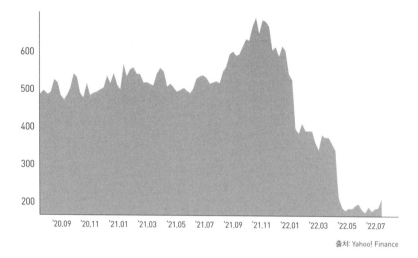

출처: Yahoo! Finance

넷플릭스는 2022년 2분기에 구독자가 200만 명 감소할 것으로 전망했지만 실제로는 97만 명에 그쳤다. 그럼에도 불구하고 예전 수준을 회복하지 못하고 있는 주가와 지속되는 구독자 감소는 OTT 시장의 성장 자체가 한계에 이른 것 아니냐는 우려의 목소리를 불러일으키기에 충분했다.

그러나 사실 OTT 시장 자체는 성장을 지속하고 있다. 다만 넷플릭스와 같은 월정액 기반 사업 모델 중심에서 벗어나 좀 더 다양한 수익 모델을 추구하는 형태로 발전하는 과정으로 분석된다. 이미 2022년 한 해 동안 몇몇 업체가 새로운 사업 모델을 추구하기 시작했다. 소비자들이 좋은 반응을 보이고 있어 사업 모델 변화를 추구하는 업체는 더 늘어날 것이다. 이런 영향을 기반으로 미디어 산업의 또 다른 혁신이 예고되고 있다.

OTT 서비스는 지상파 방송이나 케이블TV, IPTV, 위성방송 등의 유료 방송에 비해 차별화되는 장점을 갖고 있다. 기존 방송 서비스에 불만을 갖고 있던 시청자들의 큰 호응을 얻으며 팬데믹 이전부터 꾸준히 성장세를 보였다.

OTT 서비스는 유료 방송에 비해 저렴한 이용료, 간단한 가입과 취소 과정이 장점이다. 국내에서는 유료 방송의 월 이용료가 1~2만 원 수준으로 저렴하지만, 해외에서는 케이블TV 등 유료 방송 서비스의 월 이용료가 수십 달러에 달하기도 한다. 심지어 약정 기간이 있어 해지조차 어려웠다. 반면 구독형 OTT 서비스는 해지가 자유롭고 월 이용료도 10달러 이하로 제공돼 이용 편의성이 높다.

OTT 서비스의 또 다른 강점은 언제 어디서나 원하는 방송 콘텐츠를 시청할 수 있다는 점이다. 일반 방송은 편성된 시간에 보지 못하면 재방송까지 기다려야 하지만 OTT 서비스는 인터넷만 접속되면 이용자가 원하는 콘텐츠를 언제든 다시 시청할 수 있다. 또 TV와 스마트폰, PC 등 원하는 단말을 통해 시청할 수 있다는 것도 장점이다. 물론 TV로 시청하려면 스마트TV나 미디어 스트리밍 단말이 필요하다.

OTT 서비스가 처음 등장할 당시에는 미디어 업체들이 콘텐츠 제공에 적극적이지 않아 시청할 수 있는 동영상 콘텐츠의 수가 적었다. 하지만 넷플릭스 같은 주요 OTT 업체들이 콘텐츠 라이선스에 과감하게 투자하면서부터 드라마와 영화 수가 대폭 늘어났다. 특히 넷플릭스는 다른 OTT 서비스에서는 볼 수 없는 오리지널 콘텐츠를 제공하면서 큰 호응을 얻었다. 이후 기존 미디어 업체들은 방송사나 OTT 서비스 업체 등의 유통 업체들에게 콘텐츠를 공급하던 방식과는 달리 중간 단계를 제거해 소비자에게 직접 콘텐츠를 제공하는 D2C Direct-to-Consumer 사업을 시작했다. 이에 따라 현재는 여러 OTT 서비스가 양적, 질적으로 충분한 콘텐츠를 제공할 수 있게 되었다.

본격적인 성장기를 맞이한 OTT 산업은 팬데믹이라는 전대미문의 변수를 맞아 말 그대로 폭발적으로 성장했다. 국내에서도 팬데믹 이후 OTT 이용자가 크게 늘어났다. 정보통신정책연구원이 2022년 4월 발간한 〈세대별 OTT 서비스 이용현황〉에 따르면 국내 OTT 서비스 이용률은 2019년 41퍼센트에서 2020년 72.2퍼센트로 증가했다. 2021년에는 81.7퍼센트를 기록하며 2년 만에 2배 가까이 늘어났다. 방송통신위원회의 〈2021 방송매체 이용행태조사〉도 OTT 서비스 유료 이용자 비율이 2020년 14.4퍼센트에서 2021년 34.8퍼센트로 무려 20.4퍼센트포인트 증가했음을 밝혔다.

그러나 이러한 이용자 증가세에도 불구하고 2022년으로 접어들면서 OTT 업계는 위기감을 나타내고 있다. OTT 시장의 성장세가 꺾이면서 각 서비스 업체도 가입자 이탈과 그에 따른 매출 감소를 겪을 수 있다는 경고의 목소리가 나오고 있다. 이러한 우려의 원인을 OTT 산업의 외부와 내부의 요인으로 나누어 생각해 볼 수 있다.

외부 요인은 팬데믹 사태의 종식, 즉 엔데믹 시대의 도래다. 외부에서 사람을 만나거나 야외 운동, 공연 관람, 극장 방문 등의 외부 활동이 가능해지면서 OTT 서비스 이용 시간이 현저하게 줄어들 가능성이 커졌다. 외부 활동에 돈을 더 많이 쓰는 만큼 OTT 서비스를 해지하는 이용자도 늘어날 수 있다.

더 큰 위기 요인은 OTT 산업 내부에서 발견된다. 디즈니와 워너 브라더스 디스커버리 등 다양한 업체들이 OTT 서비스에 진출하면서 업체 간 경쟁이 매우 치열해졌다. 이 외에도 아마존과 애플, 구글 등의 단말 및 인터넷 서비스 업체들도 OTT 사업을 더욱 강화하거나 새로 출시했으며 스포츠나 다큐멘터리 같은 특정 장르를 강조하는 서비스 업체들도 가입자 확대를 위해 나서기 시작했다. 서비스 업체의 증가 추세는 팬데믹 이전부터 본격적으로 나타났다. 지난 2020년 10월 시장조사기관 팍스 어소시에이츠Parks Associate는 자체 조사를 통해 미국에서 제공되고 있는 OTT 서비스가 300여 종에 달한다고 밝히기도 했다.

OTT 업체 간 경쟁이 치열해지면서 더 많은 이용자를 확보하기 위해 각 업체들은 타 서비스에서 볼 수 없는 독점 유통 콘텐츠를 더 많이 확보하고 있다. 여기에 오리지널 콘텐츠의 수를 늘리기 위한 작업도 더해지면서 결국 투자비가 급증했다. 지난 2022년 1월 〈파이낸셜 타임스〉는 넷플릭스와 디즈니, 워너 브라더스 디스커버리 등 미국의 8대 미디어 기업들이 2022년 한 해 동안 콘텐츠 제작에 1,150억 달러(약 150조 원)를 투자할 것이라고 보도했다. 오리지널 콘텐츠 투자액의 증가를 잘 보여 주는 사례는 아마존이다. 2022년 9월 아마존은 오리지널 콘텐츠인 〈반지의 제왕〉 드라마를 방영하면서, 판권 구입과 드라마 제작을 위해 15억 달러(약 1조 9,500억 원)를 투자한 것으로 알려졌다.

SVOD~Subscription-based Video on Demand~로 불리는 이러한 구독형 OTT 서비스는 가입자들이 매월 지불하는 이용료가 주 수익원이다. 콘텐츠 확보를 위한 비용이 급증하는 상황에서 구독자가 그만큼 증가하지 않는 다면 OTT 업체 입장에서는 심각한 재정적 위기를 겪을 수 있다. 구독자 유지와 확대를 위해서는 콘텐츠를 계속 추가해야 하므로 콘텐츠 확보 비용을 줄이기는 어렵다. 구독자가 이탈할 우려가 있어 이용료를 인상 하기도 쉽지 않다. 물론 이용료 인상을 단행하는 업체도 존재하지만 치 열한 구독자 확보 경쟁을 피할 수는 없다. 매출 확대가 쉽지 않은 상황 에서 구독자 유입과 유지에 더욱 난항을 겪는다면 비용만 계속 늘어날 것이다. OTT 시장의 성장과 함께 커지고 있는 위기감을 해소하기 위한 묘안이 필요한 시점이다.

이 같은 서비스 업체들의 어려움은 국내에서 왓챠~Watcha~가 경영 악화 로 매각될 것이라는 루머가 등장한 사실에서 잘 알 수 있다. 물론 왓챠 는 매각설은 사실이 아니며 사업의 구조조정을 통해 위기를 극복할 것 임을 분명히 밝힌 바 있다.

돈 내고 구독하는 시대는 끝났다

OTT 업체들이 늘어나고 각 사업자들이 차별화를 위해 오리지널 콘텐츠를 제공하기 시작하자 이용자들도 곤란해졌다. 좋아하는 영화나 드라마를 시청하려면 해당 콘텐츠를 제공하는 서비스에 가입해야 하기 때문이다. 특히 팬데믹을 거치면서 복수의 OTT 서비스를 이용하는 이용자의 수가 확연히 증가했다.

2022년 4월 미디어 스트리밍 단말 제조사인 티보TiVo가 발표한 시장 조사 자료에 따르면 미국 내 OTT 및 방송 서비스 이용자가 동시에 이용 중인 서비스의 수는 2016년 평균 4개에서 2019년 평균 6.9개로 늘어났다. 2021년 4분기에는 8.9개로 또 다시 증가했다. 이 중 유료 서비스는 6.5개였다.

2022년 1월 한국콘텐츠진흥원이 발표한 자료에 따르면 국내 OTT 서비스 이용자들은 평균 2.7개의 유료 서비스를 이용하고 월 평균 1만 3,212원을 지불하고 있었다. 미국에 비해 적은 수치지만, 상당수의 이용자가 복수의 서비스를 유료 구독하고 있다는 점에서는 같은 결과로 볼 수 있다.

하지만 이용자가 가입한 서비스의 수가 늘어난다는 것은 매월 지불하는 금액이 커진다는 것을 의미한다. 각 서비스의 구독료는 저렴할지라도 동시에 여러 서비스를 이용하면 전체 구독료를 무시할 수 없다. 이를 반영하듯 OTT 서비스 해지율이 증가하고 있다. 2021년 12월 시장 조사기관 딜로이트 글로벌Deloitte Global은 2022년의 SVOD 서비스 해지율이 30퍼센트 정도 증가할 것이라고 전망했다. 해지의 이유는 다양하겠지만 중복 이용에 따른 비용 부담이 주요 원인으로 보인다.

OTT 시장에서는 이에 대응하여 소비자들의 비용 부담을 줄일 다양한 방안을 모색하고 있다. 대표적인 것이 SVOD가 아닌 광고 기반의 무료 OTT 서비스, 즉 AVOD Advertising-based Video on Demand다. 구글의 유튜브가 AVOD 서비스를 선도하고 있다. 구글은 광고 없이 콘텐츠를 볼 수 있는 월정액 상품인 유튜브 프리미엄 서비스를 제공하지만 일반 이용자들도 광고를 시청한 후에는 무료로 콘텐츠를 즐길 수 있다. 광고를 시청하면 전문 미디어 업체가 제작한 일부 장편 영화와 드라마도 무료로 볼 수 있지만 그 수는 그리 많지 않다. 대신 '유튜버'로 불리는 크리에이터들이 제작하는 동영상 중심으로 운영된다. 또 오래전부터 여러 업체들이 프리미엄 AVOD 서비스를 제공했지만 제공 콘텐츠의 부족 등으로 많은 주목을 받지 못했다.

그러나 2020년 무렵부터 미디어 업체들이 일제히 AVOD 사업을 강화하기 시작하면서 상황은 바뀌었다. 특히 미국의 거대 미디어 업체인 폭스Fox, 파라마운트 글로벌Paramount Global, 컴캐스트Comcast가 각각 AVOD 서비스 업체인 투비Tubi, 플루토TVPlutoTV, 쥬모Xumo를 인수하고 콘텐츠 투자를 확대했다. 이를 계기로 AVOD는 광고를 보면 무료로 이용할 수 있고 SVOD에 버금가는 콘텐츠가 있는 서비스로 인지도를 높이기 시작했다. 2020년 이후 이용자들도 본격적으로 늘어나기 시작했다.

광고 기반의 무료 OTT 서비스는 광고 기반 무료 스트리밍 TV 서비스인 FASTFree Ad-supported Streaming TV 이후 한층 더 발전했다. FAST는 인터넷을 통해 다채널 방송을 무료로 제공하는 서비스다. 이론적으로는

도표 2-2 방송·영상 서비스의 변화

	과거의 방송·영상 서비스			인터넷·OTT 시대의 방송·영상 서비스	
	선형/다채널 방송	주문형		선형/다채널 방송	주문형
유료	유료TV (위성, 케이블, IPTV)	DVR (Digital Video Record)	유료	vMVPD	TVOD SVOD
무료	지상파 방송	–	무료	FAST	AVOD

지상파 방송과 달리 무제한 채널을 제공할 수 있다. 드라마나 영화, 음악 프로그램처럼 일반적인 채널은 물론, 특정 프로그램의 에피소드들만으로 구성된 채널도 제공할 수 있다. 다만 SVOD나 AVOD와 같은 주문형 동영상 서비스와 달리 재생을 멈추거나 앞부분, 뒷부분으로 건너뛸 수는 없다.

FAST 서비스는 SVOD나 AVOD 서비스 이용자들이 겪는 '선택의 문제'도 일정 부분 해소해 준다. 넷플릭스 이용자라면 콘텐츠 목록을 보면서 막상 무엇을 봐야 할지 몰라 고민했던 경험이 많을 것이다. FAST는 기존의 TV 방송처럼 콘텐츠와 방영 시간을 정해 제공하는 선형Linear 방송으로서 이용자가 보고 싶은 주제의 채널을 고르기만 하면 고민 없이 콘텐츠를 바로 시청할 수 있다. 이용자의 마음에 들지 않는 콘텐츠가 방영 중이라면 다른 채널로 돌리면 된다(도표 2-2).

FAST와 유사한 형태로 인터넷 기반의 유료 방송인 vMVPDvirtual Multi

Video Programming Distributor라는 서비스도 존재한다. 국내에는 생소한 서비스지만 미국 등 일부 해외 국가에서는 케이블TV와 같은 다채널 방송을 제공하고 있다. 기존의 유료 다채널 방송인 케이블TV나 IPTV는 전용망을 통해 서비스를 제공하는 반면 vMVPD는 인터넷을 기반으로 제공한다는 차이가 있다. 훌루Hulu, 디렉TV DirecTV, 유튜브TV 등이 대표적인 업체들이다.

FAST 시장은 방송 사업자 등 미디어 업체뿐만 아니라 스마트TV나 미디어 스트리밍 단말을 판매하는 업체들이 구매 혜택의 일환으로 FAST 서비스를 선택하면서 서비스 제공 업체들이 늘어나고 있다. 삼성전자와 LG전자도 '삼성 TV 플러스'와 'LG 채널'이라는 FAST 서비스를 스마트TV에서 제공하고 있다. 특히 삼성전자는 스마트TV 구매 고객뿐만 아니라 갤럭시 스마트폰을 구입한 고객에게도 서비스를 제공하기 시작했다. 삼성전자의 단말 고객이 아니어도 콘텐츠를 시청할 수 있도록 웹브라우저 버전의 서비스도 내놓았다.

삼성전자와 LG전자 이외에 웨이브Wavve와 티빙Tving, SK브로드밴드도 FAST 서비스를 제공하고 있다. 웨이브는 '정주행 채널'을 편성해 운영 중이다. 유료 구독자가 아니어도 〈1박 2일〉, 〈무한도전〉, 〈런닝맨〉과 같은 인기 예능 프로그램은 물론, 종영된 인기 드라마들을 무료로 시청할 수 있다. 티빙은 2021년 4월부터 실시간 방송 무료 서비스를 중단했다. 대신 종영된 일부 인기 드라마와 예능 프로그램을 회차별로 연이어 시청할 수 있는 티빙 TV를 무료 회원들에게 제공하고 있다. SK브로

● 웨이브가 제공하는 FAST 서비스인 '정주행 채널'

출처: 웨이브 홈페이지 캡처

드밴드는 미디어 스트리밍 단말인 '플레이Z' 구매 고객들을 대상으로 20개 이상의 FAST 채널을 제공하고 있다.

　AVOD 서비스 제공 업체 중 일부도 FAST 서비스를 제공한다. 주문형과 선형 방식을 모두 활용하는 것이다. 이용자가 미리 무엇을 볼 것인지 정했다면 해당 콘텐츠를 검색해 주문형으로 시청하고, 미리 정하지 않았다면 서비스 업체가 제공하는 채널 중 하나를 골라 시청하면 된다.

　주문형 콘텐츠와 선형 방송을 무료로 시청할 수 있다는 장점 때문에

AVOD와 FAST의 이용자는 급증하고 있다. 이를 기반으로 채널과 콘텐츠가 늘어나는 선순환 구조를 갖추게 됐다. 서비스 제공 국가에 따라 채널의 수는 차이가 있지만 플루토TV, 비지오Vizio, 로쿠 채널Roku Channel, 티보플러스 등은 최소 100여 개에서 최대 300여 개에 이르는 FAST 채널을 보유하고 있다.

FAST 채널은 각 사업자들과 계약을 체결한 파트너사에서 제공한다. 이들 파트너사 중에는 콘텐츠를 직접 제작하고 저작권을 보유한 미디어 업체뿐만 아니라 여러 업체로부터 콘텐츠를 소싱해 채널을 운영하는 전문 업체들도 있다. 국내에서도 영화 투자 및 배급사인 뉴NEW의 자회사인 뉴 아이디NEW ID가 국내외의 다양한 FAST 사업자들에게 한국 드라마와 음악 등을 제공하는 여러 채널을 공급해 좋은 성과를 거두고 있다.

하지만 이러한 광고 기반 무료 OTT 서비스가 유료 구독형 OTT 서비스인 SVOD를 완전히 대체하지는 않을 것이다. 이용자들은 가용 예산과 선호 콘텐츠, 그리고 여가 시간을 고려해 SVOD, AVOD, 그리고 FAST 서비스를 병행하는 방식으로 이용할 것으로 예상된다. 이에 맞춰 SVOD 서비스 업체가 AVOD를 제공하거나 반대로 제공하는 것도 가능할 것이다.

아마존은 이미 SVOD, AVOD, 그리고 FAST를 모두 활용하고 있다. 아마존의 프라임 멤버십 가입자는 프라임 비디오Prime Video라는 SVOD 서비스를 이용할 수 있다. 또한 멤버십 미가입 고객들도 별도의 월정액 기반 구독형 서비스를 이용할 수 있다. 아마존이 1998년에 인수한 IMDb는 2019년부터 AVOD 및 FAST 서비스인 '프리다이브'Free-dive를 운영하다가 이후 'IMDb TV'로 서비스 명칭을 변경했다. 아마존은 2022년 4월에는 해당 서비스를 아마존 프리비Amazon Freevee로 변경해 오리지널 동영상을 유통하는 등 콘텐츠를 더욱 강화할 것이라고 발표했다.

콘텐츠 관련 거대 기업들은 점점 더 AVOD와 FAST 사업을 강화하고 있다. 특히 팬데믹 이후 인플레이션 등으로 경제 위기가 닥칠 것으로 예상되면서 이용자 증가세는 더욱 빨라질 것이다. 무료로 프리미엄 콘텐츠를 시청할 수 있다는 점이 주효했다. 이를 반영하듯 시장조사기관 옴디아Omdia는 2024년이면 AVOD와 FAST의 광고 매출이 SVOD의 매출을 넘어설 것이라고 전망했다. 2022년 2월에는 미국 내 TV 이용자 중 AVOD 이용자가 2021년 대비 16퍼센트 증가하는 반면 SVOD 이용자는 8퍼센트 증가하는 데 그쳤다는 조사 결과를 발표했다. 이를 통해 광고 기반의 무료 OTT 이용자가 SVOD 이용자를 추월하는 추세를 확인할 수 있다.

미국 최대 케이블방송사 컴캐스트의 광고 사업 조직인 컴캐스트 애드버타이징Comcast Advertising이 2022년 7월 발표한 내용에 따르면 2021년 말 기준으로 미국에서 FAST 서비스를 이용하는 가구는 전년 대비 2배 이상 증가했다. 특히 커넥티드 TV를 보유한 10개 가구 중에서 6개의 가구가 FAST만 이용하거나 다른 형태의 OTT 서비스와 함께 이용 중이었다.

이처럼 OTT 시장에서 유료 서비스와 무료 서비스, 그리고 선형 서비스와 주문형 서비스가 모두 활용되면서 이용자들은 선택의 폭이 넓어졌다. OTT 시청으로 기존의 유료 방송을 해지하는 코드컷팅cord-cutting 트렌드도 더욱 가속화될 전망이다. 실제로 미디어 전문 컨설팅 업체인 모펫내터슨MoffetNathanson의 조사에 따르면 2022년 2분기에 유료 방송에 가입하지 않고 OTT만 시청하는 가구의 비중은 40퍼센트로 역대 최대 수준을 기록했다. 전년도 같은 분기의 28퍼센트와 비교하면 트렌드가 얼마나 빠르게 변화하고 있는지 알 수 있다.

'계정 공유'라는 양날의 검으로 고심하는 넷플릭스

무료 서비스를 선호하는 이용자들이 늘어나고 업체 간 경쟁 자체가 심화되면서 기존의 사업 방식을 고수하는 OTT 서비스 업체들은 심각한 위기에 직면할 수 있다. OTT 업계에서는 콘텐츠 소싱과 유통 방식, 그리고 수익 창출 방식과 관련해 사업 관행의 변화와 재창조의 필요성이 대두되고 있다.

이와 관련하여 넷플릭스의 행보가 가장 주목받고 있다. 넷플릭스는 비용 절감과 인력 구조 조정을 추진하는 것은 물론, 이용자들의 계정 공유를 차단하고 추가 지불을 통해 지인과 계정을 공유할 수 있도록 서비스를 개편한다고 발표했다. 또한 넷플릭스는 광고 기반의 저가 요금제를 도입할 계획이며, 모바일 게임 등 새로운 사업 영역으로 진출해 수익원의 다각화도 꾀하고 있다. 2022년 7월에는 많은 인기를 얻은 오리지널 드라마 〈기묘한 이야기〉를 다양한 장르와 포맷의 사업으로 확대하기 위해 업사이드 다운 픽처스Upside Down Pictures를 설립하고 스핀오프 시리즈물과 연극 등의 제작을 시도한다고 밝혔다. 넷플릭스뿐만 다른 아니라 여러 업체에서도 유사한 형태의 사업 모델 재정비에 나서고 있다.

OTT 업체의 오리지널 콘텐츠 공개 방식도 변화하고 있다. 그동안 넷플릭스는 오리지널 드라마의 모든 에피소드를 동시에 공개하며 '몰아보기'Binge Watching 트렌드를 이끌었다. 하지만 정기 결제 이용 서비스를 해지하고 다른 서비스로 갈아타는 메뚜기족이 등장하면서 그 효과가 반감했다. 새로운 드라마나 시청하던 드라마의 새 시즌이 공개됐을 때 다시 가입해 모든 에피소드를 시청하고 해지하는 이용자가 늘어난 것이다. 이후 넷플릭스는 이용자의 이탈을 방지하기 위해 일정 시간 간격을 두고 에피소드들을 순차적으로 공개하는 방식을 도입했다. SVOD 서비스인 디즈니+나 애플TV+는 넷플릭스보다 앞서 순차 공개 방식을 도입했다. 선도 업체들의 사례를 참고삼아 앞으로 오리지널 콘텐츠의 순차 공개 방식이 더욱 확대될 전망이다.

하나의 계정을 공유하는 방식에도 변화가 예상된다. 대부분의 SVOD 업체들은 다소 비싸더라도 여러 명의 가족이 하나의 계정을 공유해 이용할 수 있는 공유 요금제를 채택하고 있다. 친구처럼 함께 거주하지 않는 사람들과도 계정을 공유하는 트렌드를 반영해 모르는 사람들과 계정 공유를 주선하는 서비스도 등장했다. 그와 같은 계정 공유의 심각성을 인지한 넷플릭스는 타인의 계정을 이용하는 가구의 수를 조사했고 그 수가 전 세계에 걸쳐 약 1억 가구에 달한다고 발표했다. 2022년 3월 시장조사기관 라이트먼 리서치 그룹Leichtman Research Group도 미국 내에서 넷플릭스를 이용하는 4,000가구를 조사한 자료에서 전체의 33퍼센트가 비동거인과 계정을 공유하고 있다고 전했다.

계정 공유의 남발을 막기 위해 넷플릭스는 가족 구성원이 아닌 사람들과 계정을 공유하는 것을 차단하고, 필요 시 추가 과금을 통해 계정을 공유할 수 있는 방식을 채택하기로 했다. 2인까지 동시 접속할 수 있는 스탠다드, 4인까지 동시 접속할 수 있는 프리미엄 요금제 가입자를 대상으로 월 2.99달러만 추가로 지불하면 최대 2인의 비동거 이용자를 추가할 수 있도록 했다. 2022년 3월 칠레, 페루, 코스타리카 등 3개국에서 먼저 테스트를 시작했고 7월에 남미 전역으로 공유 차단 정책을 확대했다. 이후 다른 국가로도 해당 정책을 확대할 것이다. 이는 2023년 이후의 계획이었으나 2022년 말에 진행할 가능성도 존재한다.

OTT 업체들도 공유 요금제의 악용 사례를 이미 잘 알고 있었다. 그동안 가입자 확대를 위해 묵인했을 뿐이다. 하지만 각 업체들 사이에 공유 요금제의 악용을 단속해야 한다는 공감대가 형성됐고 넷플릭스가 가장 먼저 진화에 나선 것이다.

기본적으로 공유를 차단하고 추가 요금으로 공유 이용자를 늘리는 정책은 서비스 업체 입장에서는 긍정적 효과와 부정적 효과가 모두 존재하는 양날의 검이다. 해당 서비스에 대한 이용 의지가 높은 가입자들이 많은 상황이라면 당연히 가입자가 늘어나고 매출이 증가할 것이다. 넷플릭스가 계정 공유 방지 테스트를 발표한 직후 투자은행인 코웬Cowen Inc.도 해당 정책을 전 세계에 적용한다면 16억 달러(약 2조 1,000억 원)의 추가 매출이 발생할 것이라고 예측했다.

반면 공유 요금제보다 저렴한 저가 요금제를 선택하는 이용자가 늘어나면서 계정당 매출이 줄어들 수 있다. 최악의 경우 가입자 자체가 감소할 수도 있다. 2022년 5월 시장조사기관 알루마 인사이트Aluma Insights가 미국 내 넷플릭스 이용자들을 대상으로 조사한 결과, 계정 공유가 금지되고 추가 요금이 부과된다면 서비스를 해지할 의향이 있다고 답한 사람이 가입자 중 13퍼센트에 달했다.

물론 넷플릭스가 다른 SVOD 서비스 업체보다 높은 인기를 얻고 있으므로 추가 요금을 선택하는 가입자도 많을 수 있다. 넷플릭스의 계정 공유 정책 변화는 단기간에 평가하기 쉽지 않은 문제다. 다른 업체들도 넷플릭스의 이후 상황을 지켜보며 유사한 정책의 도입 여부를 결정할 것이다.

이와 같은 SVOD 서비스의 변화는 광고의 도입으로도 이어지고 있다. SVOD는 기본적으로 광고 없이 무제한 시청할 수 있는 월정액 서비스다. 하지만 광고 기반 무료 OTT 서비스가 인기를 얻으면서 가입자 이탈 조짐을 보이자 위기를 극복하기 위해 광고를 도입하기로 했다. 이용자는 광고를 시청하는 대신 저렴한 이용료를 지불하는 상품에 가입할 수 있다. 이용자의 부담을 줄여 가입자의 이탈을 막고 향후 더 많은 가입자를 확보하기 위한 시도다.

HBO 맥스를 제공하는 워너 브라더스 디스커버리와 피콕Peacock을 제공하는 NBC유니버설은 이미 광고가 포함된 저가의 요금제를 선제적으로 도입해 좋은 효과를 보았다. HBO 맥스의 월 이용료는 14.99달러(약 2만 원)다. 2021년 6월 워너 브라더스 디스커버리는 월 이용료 9.99달러(약 1만 3,100원)의 상품을 론칭했고, 2021년 4분기 실적 발표에서 해당 상품 덕분에 가입자가 빠르게 증가했다고 발표했다.

NBC유니버설 역시 2021년 4분기 실적 발표에서 피콕 유료 가입자의 대부분이 월 이용료 5달러(약 6,500원)의 광고 요금제를 이용 중이며, 이를 통해 900만 명의 유료 가입자를 확보했다고 발표했다. 광고 기반 저가 요금제의 효과가 확인되자 2022년 한 해에만 넷플릭스, 디즈니, 파라마운트 등의 업체들이 유사 상품을 출시하거나 출시 계획을 공개했다.

물론 광고가 이용자의 시청을 방해하는 부정적인 요소인 것은 분명한 사실이다. 서비스 업체가 광고를 더 많이 삽입할수록 매출은 늘어나지만 이용자들은 불만이 커질 수 있다. 각 업체는 이용자의 불편을 최소화할 수 있도록 광고 편성에 대한 전략을 반드시 세워야 할 것이다. 실례로 HBO 맥스는 시간당 4분 이내, 피콕는 5분 분량의 광고를 제공하고 있다.

2022년 12월에 광고 기반 상품을 도입하는 디즈니는 시간당 4분 분량의 광고를 제공할 예정이다. 세부적으로 살펴보면 아동용 콘텐츠에는 광고를 삽입하지 않고, 주류와 정치 광고도 배제한다는 방침이다. 또한 향후 가입자의 상당수가 광고 기반 상품에 가입할 것으로 기대한다고 발표했다.

그러나 2022년 2분기 실적발표회에서 공개된 디즈니의 광고 기반 상품은 많은 이의 기대와 다른 모습이었다. 심지어 광고가 없는 상품은 가격이 인상되기도 했다. 디즈니의 발표에 따르면 2022년 12월 8일부터 제공되는 광고가 포함되는 '디즈니+ 베이직'Disney+ Basic 상품의 이용료는 기존의 광고가 없는 상품과 똑같이 월 7.99달러다. 그리고 광고가 없는 '디즈니+ 프리미엄'Disney+ Premium 상품의 이용료는 월 10.99달러인데, 이는 사실상 기존 상품의 월이용료가 3달러, 약 37.5퍼센트 인상된 것이다.

OTT 업체들이 수익 확대를 위해 관심을 갖는 또 하나의 방법은 부가 서비스의 확대다. 대표적으로 커머스 서비스와의 연계다. 오리지널 드라마나 영화를 제작하는 업체들은 콘텐츠와 관련된 의상 등의 굿즈 판매를 시도하고 있다. 또한 아마존 등 일부 업체에서는 콘텐츠 시청 중에 관련 상품을 바로 구입할 수 있는 서비스 제공을 시도하고 있다.

그 밖에도 넷플릭스는 모바일 게임 사업을 시작했다. 현재는 별도 과금 없이 무료로 제공 중이다. 게임 내에서 아이템 등의 추가 상품 판매도 하지 않고 있다. 그러나 사업 개선에 대한 압력이 커지는 상황임을

고려할 때 향후 이용자들의 반발을 사지 않는 선에서 게임을 통해서도
직간접적으로 수익을 발생시키는 방안을 고안 중일 것이다.

OTT는 어떻게
변화되고 있는가

라이브 방송의 이단아가 된 스포츠 채널

팬데믹 이후 OTT 업계는 양적으로 큰 성장을 했다. 전반적인 이용 행태의 변화에 발맞춰 각 업체들도 사업 모델을 변화시키는 등 질적인 변화도 추구하고 있다. 2023년 이후에도 OTT 업계의 진화는 지속될 것이다. 더 많은 이용자를 끌어들이기 위해 콘텐츠를 확대하고 유통 방식을 변화시키는 동시에 이용 부담도 줄일 수 있는 방안도 지속적으로 등장하고 있다. 이를 통해 기존의 미디어 산업과는 다른 방향으로 새롭게 재창조되고 혁신을 이루며 한 단계 더 발전할 전망이다.

OTT의 등장으로 동영상 콘텐츠를 언제 어디서나 원하는 단말을 통해 시청할 수 있는 시대가 됐다. 그러한 흐름과는 반대로 콘텐츠의 특성상 생방송(라이브)에 대한 수요가 줄어들지 않는 영역이 있다. 스포츠 중계, 뉴스 속보, 그리고 시청자들의 투표로 승자가 결정되는 리얼리티 프로그램들이다.

올림픽이나 월드컵 같은 세계적인 스포츠 이벤트가 있을 때면 뛰어난 화질에 큰 화면까지 갖춘 TV의 판매량이 증가할 만큼 스포츠는 인기를 끄는 콘텐츠다. 아직까지는 지상파 방송이나 유료TV 사업자에서 제공하는 생방송이 OTT 업체의 콘텐츠보다 경쟁력을 확보하고 있다. 하지만 OTT 사업자들도 고객들에게 제공할 콘텐츠의 범위를 확대하기 위해 '라이브' 방송에 눈을 돌리고 있다.

2020년 이전에 이미 다즌DAZN이나 푸보TVFubo TV 등의 구독형 OTT 서비스가 야구와 농구, 축구와 같은 인기 종목은 물론, 비인기 종목들의 경기를 생중계해 스포츠팬들에게 좋은 반응을 얻었다. 현재 전 세계 200여 개국에 서비스를 제공하는 다즌은 2022년에는 더욱 공격적인 모습을 보였다. 비록 실패로 끝났지만 영국 BTBritish Telecom가 소유하고 있던 유료 채널 BT 스포츠의 인수를 시도했으며 스포츠 관련 오리지널 콘텐츠 제작으로도 사업을 확대했다.

푸보TV는 미국, 캐나다, 스페인에서 영국 프리미어리그EPL, 전미풋볼리그NFL, 미국 프로농구리그NBA 등의 인기 프로스포츠 경기를 중계하고 있다. 2021년 말 기준 113만 명의 유료 가입자를 확보하고 매출도 전년 대비 119퍼센트 성장하는 성과를 거뒀다. 유료 방송사에 스포츠 채널을 제공했던 디즈니의 ESPN은 스트리밍 시대를 맞아 ESPN+앱을 제공하며 고객 이탈을 줄이려는 시도를 하고 있다. 이 외에도 미국 메이저리그 야구MLB 등 일부 스포츠 단체에서는 자체적으로 OTT 서비스를 제공한다.

드라마와 영화를 주로 취급했던 OTT 업체들도 스포츠 중계를 통해 라이브 방송 사업으로의 진출을 꾀하고 있다. 하지만 스포츠 중계권을 확보하려면 거액을 투자해야 하므로 확실한 수요층이 있는 경기에 집중해 고객 반응을 살피는 단계다. 따라서 아직까지는 일부 인기 종목의 특정 경기 중계권을 확보해 무료로 제공하고 있다.

대표적으로 아마존, 피콕, 그리고 애플TV+에서 MLB 특정 팀이나 요일의 경기를 생중계로 제공하기 시작했다. MLB에서는 중계권을 경기 일정 단위로 판매한다. 이에 따라 피콕은 미국 내에서 일요일 주간 경기를 독점 스트리밍한다. 애플TV+는 금요일 밤에 열리는 경기 중 두 경기를 전 세계 가입자들에게 무료로 제공한다. 유튜브는 2022년 4월에 MLB의 2022년 정규 시즌 15개 경기의 독점 생중계 계약을 체결했다.

이 외에도 애플TV+는 NFL의 주말 경기 중계권을 확보하기 위해 아마존 등과 경쟁을 벌이고 있다. 또 미국 프로축구리그MLS의 2023년 시즌 전 경기를 애플TV앱을 통해 독점 스트리밍 중계한다고 발표했다. 단 무료로 제공하는 MLB 경기와는 달리 시청을 위해 별도로 가입해야 한다.

HBO 맥스도 스포츠 중계권 확보에 매우 적극적이다. 워너 브라더스 디스커버리 산하의 터너 스포츠는 미국 축구연맹과 미국의 남녀 축구 국가대표팀 경기를 8년간 HBO 맥스를 통해 실시간 중계하는 계약을 체결했으며 NBA 경기의 중계도 추진하고 있다.

OTT 업체들이 제공하는 스포츠 생중계를 보는 이용자들도 늘어나고 있다. 2022년 5월 시장조사기관 팍스 어소시에이츠는 미국 가구의 43퍼센트가 OTT를 통해 라이브 방송을 시청한 경험이 있다는 조사 결과를 발표했다. OTT 라이브 방송 시청자 중 61퍼센트가 스포츠 생중계를 시청했다고 한다. 그에 비해 뉴스는 36퍼센트, 콘서트는 30퍼센트 수준이었다.

국내에서는 OTT 후발주자인 쿠팡플레이가 이용자 확보를 위한 방안으로 스포츠 생중계를 선택해 인기를 얻고 있다. 한국 K리그와 축구 국가대표팀 경기뿐만 아니라 손흥민 선수가 소속된 영국 프리미어리그 토트넘 홋스퍼 등의 경기를 중계하기도 했다. 2021년에는 NFL과 3년간 주 3회 경기와 슈퍼볼을 스트리밍하는 독점 중계 계약을 체결했다.

미디어 업체들이 넷플릭스 같은 전문 OTT 업체에 콘텐츠를 제공하던 방식에서 벗어나 D2C 서비스를 직접 출시한 것처럼 일부 스포츠 단체들도 방송 사업자나 OTT 업체에게 중계권을 판매하는 방식과는 별개로 직접 컨슈머용 서비스를 제공하기도 한다.

대표적으로 국제축구연맹FIFA은 2022년 4월 전 세계 주요 축구 리그 경기를 생중계로 제공하는 AVOD 서비스 피파+FIFA+를 출시했다. 아직까지는 기존 방송사와의 계약 문제로 일부 비인기 리그의 생중계만 제공하고 있지만 점차 더 많은 국가의 축구 리그와 대회로 범위가 확대될 것으로 보인다. 실제로 국제축구연맹은 2022년 8월 개최된 20세 이하 (U-20) 코스타리카 여자 월드컵 대회를 피파+를 통해 독점으로 중계했다. 또한 피파+에서는 축구 경기 생중계 이외에도 과거의 주요 경기 영상과 인기 축구 선수가 등장하는 오리지널 콘텐츠를 제공한다. 경기 통계와 시청자 투표와 퀴즈 등 인터랙티브 기능도 즐길 수 있다. 현재 광고 기반으로 무료 제공되지만 향후 월정액 기반의 구독형 모델로 전환돼 더 많은 콘텐츠를 제공할 것으로 예상된다.

NFL도 월 이용료 5달러(약 6,500원) 수준의 구독형 서비스인 NFL+를 2022년 7월 출시했다. TV가 아닌 스마트폰과 태블릿에서만 시청할 수 있으며 지역local 경기와 슈퍼볼과 같은 정규 및 포스트 시즌의 전국 방송 경기를 주로 제공한다. MLB은 이미 MLB.TV라는 서비스를 제공하고 있으나 기존 방송사와의 계약 등으로 인해 시청 가능한 경기가 제한된다. MLB도 더 많은 경기를 시청할 수 있도록 자체 OTT 서비스를 개편해 출시할 것으로 알려져 있다.

스포츠 단체가 아닌 개별 팀이나 리그가 자체적인 OTT 서비스를 출시한 사례도 등장했다. 영국의 프로축구 구단 토트넘 홋스퍼는 OTT 솔루션 업체 엔데버 스트리밍Endeavor Streaming과 협력해 자체 서비스인 '스퍼스플레이'SpursPlay를 2022년 7월 출시했다. 토트넘의 시합뿐 아니라 클럽의 U18 및 U21 프리미어 리그 경기와 일부 여자팀 경기도 생중계하는데, 이용료는 1년에 45파운드(약 7만 1,000원)이다. 시즌 티켓 소지자들은 연간 35파운드(약 5만 5,000원)까지 할인을 받을 수 있다. 수백 시간에 달하는 과거 시합 영상뿐 아니라 지난 2021년 신임 감독으로 부임한 안토니오 콘테Antonio Conto의 행보를 다큐멘터리로 제작해 오리지널 콘텐츠로서 제공하고 있다.

여기서 주목할 점은 토트넘이 서비스 출시를 위해 엔데버 스트리밍과 협력했다는 점이다. 엔데버는 OTT 서비스 출시를 계획하고 있는 업체에게 기술적인 솔루션을 제공하는 이른바 화이트라벨White-Label 솔루션 업체다. OTT 화이트라벨 솔루션이 제공된다는 것은 이제 경쟁력 있는 콘텐츠를 보유한 업체나 단체가 ICT 기술에 대한 특별한 기술과 자산이 없어도 쉽게 OTT 서비스를 출시할 수 있게 되었다는 뜻이다. 실제로 국제철인3종경기협회Professional Triathletes Organization도 엔데버의 기술을 이용해 3종경기 생중계와 관련 다큐멘터리 등을 제공하는 OTT 서비스인 PTO+를 출시한다고 발표했다. 이 외에 이탈리아 프로축구 1부 리그인 세리에 ASerie A 역시 자체 OTT 서비스를 출시할 것이라 밝혔으며, 이를 위해 화이트라벨 솔루션 업체와 협력할 예정이다.

스포츠 생중계는 스포츠 도박 사업과도 연계할 수 있다. 경기를 방영하는 OTT 업체 입장에서는 새로운 수익 기회가 생기는 셈이다. 2022년 4월 다즌은 자사가 송출하는 스포츠 경기와 관련된 스포츠 도박 서비스 다즌 벳DAZN BET을 출시할 것이라고 밝혔다. HBO 맥스 역시 향후 실시간 스포츠 중계가 본격화되면 베팅 서비스를 통합해 제공할 예정이다. 푸보TV는 2022년 6월 스포츠 기반 베팅 서비스가 허용되는 미국 내 일

● 스포츠 방송과 연계되는 베팅 서비스를 제공하는 푸보TV

fubo SPORTSBOOK

© Fubo TV

부 주에서 공식으로 서비스를 론칭했다. 푸보TV의 스포츠 생중계 방송을 보는 이용자가 화면의 QR 코드를 스캔하면 전용 앱이 실행되고 베팅할 수 있다.

OTT 업체들은 리얼리티 프로그램과 유명 시상식 등도 라이브 방송의 콘텐츠로 주목하고 있다. 이미 2022년에 일부 업체가 서비스 확대의 테스트 차원으로 몇몇 이벤트를 생중계했다. 디즈니는 2022년 2월 제94회 아카데미상 후보작 발표 행사를 구독자들에게 생중계했다. 미국 지상파 방송사 ABC는 16년 동안 방송해 큰 인기를 끈 댄스 경연 리얼리티 쇼 〈댄싱 위드 더 스타〉Dancing With the Stars의 두 시즌을 새롭게 제작해 디즈니+를 통해 방송한다고 발표했다. 넷플릭스는 비대본Unscripted 라이브 예능과 스탠드업Stand-Up 특별 프로그램을 실시간 방송하는 방안을 추진 중이다.

OTT 업체들은 이제 주문형 동영상 제공에서 벗어나 라이브 방송으로 사업을 확장하고 있다. 2023년 이후 더 많은 분야와 경기, 이벤트로 확대되면 더 많은 광고 매출도 얻을 수 있을 것이다. 인기가 많은 이벤트나 경기의 경우는 해당 콘텐츠만 유료로 제공할 수도 있다.

이처럼 수많은 장점이 있지만 스포츠 OTT 서비스의 단점도 분명 존재한다. 기존 유료 방송은 엄격한 기준하에 서비스 품질QoS을 보장하는 반면, OTT 서비스는 데이터의 확실한 전송을 보장하지 않는 최선형Best Effort 네트워크인 인터넷에 기반한 서비스다. 만약 다수의 시청자가 라이브 방송을 시청하기 위해 동시에 접속할 경우 안정적인 방송 송출을 보장할 수 없다.

실제로 OTT 업체의 스포츠 생중계 과정에서 접속 자체가 불가능하거나 데이터 전송이 불안정해져 화면이 끊기고 영상과 음성이 시차를 두고 전송되는 사례가 다수 발생했다. 서비스 품질 문제는 서비스 제공 업체에 대한 신뢰를 잃게 만드는 요인이 될 수 있으므로 트래픽 관리 등의 기술적 보완이 반드시 수반돼야 한다.

또한 이용자들의 라이브 방송에 대한 선호도가 높다고 해서 이용료 지불 의향까지 높은 것은 아니다. 뉴스 전문 방송사인 CNN의 SVOD 서비스 CNN+ 사례가 대표적이다. CNN은 유료 방송 시청자가 감소하고 OTT 서비스 이용자가 늘어나는 시대적 변화에 발맞춰 2010년대 후반부터 자체 SVOD 사업을 준비했다. 이후 2022년 3월 말 월 이용료 6달러(약 7,900원)의 뉴스 특화 OTT 서비스인 CNN+를 정식 론칭했다.

그러나 서비스 론칭 이후 가입자 수와 이용률 모두 매우 부진한 모습을 나타냈다. 특히 매각과 합병 과정이 치명타였다. CNN의 새로운 모기업이 된 워너 브라더스 디스커버리의 새로운 경영진과 CNN+를 추진했던 기존 경영진이 갈등을 일으킨 것이다. 결국 워너 브라더스 디스커버리는 CNN+ 론칭 후 한 달 만인 4월 말에 서비스를 중단시켰다.

페이스북이나 트위터와 같은 소셜미디어를 통해 전 세계 곳곳의 소식이 실시간으로 전해지는 상황에서 뉴스 서비스를 유료로 이용하려는 사람들이 얼마나 될 것인지에 대한 논란도 여전히 진행 중이다. CNN+는 실시간 뉴스 이외에도 전문 기자들이 시청자와 실시간으로 소통하며 뉴스를 분석하는 등의 차별화를 두려고 했지만 결국 잠재 고객들의 지불 의사를 이끌어내는 데는 성공하지 못했다. 주문형 콘텐츠와 라이브 방송이 모두 무료로 서비스되고 이용자의 이용 행태도 크게 변화한 시점에서 오리지널 콘텐츠만을 강조하는 방식은 OTT 시장의 경쟁에서 더 이상 통하지 않는다는 것을 후발 주자들은 교훈으로 삼아야 한다.

이리 뛰고 저리 뛰는 메뚜기족을 사로잡아라

OTT 서비스 이용자들은 더 이상 이용료 대비 콘텐츠가 충분하지 않은 서비스의 구독을 지속하지 않는다. 서비스의 가성비가 떨어진다고 느끼는 즉시 과감하게 구독을 중단하고 다른 서비스에 가입한다. 그러다가도 볼 만한 콘텐츠가 추가되면 해지했던 서비스에 다시 가입한다. '메뚜기족'이라 불리는 소비자들이 늘어나고 있는 것이다.

2022년 2월 팍스 어소시에이츠는 미국 내 OTT 가입자 중 25퍼센트가량이 정기적으로 서비스를 해지하고 다른 서비스를 이용한다고 밝혔다. 티보의 조사에서도 최근 6개월 내에 서비스를 해지하거나 새로운 서비스에 가입한 경험이 있다고 답한 응답자가 각각 18퍼센트와 27퍼센트에 달했다.

국내에서도 비슷한 상황이 벌어지고 있다. 2022년 5월 오픈서베이 Opensurvey의 〈OTT 서비스 트렌드 리포트 2022〉는 국내 OTT 서비스 이용자 중 41퍼센트가 최초 가입 후 서비스를 해지하고 재가입하는 메뚜기족에 해당된다고 밝혔다. 또한 OTT 서비스 해지의 가장 큰 이유로 '기대한 것보다 보고 싶은 콘텐츠가 많지 않아서'를 들었으며, 해지 후 재가입의 가장 큰 이유는 '보고 싶은 콘텐츠가 생겨서'였다.

메뚜기족의 등장은 결국 재미있는 콘텐츠를 빠르게 파악해 가급적 저렴하게 더 많이 시청하고 싶다는 욕구와 비례한다. 하지만 각 서비스 업체들이 더 많은 독점 콘텐츠를 경쟁적으로 제공하면서 이용자 입장에서는 어떤 콘텐츠가 어떤 서비스를 통해 제공되는지 파악하기가 점점 어려워지고 있다.

2021년 6월 시장조사기관 호로위츠 리서치 Horowitz Research는 OTT 시장에서 신규 서비스의 등장이나 기존 서비스의 브랜드 변경 등이 잦아지고 서비스별로 제공되는 콘텐츠가 상이해짐에 따라 이용자들이 상당한 혼란과 피로를 느낀다는 조사 결과를 발표했다. 또 2021년 1월 시장조사기관 인터프리트Interpret는 이용자들이 다수의 OTT 서비스를 이용하면서 콘텐츠 검색과 상이한 결제 시스템 및 인증 등의 계정 관리에 부담을 느끼고 있다고 밝혔다.

이러한 OTT 서비스 이용자의 불편을 해소하기 위해 등장한 것이 바로 애그리게이팅Aggregating 서비스다. 복수의 서비스와 콘텐츠를 보다 쉽고 저렴하게 이용할 수 있도록 여러 서비스를 결합 상품으로 제공하거나 한곳에서 여러 서비스의 가입 및 해지 등 계정 관리를 할 수 있도록 지원하는 통합 서비스를 의미한다.

인터프리트는 애그리게이팅 서비스를 크게 4가지 유형으로 분류했다. 통합 서비스 제공Aggregated Service Offerings, 통합 콘텐츠 제공Aggregated Contents Offerings, 통합 계정 관리Aggregated Account Management, 통합 검색 및 추천Aggregated Discovery Tools이다. 각 유형은 서로 배타적이지 않으며 복합적으로 제공되기도 한다.

통합 서비스 제공은 여러 OTT 서비스를 번들링해 좀 더 저렴하게 서비스를 이용할 수 있는 방식이다. 디즈니가 산하의 OTT 및 방송 서비스인 훌루, ESPN, 디즈니+를 묶어서 할인 혜택을 제공한 사례가 대표적이다.

통합 콘텐츠 제공은 여러 업체들의 동영상 콘텐츠를 한곳에서 이용하도록 제공하거나 한 서비스 업체가 자사의 모바일앱을 통해 특정 OTT 업체의 콘텐츠를 제공하는 방식이다. 60여 개에 달하는 중소 OTT 업체들의 콘텐츠를 모아서 제공하는 미국의 OTT 스타트업 스트럼 Struum이 대표적인 업체다. 스트럼은 월 이용료 4.99달러(약 6,500원)를 지불하는 가입자에게 100크레딧Credit을 제공한다. 이용자는 스트럼과 제휴한 OTT 업체들의 콘텐츠를 크레딧을 지불하고 시청할 수 있다. 단 아직까지 스트럼은 주요 OTT 업체들과는 제휴를 체결하지 못했다. 향후 제휴사를 얼마나 늘리는지가 관건이 될 것이다.

통합 계정 관리는 여러 OTT 서비스 업체들을 하나의 단일 계정으로 가입해 이용하도록 하거나 여러 서비스의 가입과 해지, 결제 등을 계정 통합적으로 관리할 수 있도록 한다. 국내에서도 LG유플러스가 구독형 서비스 '유독'을 출시했다. 유튜브, 넷플릭스, 티빙, 디즈니 플러스와 같은 OTT 서비스에 가입하거나 해지할 수 있는 이 서비스는 여러 OTT를 이용할수록 더 많은 요금 할인 혜택을 준다.

통합 검색 및 추천은 여러 서비스 업체들의 수많은 콘텐츠를 더욱 쉽게 검색하고 이용자의 취향에 맞는 영화나 드라마를 추천받을 수 있는 서비스 방식이다. 애플이나 아마존은 물론, 스마트TV 제조사 등이 이미 수년 전부터 이러한 애그리게이팅 서비스를 채택해 활용하고 있다.

2023년 이후에는 더 많은 업체들이 애그리게이팅 서비스를 제공하기 위해 제휴를 확대할 것으로 전망된다. 이용자 수요의 다양화에 따라 국내에서도 애그리게이팅 서비스가 등장했다. 파라마운트+는 직접

D2C 서비스를 론칭하는 방식이 아닌, OTT 업체를 통해 콘텐츠를 제공하는 방식으로 국내에 진출했다. 티빙이 2022년 6월 자사 앱에 '파라마운트+브랜드관'이라는 카테고리를 추가해 서비스하고 있다. 특히 파라마운트의 콘텐츠 시청에 추가 과금을 하지 않고 기존 가입자에게 무료로 제공해 주목을 받았다.

그동안 티빙과 웨이브 같은 국내 OTT 서비스 업체들은 SVOD, AVOD, 그리고 FAST에 이르는 다양한 방식의 서비스 제공 모델을 통합적으로 활용해 왔다. 이제 다른 OTT 업체들의 콘텐츠까지 제공하는 애그리게이팅으로 사업 모델을 확대하면서 해외 업체보다 빨리 서비스 혁신을 이뤄 내는 모습을 보이고 있다.

서비스 애그리게이팅 시대에 더욱 각광을 받는 업체들도 있다. OTT 사업에 직접 뛰어들지 않고 다른 업체들의 콘텐츠에 대한 통합 검색 서비스를 제공하는 업체들이다. '코드컷팅족을 위한 새로운 검색 엔진' A New Search Engine for Cord Cutters을 표방하는 저스트워치JustWatch나 스트리밍 서비스에 대한 통합 정보를 제공하는 릴굿ReelGood이 대표적이다. 국내에서도 OTT 통합 검색, 탐색, 추천 서비스를 제공하는 키노라이츠 KinoLights가 주목을 받고 있다. 해외 유사 서비스들과 마찬가지로 키노라이츠 역시 정액제, 대여, 구매 등으로 서비스를 분류해 특정 콘텐츠를 시청할 수 있는 OTT 서비스를 알려 준다.

통합 검색 서비스들은 수많은 OTT 서비스들을 연결하는 일종의 관문Portal 역할을 한다. 각 서비스 업체들은 광고를 통해 수익을 창출하는 것은 물론, 서비스 가입 중개 수수료를 얻을 수 있다. 직접 콘텐츠를 검색하거나 추천받은 이용자가 해당 콘텐츠를 제공하는 OTT 업체에 가입할 경우 이용료의 일부를 수수료로 받는다.

현재까지 통합 검색 서비스 업체들은 동영상 시청 서비스를 직접 제공하지는 않지만, 향후 OTT 업체들과의 협업을 통해 여러 방식으로 시청을 지원할 수 있다. 콘텐츠 제공 서비스 업체의 월정액 가입을 원하지 않는 이용자가 있다면 통합 검색 서비스 업체가 OTT 업체와 제휴해 좀 더 저렴한 가격으로 해당 콘텐츠만 시청할 수 있는 서비스도 지원할 수 있을 것이다.

애그리게이팅 서비스가 OTT 서비스만 통합하여 제공하는 것은 아니다. 다양한 산업에서 제공되는 구독형 서비스를 OTT와 번들링해 제공할 수 있다. 이미 국내외 통신사업자들은 일정 금액 이상의 통신 서비스 가입자들이 OTT 서비스를 무료 또는 저렴한 가격으로 이용할 수 있도록 지원하고 있다. 애플도 단일 ID로 애플TV+는 물론, 애플 뮤직, 애플 뉴스, 아케이드Arcade, 그리고 피트니스+ 등을 모두 이용할 수 있는 애플 원Apple One 상품을 제공하고 있다.

사업자 입장에서는 서비스 애그리게이팅을 통해 마케팅 및 고객 확보 비용을 줄이는 효과를 기대할 수 있다. 이용자들은 좀 더 저렴한 가격으로 여러 서비스를 편리하게 이용할 수 있다. 후발 사업자들도 경쟁력을 한층 높일 수 있을 것이다. 이러한 장점 덕분에 다양한 산업에 속한 더 많은 업체가 애그리게이팅 서비스에 참여할 것으로 기대를 모으고 있다. 시장 규모 또한 더욱 확대될 것으로 예상된다.

애드테크 산업이 부상한다

방송 산업의 등장 이후 현재까지 광고는 가장 중요한 수익 모델이었다. 그러나 인터넷 시대가 열리고 2010년대 중반으로 들어서면서 TV 광고 시장이 주춤하는 모습을 보였다. 광고를 편성하지 않는 SVOD가 인기를 끌고 TV 광고 시장 규모가 축소되기 시작한 것이다.

하지만 여전히 광고 시장은 상당한 규모를 유지하고 있다. AVOD와 FAST처럼 광고에 의존하는 OTT 서비스의 인기가 높아지고, 일부 SVOD 업체들도 광고를 수용하기 시작했다. 커넥티드 TV 동영상 광고 시장은 양적인 측면은 물론, 질적인 측면에서도 새로운 도약기를 맞이할 전망이다. 커넥티드 TV는 인터넷에 연결해 OTT는 물론 커머스와 소셜미디어 등 다양한 서비스를 이용할 수 있는 기기를 총칭하며 스마트TV, 셋톱박스, 동영상 스트리밍 단말, 그리고 게임 콘솔 등을 모두 포함한다.

2022년 5월 시장조사기관 디지털 TV 리서치Digital TV Research가 발표한 자료에 따르면 전 세계 AVOD 서비스 시장의 규모는 2021년 330억 달러(약 43조 2,130억 원)에서 2027년 700억 달러(약 91조 6,650억 원)로 급증할 전망이다.

미국 인터넷광고협회IAB가 발표한 동영상 광고 시장 보고서도 인상적이다. 2021년 미국 내 전체 디지털 동영상 광고 시장은 전년 대비 21퍼센트 성장했으며, 2022년에는 또다시 26퍼센트 성장해 492억 달러(약 64조 4,274억 원) 규모에 이를 전망이다. 그리고 이 중에서 커넥티드 TV 광고 시장 규모는 2021년 전년 대비 57퍼센트 증가한 152억 달러(약 19조 9,044억 원), 2022년에는 49퍼센트 성장한 390억 달러(약 51조 705억 원)를 기록했다. 이는 전체 디지털 동영상 광고 시장보다 더욱 큰 성장세를 보이는 수치다. 미디어 전문 매체인 〈버라이어티〉Variety도 2017~2021년의 커넥티드 TV 광고 연평균 성장률을 50.7퍼센트라고 발표하며, 모바일 동영상 광고의 성장률인 44.9퍼센트를 이미 앞섰다고 분석했다.

커넥티드 TV 광고 시장의 급성장은 AVOD와 FAST 서비스 이용자의 증가에 따른 광고량의 증가와 광고 단가의 상승이 주효했다. 커넥티드 TV를 통해 제공되는 OTT 광고도 기존 방송 서비스에 비해 더욱 정교한 맞춤형 광고로 제공되고 있다. OTT 이용자들도 동영상 시청에 따른 광고를 더 이상 부정적으로 바라보지 않는 것으로 해석된다.

광고주 입장에서는 광고비 대비 효과를 높이기 위해 정확한 시청률과 시청 행태를 파악해야 한다. 그리고 자신들이 광고하는 제품이나 서비스에 대해 구매 의사를 가질 수 있는 이용자들을 정확히 파악하는 것은 물론, 더 많은 사람에게 광고가 노출될 수 있도록 프로그램이나 시간대를 고려해 광고를 집행해야 한다.

이와 관련해 2021년에 주목할 만한 사건이 발생했다. 미국의 미디어 등급위원회Media Rating Council가 그동안 방송 산업에서 대표적인 시청률 지표로 활용됐던 닐슨의 데이터에 오류가 있었다고 발표한 것이다. 위원회는 실제 시청률을 과소 측정하는 패턴이 지속적으로 나타났다고 설명했다. 이에 대해 닐슨은 자신들의 오류를 공식 시인했다.

닐슨이 발표한 내용에 따르면 기존 시청률 조사 방식은 시청 행태를 파악하기 위해 표본 가구마다 피플미터People Meter라는 장비를 설치한다. 그런데 팬데믹의 영향으로 표본 가구를 관리하는 현장 요원들을 파견하는 등의 적절한 관리를 정상적으로 수행하지 못했고, 이로 인한 오류가 발생한 것이다. 이는 시대의 변화를 따라가지 못하는 시청률 조사의 한계를 잘 드러내는 사례이기도 하다. 닐슨의 시청률 지표가 정확한 이용 행태를 반영하지 못한다는 지적은 계속돼 왔다. OTT 시대를 맞아 등장하고 있는 주문형 콘텐츠 시청과 반복 재생, TV 외의 스마트폰과 PC 등을 통한 시청 등의 다양한 시청 행태에 완벽하게 대응하지 못하고 있다는 의미다.

미국의 방송 및 OTT 업계에서는 닐슨을 대체하거나 보완할 새로운 시청률 지표를 개발해야 한다는 공감대가 형성되고 있다. 이러한 목소리들은 애드테크 시장이 한층 더 발전하는 계기로 작용하고 있다. 애드테크는 변화된 OTT 동영상 이용 행태를 반영해 좀 더 정확한 시청률 지표를 개발하고 적재적소에 맞춤형 광고를 게재하고 분석하는 시장에 대한 수요를 해결하는 기술들을 말한다.

이미 비디오앰프VideoAmp나 아이스팟닷티브이iSpot.tv와 같은 스타트업들이 다양한 IT 기술을 이용해 정확한 광고 타깃팅을 제시하고 그 효과까지 파악할 수 있는 솔루션을 제공하고 있다. 웹사이트 데이터 트래픽을 분석하는 컴스코어ComsCore 등도 더욱 정교한 시청률 측정 방안을 제시하고 있다. 이들 업체는 유력 미디어 업체들과 연이어 파트너십을 체결하면서 영향력을 확대하고 있다. 닐슨도 새로운 미디어 이용 환경에 맞춰 닐슨 원Nielsen One이라는 새로운 솔루션을 개발 중이다. 하지만 이미 업계의 신뢰를 잃은 상황에서 재기할 수 있을지 여부는 불확실하다.

일부 OTT 서비스 및 단말 업체들도 자체적으로 시청 행태 분석 및 광고 솔루션을 개발하기 시작했다. 로쿠는 자사 커넥티드 TV를 통해 OTT 서비스를 이용하는 시청자들을 분석해 광고 구매, 노출, 효과 측정을 통합 지원하는 솔루션을 제공하고 있다. 2021년 3월에는 닐슨의 첨단 동영상 광고Advanced Video Advertising, AVA 사업부를 인수하기도 했다.

2022년 4월 삼성전자의 광고 사업부인 삼성 애드Samsung Ads는 광고 구매 및 관리 솔루션인 토털 미디어 솔루션Total Media Solution을 발표했다. 2021년 1월 LG전자는 미국의 광고 및 콘텐츠 데이터분석기관인 알폰소Alphonso를 인수해 LG 애드 솔루션으로 사명을 변경했다. 또한 2022년 5월에는 미국 인터넷광고협회에서 주최한 뉴프런트NewFronts 행사를 통해 스마트TV 이용자들에게 양방향 광고를 집행할 수 있는 ACR Automatic Content Recognition 솔루션의 출시를 발표했다. ACR은 이용자가 특정 단말에서 시청하고 있는 콘텐츠를 자동으로 인식하는 기술이다.

광고 기반 저가 요금제를 발표한 넷플릭스의 행보도 주목된다. 넷플릭스도 오리지널 콘텐츠를 비롯한 다양한 콘텐츠의 시청 행태를 자세히 분석하고 있지만 SVOD 중심의 사업 구조라는 한계 때문에 광고에 대한 노하우나 기술적 자산이 상대적으로 부족하다. 따라서 새로운 요금제 출시를 앞두고 빠른 인프라 확보를 위해 전문 업체와 협력을 추진하거나 관련 업체를 인수할 것이라는 소식이 들리기 시작했다. 넷플릭스가 OTT 단말과 서비스를 모두 제공하는 로쿠를 인수하기 위해 협상을 진행 중이라거나 컴캐스트의 자회사인 NBC유니버설과 광고 사업을 위해 제휴할 것이라는 소문이 돌기도 했다. 그러나 넷플릭스는 2022년 7월 광고 솔루션 협력 업체로 마이크로소프트를 선정했다. 마이크로소프트는 광고 사업 강화를 위해 2021년 12월 AT&T의 광고 자회사인 잔드르Xandr를 인수하기도 했다. 마이크로소프트가 OTT 서비스를 제공하지 않는다는 점도 넷플릭스의 협력 업체로 선정 배경 중 하나다. 넷플릭스는 이처럼 마이크로소프트와 협력해 광고 사업을 추진하겠지만 한편으로는 자체 솔루션을 준비할 가능성도 매우 크다.

앞으로 OTT 시장의 시청률 측정 및 광고 솔루션들이 발전을 거듭하고, 광고 시장 규모도 늘어나면서 시장의 역동성은 더욱 커질 전망이다. 향후 OTT 업체의 전문 기술 업체 인수나 합병 사례도 늘어날 것으로 예상된다. 또한 광고의 노출뿐만 아니라 실제 상품 및 서비스 구매로 이어지는 소비자 행동까지 종합적으로 분석할 수 있는 관련 기술의 정교화가 예상된다.

무경계의 시대,
OTT 전쟁은 지금부터다

숏폼에서 OTT로, 틱톡의 선전포고

2021년 숏폼Short-form 동영상 서비스인 틱톡TikTok이 소셜미디어 시장을 강타했다. 2022년에는 숏폼 동영상이 OTT 시장에도 본격적으로 영향을 주기 시작했다. 숏폼 동영상은 TV 드라마나 영화에 비해 길이가 더 짧은 동영상을 의미한다. 숏폼의 재생 시간에 대한 업계의 표준화된 정의는 존재하지 않는다. 다만 2010년대 후반 무렵 틱톡이 등장해 인기를 끌기 시작하던 때에는 1분을 넘지 않는 길이의 영상이 숏폼으로 통했다. 최근에는 주요 숏폼 동영상 서비스 업체들이 1분 이상의 동영상도 지원하면서 10분 이하의 동영상들도 숏폼 콘텐츠로 분류하는 분위기다.

모바일앱 조사기관 센서타워SensorTower에 따르면 2022년 1분기 틱톡 앱의 다운로드 수는 1억 7,600만 건 이상이었다고 한다. 전 세계 1위에 해당하는 숫자다. 누적 다운로드 수에서도 스마트폰 시대가 개화된 이후 5번째로 35억 건의 다운로드를 넘긴 앱이 됐다.

틱톡의 인기는 가히 전 세계적이다. 미국과 유럽에서도 2022년 1분기 다운로드 1위를 기록했다. 모바일앱 분석기관 앱 애니App Annie에 따르면 2021년 6월에 이미 영국과 미국에서는 앱 이용자들이 유튜브보다 더 많은 시간을 틱톡에서 소비했으며 그 격차가 더욱 커지고 있다. 아시아에서는 거대 모바일앱 시장인 인도에서 서비스가 금지됐음에도 불구하고 2022년 1분기 다운로드 3위를 기록하는 기염을 토했다.

국내에서는 아직까지 틱톡의 인기가 해외만큼 높지 않다. 2022년 3월 오픈서베이가 발표한 시장조사 자료에 따르면 최근 일주일 내 틱톡 이용자는 조사 대상자의 8.9퍼센트에 불과했다. 반면 네이버는 91.2퍼센트, 유튜브는 82.8퍼센트, 인스타그램은 53.4퍼센트의 이용률을 나타냈다. 그러나 2021년 10월 기준 국내 스마트폰 이용자의 틱톡 사용 시간이 46억 분으로 조사되고 전년 동기 대비 64퍼센트 증가하는 등 성장세가 점차 커지는 양상이다.

틱톡의 인기에 발맞춰 소셜미디어 업계도 유사한 서비스들을 연이어 출시했다. 메타는 페이스북과 인스타그램에서 이용할 수 있는 숏폼 동영상 서비스 릴스Reels를 출시했고, 유튜브도 유튜브 숏츠YouTube Shorts를 선보였다. 스냅챗을 내놓은 스냅Snap도 스포트라이트Spotlight를 론칭했다. 각 업체들은 숏폼 동영상 콘텐츠를 제작하는 크리에이터들에게 현금 등의 인센티브를 제공하는 프로그램을 선보이면서 틱톡 대응 전략을 강화하고 있다.

하지만 틱톡은 앱 이용률뿐만 아니라 매출에서도 엄청난 성장세를 보이며 경쟁 서비스를 압도하고 있다. 시장조사기관 이마케터eMarkter는 2021년 틱톡의 광고 매출이 38억 8,000만 달러(약 5조 847억 원) 수준이었고, 2022년에는 3배 증가한 116억 4,000만 달러(약 15조 2,542억 원)에 이를 것으로 전망했다. 트위터와 스냅의 2022년 광고 매출 전망치를 합산한 것보다 많은 액수다. 이후에도 틱톡은 성장세를 이어 갈 것으로 예상된다. 2024년 광고 매출은 235억 8,000만 달러(약 30조 9,016억 원)를 기록하며 유튜브와 어깨를 나란히 할 것으로 전망된다.

틱톡의 급부상과 함께 소셜미디어 업체들은 심각한 타격을 입고 있다. 2022년 1분기 기준 메타의 광고 매출 성장률은 전년 1분기의 7분의 1 수준인 6.1퍼센트에 그쳤다. 유튜브의 광고 매출 성장률도 전년 대비 3분의 1 수준인 14.4퍼센트를 기록했다. 스냅과 트위터의 광고 매출 역시 전년에 비해 크게 감소했다. 각 업체들은 광고 매출 부진의 주된 이유로 러시아의 우크라이나 침공과 애플의 새로운 개인정보보호 정책에 따른 맞춤형 광고 제공의 어려움을 거론한다. 하지만 상당수의 광고주가 틱톡으로 이동한 것도 큰 요인이다.

숏폼 동영상 시장을 선점한 틱톡은 경쟁사와의 격차를 더욱 벌리기 위해 공격적인 전략을 펼치고 있다. 특히 유튜브처럼 시청자들이 크리에이터들에게 팁을 보내는 기능을 추가하고 인기가 높은 일부 크리에이터들과 광고 수익을 나눠 갖는 틱톡 펄스TikTok Pulse를 추진하는 등 생태계를 장악하기 위해 노력하고 있다.

틱톡을 통해 업로드할 수 있는 동영상의 길이도 지속적으로 늘리고 있다. 틱톡은 처음에 스마트폰으로 짧은 순간의 영상을 촬영해 다른 사람에게 공개하는 서비스로 출발했다. 최대 동영상 길이도 15초에 불과했다. 이를 30초, 1분, 3분으로 늘린 데 이어 2022년 3월에는 10분으로 또 다시 늘렸다. 최대 영상 길이가 늘어난 덕분에 짧은 시간에 시선을 사로잡는 동영상 콘텐츠를 제공하는 방식에서 벗어나 스토리를 갖춘 콘텐츠도 제공할 수 있게 됐다.

틱톡의 동영상 재생 시간이 늘어났다는 것은 소셜미디어 서비스뿐만 아니라 OTT 서비스들과의 직접적인 경쟁을 암시하는 것이다. 또한 이용자들이 더 많은 시청자를 끌어들이기 위해 철저히 계산된 사전 기획과 촬영, 편집 과정을 거쳐 영상을 노출시키는 '미디어' 서비스로 변모하고 있다는 의미이기도 하다. 향후 뷰티, 교육, 코미디는 물론, 일반 드라마 형태의 콘텐츠를 아우르는 다양한 포맷의 동영상이 더 많이 등장할 것이다. 크리에이터들이 제작하는 기존 형태도 계속되겠지만, 틱톡이 미디어 업체들과 협력해 독점적인 오리지널 콘텐츠를 제작할 가능성도 충분하다.

실례로 2022년 6월에 틱톡은 창작자 협업 플랫폼인 피어팝Pearpop과 협력해 오리지널 콘텐츠를 공개했다. 크리에이터인 제리코 멩케Jericho

Mencke가 여러 인물들을 인터뷰하는 오리지널 코미디 시리즈 〈제리코를 찾아서〉Finding Jericho다. 이 콘텐츠에서 2가지 측면을 주목할 필요가 있다.

첫 번째, OTT 업체들이 제공하는 콘텐츠와 유사한 30분 분량으로 최대 영상 길이를 늘림으로써 숏폼에서 벗어나고 있다. 〈제리코를 찾아서〉도 30분 분량의 8개 에피소드로 구성돼 있다.

두 번째, 유료 구독자 전용 콘텐츠를 제공하기 시작했다. 8개의 에피소드 중 초반 2편은 틱톡 이용자들에게 무료로 제공되지만, 전체 에피소드를 시청하려면 4.99달러(약 6,500원)를 지불해야 한다. 향후 인기 있는 크리에이터들을 보유한 MCNMulti-Channel Networks뿐만 아니라 미디어 업체들도 틱톡을 통해 영상 콘텐츠를 유통시켜 수익 사업을 시도할 수 있음을 보여 준다.

틱톡은 TV 시장으로의 진출도 이미 시작하고 있다. 삼성전자, LG전자, 비지오의 스마트TV는 물론, 아마존의 파이어TVFire TV와 구글TV 등의 플랫폼에 전용 앱을 출시했다. 2022년 초에는 미국의 OTT 업체인 애트모스피어Atmosphere와 콘텐츠 제휴를 체결해 틱톡의 동영상을 보여 주는 전용 채널을 마련했다. 기업 및 공공 장소를 중심으로 광고 기반의 무료 OTT 서비스를 제공하는 애트모스피어의 인프라를 적극 활용하려는 전략이다.

틱톡의 공세가 본격화되면서 OTT 업체들도 틱톡의 인기 요인을 분석해 기존 사업을 강화하는 데 활용하고 있다. 넷플릭스는 오리지널 콘텐츠의 소개를 위해 재미있는 장면을 30초 분량의 영상으로 제작해 제공하는 패스트 래프Fast Laughs 기능을 도입했다. 유튜브도 기존 롱폼 영상의 일부분을 발췌해 유튜브 쇼츠에 활용할 수 있도록 지원하고 있다.

틱톡의 행보는 더 이상 스마트폰 중심의 숏폼 동영상 전문 업체로 머물지 않겠다는 계획을 잘 보여 준다. 모바일 단말과 TV를 포함하는 다양한 기기를 대상으로 동영상 콘텐츠를 제공하면서 OTT 시장에도 영향을 주기 시작했다. 또한 광고 시장의 강자로도 부상하고 있다. 다른 OTT 업체들도 광고 기반의 무료 또는 저가 서비스를 연이어 출시하고 있다. 틱톡과 OTT 업체들의 경쟁은 콘텐츠 확보와 유통뿐만 아니라 광고 같은 새로운 분야에서도 본격화될 전망이다.

롤은 영화가 되고 퀸스 갬빗은 게임이 된다

게임과 OTT는 모두 엔터테인먼트 범주에 속해 있으면서 때로는 경쟁 관계가, 때로는 협력 관계가 되는 산업 분야다. 우선 게임과 동영상 모두 TV는 물론, 스마트폰 같은 모바일 단말에서도 더 많은 이용 시간의 장악을 위해 경쟁하는 서비스다. 동영상 시청 시간이 늘면 게임을 하는 시간이 줄어들고, 반대로 게임을 즐기는 시간이 늘면 OTT 서비스를 이용할 수 있는 여유 시간이 줄어들 수밖에 없다.

넷플릭스의 CEO 리드 헤이스팅스Reed Hastings는 이미 2019년에 주주들에게 보낸 서한에서 게임 산업에 대한 경계심을 드러냈다. 그는 OTT

업체인 디즈니나 아마존이 아닌 에픽게임즈Epic Games가 제공하는 인기 게임 포트나이트Fortnite가 더 두렵다고 언급했다. 하지만 역설적으로 넷플릭스는 현재 OTT 사업에서 다른 업체들보다 더 게임 산업을 적극적으로 활용하고 있다.

사실 콘텐츠 측면에서 접근하면 두 산업은 상호 보완 관계에 있다. 이미 오래전부터 인기 게임을 드라마 또는 영화로 제작하거나 인기 드라마를 게임으로 제작하는 사례가 많이 등장했다. 많은 인기를 끈 원작을 이용한다면 완전히 새로운 시나리오를 만드는 것에 비해 초기 제작에 들어가는 시간과 과정을 줄일 수 있다. 또한 원작의 팬이 많기 때문에 완성된 작품이 흥행에 실패할 가능성도 줄어든다. 원작의 스토리와 캐릭터들을 활용하지만 원작에 없던 인물과 사건을 등장시키면서 새롭게 흥미를 높일 수도 있다.

넷플릭스는 이미 게임과 관련성을 갖는 많은 동영상 콘텐츠를 제작 및 유통하고 있다. 2021년에는 라이엇 게임즈Riot Games의 인기 게임 리그 오브 레전드에 등장하는 여성 캐릭터가 주인공인 오리지널 애니메이션 〈아케인〉Arcane이 엄청난 흥행을 기록했다. 2022년 2월에는 전 세계에서 3,900만 장 이상 판매된 인기 게임 시리즈 바이오쇼크BioShock의 실사판 영화를 제작한다고 발표했다. 또한 전문 게임개발사와 협력해 인기 오리지널 드라마인 〈기묘한 이야기〉를 소재로 한 모바일 게임을 제작하면서 기존 영상에는 공개된 적 없는 새로운 퀘스트를 제공하기도 했다.

● 2022년 7월 기준 넷플릭스가 제공하는 모바일 게임

출처: 넷플릭스 캡처

　　넷플릭스는 게임 업체와의 협력 수준을 넘어 직접 모바일 게임을 유통하는 사업으로도 진출했다. 2022년 8월 기준 27종의 모바일 게임을 제공하고 있으며 연말까지 총 50종으로 확대한다는 계획을 공개했다.

나이트 스쿨Night School, 넥스트 게임즈Next Games, 그리고 보스 파이트 엔터테인먼트Boss Fight Entertainment 등의 게임 업체를 인수하기도 했다.

넷플릭스는 OTT 서비스 이용자들에게 추가 혜택의 개념으로 모바일 게임을 무료로 제공한다. 광고도 끼워 넣지 않는다. 이용자들은 인앱결제In-app Purchase를 통해 콘텐츠를 추가 구매하지 않아도 된다.

그런데 넷플릭스는 왜 게임 사업을 시작했을까? 무엇보다 게임을 통한 이용 시간의 장악과 동영상 콘텐츠와의 연계를 통한 OTT 사업 활성화라는 목표 때문이다. 이를 위해 넷플릭스는 향후 오리지널 콘텐츠와 게임 사이의 연계성을 더욱 확대할 계획이다. 오리지널 드라마에서 담지 못했던 추가 내용이나 기존 결말과는 다른 멀티 엔딩Multi-Ending의 제공을 위해 게임을 활용할 것이라고 강조했다. 실제로 인기 오리지널 콘텐츠 〈퀸스 갬빗〉의 캐릭터들이 등장하는 체스 게임이나 〈종이의 집〉을 소재로 한 액션 게임 등의 제작을 발표했다.

타 OTT 업체들도 오리지널 콘텐츠 제작을 위해 게임을 적극 차용하고 있다. 하지만 게임을 신사업으로 활용해 제공하는 업체는 아직까지 드물다. 플레이스테이션과 구독형 게임 서비스를 판매하고 있는 소니도 2021년 8월 애니메이션 특화 OTT 서비스인 크런치롤Crunchyroll을 인수했지만 아직까지 게임과 OTT 사업을 직접적으로 연계시키지는 않고 있다.

향후 OTT 서비스와 게임의 융합을 시도할 유력한 업체는 아마존이다. 아마존은 이미 OTT 서비스를 제공하고 있으며 자체 게임 개발 스튜디오를 운영하면서 여러 게임들을 출시했다. 아마존의 클라우드 게임 서비스 루나Luna는 아마존 클라우드 서버가 게임 실행을 위한 연산을 수행하고 이용자 단말로 화면을 스트리밍해 주는 방식으로 진행된다.

아마존도 넷플릭스처럼 오리지널 콘텐츠와 게임의 연계성을 높일 가능성이 크다. 이미 아마존은 루나의 플레이 영상을 비디오 게임 특화 동영상 방송 플랫폼 서비스인 트위치Twitch를 통해 바로 방송할 수 있도록 지원하고 있다. 이뿐만 아니라 트위치로 방송을 시청하던 이용자가 크리에이터가 방송하는 루나 게임에 바로 참여할 수 있는 기능을 제공하는 등 게임과 OTT의 연계성을 높이고 있다.

아직까지는 게임과 OTT가 서로 경쟁하는 관계로 인식되는 측면이 강하지만, 넷플릭스와 아마존 등을 시작으로 두 서비스의 융합은 더욱 확대될 것이다. 또한 앞으로 더 많은 게임 업체와 OTT 업체가 그 뒤를 따를 것이다. 다만 동영상과 게임 모두의 이용률을 높이는 것이 관건이다. 시장조사기관 앱토피아Apptopia에 따르면 2022년 7월 기준으로 넷플릭스 게임들의 일일 평균 이용자는 170만 명으로, 전체 넷플릭스 가입자의 1퍼센트에도 미치지 못하고 있다. 게임 이용자 수를 더욱 늘려야 수익 사업으로서의 의미가 있기에 이를 얼마나 빨리 달성하느냐가 넷플릭스의 새로운 숙제가 될 것이다.

언제 어디서든 '보게' 만들다

OTT 서비스를 활용하는 단말로는 TV와 스마트폰이 대표적이다. 또한 국가별 소득 수준, 유무선 초고속 인터넷 인프라의 구축 정도, 그리고 문화적 차이가 두 단말의 이용 시간을 가르는 상대적인 요인이 된다. 미국과 유럽에서는 스마트폰이나 태블릿과 같은 모바일 단말보다 더 큰 화면의 TV를 통해 OTT 서비스를 이용하는 비중이 더 높다. 반면 한국과 일부 아시아 지역에서는 스마트폰을 통한 시청을 더 선호한다. 지역별로 다소 차이는 있지만 OTT 서비스 시청을 위해 주로 TV와 스마트폰을 이용하는 것은 분명하다.

2022년 4월 정보통신정책연구원KISDI에서 발표한 〈세대별 OTT 서비스 이용 현황〉에 따르면 한국인이 OTT 서비스 이용에 활용하는 단말로는 스마트폰이 66.3퍼센트, TV가 9.2퍼센트를 차지했다. 미국에서는 고연령층일수록 스마트폰을 활용한 OTT 서비스 이용률이 감소하는 반면, 한국에서는 고연령층의 스마트폰 의존도가 더욱 높았다. 또한 고연령층에 비해 젊은 세대가 스마트폰을 비롯해 태블릿과 PC, 노트북, TV 등 다양한 단말을 이용하는 비중이 더 높았다.

자동차도 OTT 서비스를 이용할 수 있는 새로운 단말로 떠오르고 있다. 최근에 출고되는 자동차들은 대부분 인터넷 접속 기능을 포함하고 있으며 차량 내부에 인포테인먼트Infotainment 서비스 이용을 위한 스크린도 탑재돼 있다. OTT 서비스를 즐기기 위한 기본 조건을 갖춘 단말로서 손색이 없다. OTT 업체들도 자동차 탑승자들을 타깃으로 삼아 다양한 시도를 꾀하고 있다. 미국의 통신기업 AT&T는 2020년 말부터 자동차 관련 무선인터넷 상품 가입자에게 HBO 맥스 같은 OTT 서비스를 제공하는 워너미디어 라이드WarnerMedia RIDE 서비스를 출시했다.

자동차가 OTT 시장의 새로운 타깃 시장으로 떠오르고 있는 만큼 자동차 제조사에서도 이를 예의주시하고 있다. 새로운 고객 접점을 만들고 이를 기반으로 지속적인 수익 창출과 수익 다각화를 이루기 위해 OTT 같은 엔터테인먼트 서비스와의 연계도 구상 중이다. 전기차 기업 테슬라도 2019년부터 차량 내의 스크린을 통해 넷플릭스와 유튜브, 훌루 등의 OTT 서비스를 이용할 수 있는 테슬라 시어터Tesla Theater 기능을 도입했다. 다만 현재는 사고 위험성을 우려해 주차 상태에서만 이용할 수 있다. AT&T도 운전자가 아닌 동승자들을 대상으로 서비스를 제공한다.

전 세계 최대 규모의 전자 박람회인 CESConsumer Electronics Show 2022에서는 BMW가 아마존의 스마트TV 플랫폼인 파이어TV를 내장한 시어터 스크린을 공개했다. 이 스크린은 뒷좌석에 앉은 승객이 마치 극장에 온 듯한 경험을 할 수 있도록 31인치 파노라마 디스플레이로 구현했다. 아마존은 완성차 업체 스텔란티스Stellantis, 포드 등과도 협력하고 있다.

2021년 12월 국내에서도 현대자동차그룹이 탑승객을 위한 OTT 서비스를 개발 및 제공한다는 목표를 밝혔다. 이른바 인카 OTTIn-car OTT 서비스 제공을 위해 티빙 및 CJ ENM과 MOU를 체결하기도 했으나 아직 구체적인 서비스 론칭 시기는 공개하지 않았다.

대부분의 완성차 업체들도 자율주행 기능의 상용화를 위한 기술 개발에 전념하고 있다. 자율주행차가 등장하면 자동차는 '운전'이 아닌 '이용' 개념의 새로운 정보통신ICT 기기로서 자리잡을 것이다. 이는 자동차 탑승자들이 더욱 다양한 서비스를 이용할 수 있다는 것을 의미한다. 그 중 OTT가 가장 유력한 서비스로 떠오르고 있다. 바로 자율주행차의 이용 방식 때문이다. 자율주행차에 목적지를 입력하면 대략적인 도착 시간을 알 수 있다. 이렇게 자동차를 이용하는 시간이 정해지면 자동차 제조사나 OTT 업체에서는 이동 시간과 이용자의 취향 등을 반영해 최적의 콘텐츠와 광고를 추천할 수 있다.

OTT 업체에서도 새로운 고객 경험을 창출하고 끊김 없는 서비스 제공을 위해 커넥티드 카Connected Car 시장의 공략은 필수다. 향후 OTT 업체와 자동차 업체 간의 합종연횡이 더욱 빈번해질 것이다.

SVOD에서 AVOD로, 그리고 FAST로! 🔍

- **SVOD:** 구독형 OTT 서비스. 넷플릭스, 티빙 등이 대표적이다. 가입자들이 매월 지불하는 이용료가 주 수익원으로, 콘텐츠 확보를 위한 비용이 큰 만큼 구독자의 증가와 유지가 중요하다.
- **AVOD:** 유튜브로 대표되는 광고 기반 무료 OTT 서비스. 최근에는 폭스, 파라마운트, 컴캐스트가 AVOD 서비스 업체를 인수하고 콘텐츠 투자를 확대하고 있다.
- **FAST:** 광고 기반 무료 스트리밍 TV 서비스. 다채널 방송을 무료로 제공한다. 삼성전자와 LG전자는 스마트TV의 구매 혜택으로 각각 'TV 플러스'와 'LG 채널'이라는 FAST 서비스를 제공하고 있다.

넷플릭스는 왜 게임 산업에 뛰어들까 🔍

직접 모바일 게임을 유통하고 있는 넷플릭스의 목표는 2가지다. 게임을 통한 사용자의 이용 시간 장악과 동영상 콘텐츠와의 연계를 통한 OTT 사업 활성화다. 이를 통해 게임과 OTT가 서로 경쟁하는 관계를 넘어 융합된 서비스로 제공될 것이다.

CHAPTER 3

메타버스는 명실상부한 2022년 핫트렌드 중 하나였다. 전
세계 각국의 기업이 메타버스 생태계 구축에 뛰어들었다.
고객들에게 좀 더 재미있고 몰입도 높은 경험을 선사해야
하는 과제를 마주한 기업들은 이제 양질의 콘텐츠를 확보하
면서 XR 디바이스를 통해 가상과 현실의 경계를 무너뜨린
다음 세상 Next world 를 준비하고자 한다.

Next world

메타버스,
가상과 현실 사이
경계를 부수다

콘텐츠 없이는
메타버스도 없다

티켓팅 전쟁 없는 게임 속 팝스타 콘서트

2022년 1월 마이크로소프트는 게임업계에 역대 최대 규모의 인수합병 기록을 남겼다. 게임 콜 오브 듀티Call of Duty, 스타크래프트, 워크래프트 등으로 유명한 액티비전 블리자드Activision Blizzard를 687억 달러(약 82조 원)에 인수한다고 발표한 것이다. 불과 일주일 전 테이크 투 인터랙티브 Take-Two Interactive가 모바일 게임 회사 징가Zynga를 인수합병하며 기록한 127억 달러(약 15조 원)를 가볍게 뛰어넘었다. 역대 게임업계 1, 2위의 인수합병 기록이 2022년을 시작하며 나란히 갱신됐다.

마이크로소프트의 인수합병 소식은 메타버스 사업을 위해 게임을 핵심 요소로 선택했다는 점에서 주목받고 있다. 세계 최고의 기술력을 보유한 회사와 IP 파워는 물론 넓은 팬층을 확보한 회사가 만나 추진할 메타버스 사업에 대한 기대도 한층 높아졌다.

인수합병을 발표할 당시 진행된 컨퍼런스 콜에서 마이크로소프트 CEO 사티아 나델라는 게임이 모든 플랫폼 중 가장 역동적이고 흥미로운 엔터테인먼트 카테고리라고 강조하며 메타버스 플랫폼 개발의 핵심적 역할을 할 것이라고 밝혔다. 마이크로소프트 게이밍 사업부 CEO 필 스펜서Phil Spencer 또한 강력한 프랜차이즈를 바탕으로 상호 교류하는 글로벌 커뮤니티의 출현을 암시하며 인수합병을 기반으로 이용자들의 메타버스 접근성 강화를 예고했다.

블룸버그 인텔리전스Bloomberg Intelligence는 메타버스 시장이 2024년까지 8,000억 달러(약 923조 원) 규모로 성장할 것으로 예상했다. 모건 스탠리는 8조 달러(약 9,000조 원)에 달할 것으로 전망했다. 특히 게임 분야가 메타버스 사업을 선도할 것이라는 전망은 전통적인 게임 회사뿐만 아니라 글로벌 빅테크들에게 매력적인 기회로 다가오고 있다. 과연 메타버스에서 게임은 어떤 역할을 하고 있을까?

우선 사회적 연결이라는 소셜 기능을 구현한다. 2021년 10월 〈월스트리트저널〉이 주최한 WSJ 테크 라이브WSJ Tech Live 행사에서 미국 컨설팅 회사 액티베이트Activate는 18세 이상 미국인의 59퍼센트가 게임 이용자이며 이들 중 60퍼센트는 게임 속에서 가상 소셜 행사 참여, 새로운 사람들과의 관계 형성 등 비게임 활동을 경험했다고 발표했다. 이미 게임 속에서 소셜 네트워킹, 쇼핑 등 온라인 공간에서 발생하는 대부분의 활동이 이뤄지고 있음을 시사한다.

에픽게임즈의 포트나이트가 대표적이다. 포트나이트는 최대 100명의 플레이어가 마지막 1명이 살아남을 때까지 전투를 진행하는 배틀로열 게임이다. 현재는 게임의 영역을 점차 확대하며 주요 기업들의 마케팅, 유명 인기 가수들의 콘서트 공간으로 활용하면서 문화적·사회적 현상의 중심으로 변모했다. 실례로 포트나이트의 파티로얄Party Royale 모드는 플레이어들이 싸우지 않고 서로 어울려 즐기는 새로운 가상 소셜 공간이다. 플레이어들은 미니 게임을 비롯해 유명 아티스트의 콘서트를 관람하거나 휴식을 취하는 등 다수의 플레이어들과 다양한 액티비티를 체험할 수 있다.

세계적인 가수 아리아나 그란데의 '리프트 투어'Rift Tour도 2021년 8월 6일부터 8일까지 총 3일간 포트나이트에서 진행됐다. 이 콘서트는 게임 내 다른 콘텐츠와의 연계를 강화했다는 점에서 화제를 끌었다. 일반적인 콘서트가 일회성 경험으로 끝나는 반면, 리프트 투어는 콘서트 시작 전부터 종료 이후까지 플레이어가 하나의 테마로 구성된 콘서트와 게임 내 콘텐츠를 즐길 수 있었다.

플레이어들은 콘서트 시작 전까지는 롤러코스터 같은 놀이기구를 타고 다니며 게임에 등장하는 괴물 캐릭터를 총으로 쏘는 경험을 즐길 수 있었다. 콘서트 입장 전에는 포트나이트 속 역사적 순간들을 관람하기도 했다. 콘서트 종료 이후에는 게임 내에서 사용할 수 있는 아리아나

● 아리아나 그란데의 '리프트 투어' 공연 실황

© Fortnite

그란데 스킨, 아이템 등도 구매할 수 있었다. 이용자들이 콘서트의 경험을 지속할 수 있도록 플랫폼 내에서의 스토리텔링Environmental Storytelling 역량을 활용하는 법을 제대로 보여 준 대표적인 사례다.

포트나이트는 미국 MZ세대에게 단순한 게임을 넘어 다양한 콘텐츠를 경험하고 가상공간에서 또래와 소통하는 놀이터 같은 플랫폼이다. 또한 파티로얄 모드는 MZ세대의 취향을 반영하고 하이브리드 미디어 Hybrid Media로서의 역할을 창조하기 위해 탄생시킨 포트나이트의 킬러 콘텐츠이자 핵심 전략 상품이다.

메타버스 환경에서 게임은 자유도가 높은 콘텐츠를 창조하는 역할도 한다. 2013년 테이크 투 인터랙티브는 샌드박스 액션 어드벤처 오픈월드 장르의 게임 GTA 5Grand Theft Auto 5를 출시했다. GTA5는 누적 판매 1억 6,500만 장을 달성하며 세계에서 2번째로 가장 많이 팔린 게임이 됐다. 해당 장르의 게임들은 높은 자유도를 기반으로 다양한 플레이 패턴을 만들어 낸다. 이용자들은 특정 목표가 주어지면 스스로 해결 방법을 찾아 자유롭게 풀어 내며 거대한 도시, 광활한 자연환경 등의 가상공간에서 상호작용한다.

GTA 5는 대리만족 시뮬레이션이라 불릴 만큼 이용자가 게임 캐릭터를 통해 현실의 욕구를 대신 충족할 수 있다는 것이 특징이다. 멋진 야경을 볼 수 있는 부촌의 고급 주택을 소유하고 신형 스포츠카에 올라타 해변도로를 드라이브하는 등 살면서 한 번쯤 꿈꿨던 순간을 게임 내에서 실현할 수 있다.

실제 도시를 옮긴 듯한 GTA 5의 가상현실은 팬데믹으로 사회적 거리두기가 강화된 시기에 일상의 탈출구이자 놀이터 역할을 했다. 사람들은 모든 것이 제한된 현실을 벗어나 게임 속에서 주변 사람들과 상호작용하고 자동차를 타고 어딘가로 이동하기도 하고 시장에서 물건을 사고팔며 잠깐이나마 자유로움을 느꼈을 것이다. 이제는 높은 자유도를 기반으로 플레이어가 직접 게임을 만드는 모드까지 제공된다. 포켓몬을 잡거나 우주선을 타고 화성으로 떠나는 등 기상천외한 즐길 요소들을 창조하는 수준까지 이르렀다.

이처럼 게임은 소셜 기능과 자유도를 기반으로 메타버스의 핵심 요소로 자리잡았다. 또한 현실 세계와는 전혀 다른 재미와 경험을 선사할 수 있는 메타버스만의 잠재력이 더해지고 있다. 넥슨의 일본법인 대표 오웬 마호니Owen Mahoney는 사람들이 가상세계에서 시간을 보내려면 재미가 꾸준히 제공돼야 한다고 언급했다. 만약 재미가 없다면 사람들을 가상세계로 유입시키기 어려울 뿐만 아니라 방문자가 없다면 사업성 또한 사라질 것이라고 덧붙였다.

결국 메타버스는 다채로운 재미와 경험을 제공할 수 있어야 한다. 어떤 콘텐츠보다도 재미와 경험 제공에 특화돼 있는 게임을 메타버스의 심장이라 부르는 이유다. 같은 맥락에서 GTA 5, 마인크래프트Minecraft, 포트나이트, 월드오브워크래프트World of Warcraft 등의 전 세계적인 인기도 설명할 수 있다. 점차 플랫폼으로 진화할 메타버스는 게임이라는 콘텐츠의 활용 방식에 따라 성공 여부가 결정될 것이다.

소니 vs. MS, 공룡들의 콘텐츠 투자 경쟁

게임 콘텐츠가 메타버스 사업 전개의 핵심 요소로 떠오르고 있다. 대표적으로 소니와 마이크로소프트가 적극적인 모습을 보이고 있다. 플레이스테이션PlayStation과 엑스박스Xbox로 대표되는 두 회사는 팬데믹으로 투자가 위축된 환경에서도 게임 콘텐츠 확보를 위해 인수합병을 포함한 공격적인 투자를 단행했다.

마이크로소프트는 액티비전 블리자드의 인수에 앞서서 2020년 9월 제니맥스 미디어ZeniMax Media를 81억 달러(약 8조 8,000억 원)에 인수했다.

제니맥스 미디어의 인수는 엘더스크롤The Elder Scrolls 시리즈와 폴아웃
Fallout 시리즈를 보유한 산하 개발사인 베데스다 소프트웍스Bethesda
Softworks 덕분에 더욱 주목을 받았다. 두 프랜차이즈 게임 모두 올해의
게임상GOTY, Game of the Year을 여러 차례 수상했다. 가장 최신작인 엘더스
크롤 5The Elder Scrolls V: Skyrim의 누적 매출은 6억 2,000만 달러(약 8,000억
원), 폴아웃 4는 7억 5,000만 달러(약 1조 원)를 기록할 정도로 선풍적인
인기를 끌었다.

해당 시리즈들은 공통적인 특징이 있다. 실제와 같은 '사실적인 그래
픽', 이용자 마음대로 편집할 수 있는 '캐릭터 커스터마이징', 끝없이 펼
쳐져 자유롭게 이동할 수 있는 '오픈월드', 상호작용할 수 있는 수많은
'NPC'Non-Player Character, 이용자의 선택에 따라 달라지는 '퀘스트 및 엔딩
결과' 등이다.

2011년에 발매된 엘더스크롤 5는 앞서 말한 특징을 모두 구현했다는
점에서 큰 주목을 받았다. 뛰어난 그래픽으로 주변 환경을 훌륭하게 묘
사해 보는 즐거움을 선사하고, 광활하게 펼쳐진 중세 시대를 세밀한 오
픈월드로 표현했다. 또한 NPC와의 상호작용으로 발생하는 다양한 체험
의 재미를 보여 주면서 상업성과 비평 면에서 모두 성과를 거뒀다. 특히
엘더스크롤 시리즈의 핵심이라 할 수 있는 세계World, 플레이어 주체Me,
장소Places, 사람들People을 플레이어가 서로 연결해Connect 스토리를 만
들어 간다는 개념을 확립했다. 다시 말해 메타버스 구현을 위한 필수 요
소들이 이미 게임을 통해 개발돼 상용화되고 있다는 것을 의미한다.

엘더스크롤 시리즈의 디자인 디렉터인 에밀 파그리아룰로Emil Pagliarulo는 신작 스타필드Starfield 개발 관련 인터뷰에서 자신들이 '단순한 RPGRole-Playing Game 를 넘어선 시뮬레이션을 만들고 있다'고 말했다. 이용자가 게임에서 정해진 역할을 수행하며 자신이 선택한 행동에 따라 다른 결과를 맞이하도록 높은 수준의 몰입도를 제공하겠다는 의미다.

RPG 장르는 플레이어가 가상의 세계에서 목표를 달성하기 위해 정해진 퀘스트를 순서대로 진행하는 3인칭 시점의 역할극 게임이다. 반면 시뮬레이션 장르는 플레이어가 가상의 세계에 존재하는 인물의 1인칭 시점으로 다양한 임무를 선택해 진행하는 게임이다. 시뮬레이션 게임 이용자는 방대한 세계관 속에서 다양한 사람들과 상호작용하며 이곳저곳을 돌아다니면서 각기 다른 결과를 맞이한다.

시뮬레이션 게임이라는 장르의 세계관은 메타버스의 환경과 잘 맞아떨어진다. 예를 들어 하나의 메타버스 세계에 1만 명의 이용자가 등장한다면 1만 개의 각기 다른 스토리와 결과가 필요하다. 또한 다양한 상호작용을 위한 콘텐츠들이 제공되는 시뮬레이션 요소도 필요하다. 30여 년의 시간 동안 게임 개발 노하우를 쌓아 온 덕분에 베데스다 소프트웍스는 메타버스 사업 및 세계관 구축에 유리한 위치를 점하고 있다.

마인크래프트를 보유한 마이크로소프트가 샌드박스 노하우와 엘더스크롤 시리즈의 특징을 결합한다면 유례없는 샌드박스 기반 오픈월드 게임을 현실화할 수 있다. 이용자가 원하는 건물을 마음대로 건축하고, 감옥에서 탈옥하기 위해 벽을 뚫고, 각종 사물들과 상호 교류하는 등 가상세계에서 경험하는 몰입감 높은 시뮬레이션도 실현할 수 있다. VR 또는 AR 디바이스까지 지원된다면 게임 속 세상을 실제처럼 느낄 수 있는 몰입형 시뮬레이션Immersive Simulation도 구현할 수 있을 것이다.

소니는 다양한 콘텐츠 확보와 자사의 탄탄한 기술력을 활용한 엔터테인먼트 요소 제공을 메타버스 사업의 핵심으로 삼고 있다. 2022년 5월에 열린 소니 그룹 경영 방침 설명회Sony Corporate Strategy Meeting에서 CEO 요시다 켄이치로吉田健一郎는 게임네트워크 서비스, 음악, 영화, 이미징센서, 금융, 일렉트로닉스 등 총 6개 사업 부문의 유기적인 제휴를 강조했다. 세부적으로는 게임네트워크 서비스, 음악, 영화 사업 부문의 지적재산권 및 콘텐츠를 서로 연결해 부가가치를 높이고, 나머지 사업 부문의 기술력을 적극 활용해 메타버스 사업과 연계한다는 전략이다.

2022년 2월 소니는 헤일로Halo 시리즈와 데스티니Destiny 시리즈를 개발한 '번지'Bungie를 36억 달러(약 4조 원)에 인수했다. 번지가 보유한 게임 콘텐츠를 서비스로서의 게임GAAS, Games as a Service으로 활용하기 위한 전략으로 해석된다. 시즌제로 운영되는 번지의 FPS 게임 데스티니 2는 출시된 지 5년이 넘었음에도 불구하고 플레이스테이션 5의 상위 게임 10위 안에 들 정도로 여전히 높은 인기를 누리고 있다. 지속적인 라이브 콘텐츠 업데이트가 인기의 배경이다. 3개월 간격으로 새로운 콘텐츠, 캐릭터, 무기 등이 포함된 시즌제가 업데이트된다. 게임을 플레이하기 위해서는 해당 시즌 패스 구매는 필수이며 이용자의 시즌 패스 구매는 게임 회사의 수익으로 직결된다. 이를 유지하기 위해서는 콘텐츠 기획 및 개발, 업데이트 스케줄 관리 등을 전담하는 전문 인력과 역량을 갖춰야 한다. 따라서 소니가 메타버스 사업에서 콘텐츠를 안정적·지속적으로 제공하는 데 번지의 역량이 큰 도움이 될 것으로 보인다.

소니의 메타버스 사업은 소니가 보유한 콘텐츠의 활용 잠재성에 맞춰져 있다. 메타버스 사업 전개를 위한 프로젝트 중 하나로 2021년 7월 소니 뮤직 엔터테인먼트는 대표적인 메타버스 플랫폼인 로블록스 Roblox와 파트너십을 체결했다. 로블록스 내에서 혁신적인 음악적 경험 Innovative Music Experiences 제공, 소니 뮤직의 아티스트들에게 다양한 청중과 새로운 매출원을 제공하는 것이 파트너십의 핵심 내용이다. 구체적인 사업 내용을 언급하진 않았지만 두 회사는 2021년 5월 자라 라슨 Zara Larsson의 앨범 론칭 파티를 통해 400만 명 이상의 방문자를 유치하며 로블록스 론칭 파티 역사상 가장 높은 방문자 기록을 갱신했다.

소니 픽처스 엔터테인먼트도 2022년 2월에 영국 프리미어리그의 명문 축구 구단 맨체스터 시티 FC의 홈구장인 에티하드 스타디움 Etihad Stadium을 메타버스에 구축하는 파트너십을 체결했다. 자회사인 호크아이 Hawk-Eye가 개발한 이미지 분석 및 골격 추적 기술을 활용해 에티하드 스타디움을 가상현실 세계에 구현할 예정이다. 맨체스터 시티 FC 관계자는 메타버스의 핵심은 실시간 경기 시청이며, 시청자들이 다양한 각도에서 선수들의 움직임 하나하나를 세세하게 볼 수 있는 생동감을 전하는 것이라고 밝혔다. 이를 위해 경기 중계 시점을 경기장의 모든 각도로 확대하겠다며 소니와의 파트너십에 기대감을 내비쳤다.

● 메타버스에 구축한 맨체스터 시티 FC 홈구장 에티하드 스타디움

ⓒ Manchester city

메타버스가 화제의 중심으로 떠오른 이후 언론 기사의 헤드라인에는 메타버스와 관련된 게임업계가 연일 등장하고 있다. 앞서 살펴본 것처럼 메타버스 구현의 가장 핵심적인 역량을 게임 업체가 보유하고 있기 때문이다. 게임 개발 과정에서 오랜 시간 누적된 다양한 개발 노하우는 물론, 활용 가치가 높은 IP와 콘텐츠, 서비스 운영 및 관리 능력이 새롭게 조명되고 있는 것이다. 메타버스 구현에서 유리한 경쟁력을 보유한 게임업계가 다양한 산업군과의 협업을 이뤄 낸다면 메타버스 사업은 더욱 가속화될 것이다.

현실과 게임의
경계가 사라진다

공간과 시간에 구애받지 않고 '배그' 플레이하기

신작 게임을 체험하는 2가지 시나리오를 살펴보자.

1. 2019년 미국 샌프란시스코에서 게임 개발자 컨퍼런스GDC가 열렸다. J는 구글이 출시할 클라우드 게임 서비스 〈스태디아〉Stadia를 체험할 수 있다는 생각에 기대감이 컸다. 하지만 행사 현장에서 스태디아를 체험한 J는 너무나 실망하고 말았다.

2. 2023년 11월 J는 퇴근길에 스마트폰을 꺼내어 베데스다 소프트웍스에서 이제 막 출시한 신작 스타필드를 플레이한다. 순식간에 집

에 도착한 J는 얼른 씻고 저녁을 먹은 후 마이크로소프트 클라우드 게임 서비스 엑스클라우드_{xCloud}에 접속한다. 집에 도착하기 전에 멈췄던 부분부터 TV를 통해 다시 게임을 플레이한다.

첫 번째 시나리오는 개인적 경험을 바탕으로 정리한 내용이다. 두 번째 시나리오는 앞으로 펼쳐질 클라우드 게임 서비스에 대한 내용이다. 클라우드 기술이 비약적으로 발전하면서 클라우드 게임 서비스에 대한 관심도 자연스럽게 높아졌다. 특히 메타버스 구현을 위해 클라우드 기술의 중요성과 클라우드 게임 서비스의 안정성이 강조되고 있다. 대규모 연산의 신속한 처리와 매끄러운 상호작용을 위해서는 클라우드 게임 서비스의 역량이 무엇보다 중요하다. 이는 다시 메타버스 운영의 기반이 될 것이다.

클라우드 게임 서비스의 잠재성에도 불구하고 통신망 환경 등의 문제로 현재까지 눈에 띄는 성공 주자를 찾기는 어렵다. 하지만 5G를 비롯한 통신기술 발전에 따라 클라우드 게임 서비스 시장이 본격적으로 성장할 것으로 전망하고 있다. 게임 전문 시장조사기관 뉴주_{Newzoo}는 2024년 글로벌 클라우드 게임 시장 규모를 65억 3,000만 달러(약 8조 5,490억 원)로 예상했으며 향후 5년간 연평균 40퍼센트 이상 성장할 것으로 내다보고 있다.

대표적으로 2022년 3월 아마존은 루나를 본격적으로 서비스한다고 공개했다. 루나는 클라우드 서비스인 AWS를 기반으로 안정적인 접속

환경을 제공한다. 또한 게임 채널에 따라 요금을 부과하는 독특한 과금

체계를 마련했다. 개발사 또는 유통사, 아마존 프라임 고객 등 특정 카

테고리로 게임들을 묶어 각각 원하는 단위만큼 구독할 수 있다. 이는 이

용자의 취향에 맞춘 다양한 게임 채널을 확보해 수익성을 높이려는 전

략이다. 스트리밍 플랫폼 트위치와의 연동도 주목할 만하다. 트위치의

'플레이 온 루나'Play on Luna라는 기능을 활용하면 루나에서 트위치 접속

없이도 트위치 영상을 시청할 수 있다. 반대로 트위치에서도 게임을 바

로 플레이할 수 있다.

엔비디아Nvidia도 지포스 나우Geforce Now를 출시했다. 지포스 나우는 엔비디아의 고성능 GPU를 탑재한 서버에서 게임 연산을 처리하고, 게임별로 각기 다른 성능을 가진 서버를 배치해 서비스를 제공한다. 다시 말해 원활한 게임 플레이를 위해 게임의 필요 사양에 따른 서버를 적재적소에 활용함으로써 저사양의 디바이스에서도 고사양의 게임을 즐길 수 있다. 이용자가 스팀Steam, 에픽게임즈 스토어 등 기존 스토어에서 구매한 게임도 그대로 플레이할 수 있다. 무엇보다 지포스 나우 사용 가격만 지불하면 되는 것이 장점이다. 빛의 반사, 굴절, 번짐 등 물리 동작을 시뮬레이션한 실시간 렌더링으로 현실에 가까운 그래픽을 구현하는 레이 트레이싱Ray Tracing 기능도 이용자들의 관심을 받고 있다.

가장 독보적인 움직임을 보이는 업체는 마이크로소프트다. 마이크로소프트는 콘솔, PC, 모바일 등 온라인에 접속할 수 있는 모든 환경에서 자사의 게임들을 즐길 수 있는 엑스클라우드를 출시했다. 엑스클라우드는 마이크로소프트 클라우드 서비스 애저Azure를 기반으로 제공된다. 마이크로소프트는 제니맥스 미디어와 액티비전 블리자드를 인수해 자체 스튜디오를 28개로 확대하고 스타필드, 폴아웃 등 막대한 개발비와 마케팅 비용이 사용된 'AAA급' 독점작을 엑스클라우드에서 출시할 계획이다.

2022년 6월에 열린 엑스박스 베데스다 게임 쇼케이스에서는 마이크로소프트의 이색적인 변화도 감지됐다. 2021년까지는 게임의 예고편을 공개할 때 발매 플랫폼 표기 부분에 엑스박스 시리즈x/s 또는 엑스박스 원이라고 표기했지만 2022년 행사에서는 엑스박스 콘솔Xbox Consoles이라고 표기했다.

이러한 변화는 콘솔 하드웨어 판매 중심 정책에서 벗어나 클라우드 게임 서비스 및 구독 서비스 등 서비스 판매 중심의 사업 전략으로 전환하겠다는 의지로 판단된다. 향후 출시될 게임들은 엑스박스 시리즈와 같은 특정 하드웨어의 사양을 굳이 맞출 필요가 없다는 말이다. 즉 기본 요구 사항과 엑스클라우드에 접속할 수 있는 인터넷 환경을 갖춘 디바이스가 곧 엑스박스 콘솔이 된다는 의미다. 디바이스와 플랫폼의 경계가 무의미해진 것이다. 이런 흐름을 반영하듯 삼성전자도 2022년 6월부터 스마트TV에서 엑스클라우드 서비스를 제공한다고 밝혔다. 향후 다른 제조사들도 클라우드 게임 서비스를 확대해 나갈 예정이다.

빅테크들의 클라우드 게임 서비스에 대한 투자는 메타버스 역량 강화를 위한 기반 작업으로 보인다. 마이크로소프트, 아마존, 엔비디아 등이 클라우드 게임 서비스를 통해 인상적인 성과를 내지 못했음에도 불구하고 지속적으로 투자를 이어 가는 이유는 클라우드 기술의 안정성이라는 핵심 역량을 확보하기 위한 포석으로 보인다.

앞서 소개한 구글의 스태디아는 클라우드 기술 자체는 타 기술과 비교해도 손색이 없었다. 단 하나의 차이가 있다면 마이크로소프트, 아마존 등이 게임 사업을 통해 클라우드 게임 서비스 경험을 착실히 쌓은 반면, 구글은 그렇지 않다는 점이다. 이러한 차이가 스태디아의 안정적인 서비스 제공의 어려움이라는 결과로 나타난 것이다.

클라우드 게임 서비스 시장은 아직 성공한 플레이어가 없지만 빅테크들에게 여전히 기회로 인식되고 있다. 디바이스에 종속된 게임 환경에서 벗어난다는 1차 목적 외에도 이용자 확대, 운영 및 관리 편의성 증대, 보안 이슈 해결 등 2차 목적을 달성함으로써 역량을 쌓을 수 있기 때문이다. 이러한 경험과 역량의 누적은 궁극적으로 메타버스 서비스 구현을 위한 중요한 자산이 될 것이다. 메타버스 시장 진출을 꿈꾸는 빅테크 기업들의 클라우드 게임 서비스 시장에 대한 관심은 앞으로도 지속될 것으로 예상된다.

'언리얼 엔진 5'로 더 리얼한 가상세계를 즐긴다

2021년 12월 영화 〈매트릭스〉 시리즈의 신작 〈매트릭스 리저렉션〉 개봉 시점과 비슷한 시기에 '더 게임 어워드 2021'The Game Award 2021가 열렸다. 이 자리에서 공개된 〈매트릭스 어웨이큰스: 언리얼 엔진 5 익스피리언스〉The Matrix Awakens: An Unreal Engine 5 Experiences 데모 영상에 많은 사람이 놀라움을 금치 못했다. 매트릭스의 세계관을 기반으로 시네마틱 요소와 게임플레이 요소를 결합한 완전히 새로운 형태의 실시간 인터랙티브 경험을 제공했기 때문이다.

당시 행사 참석자들은 방대한 오픈월드로 구성된 도시를 걷거나 차량, 드론 등으로 직접 둘러보고 실제 같은 자동차 추격전 등을 체험할

● 〈매트릭스 어웨이큰스〉 속 배우의 CG(왼쪽)와 실제 사진(오른쪽)

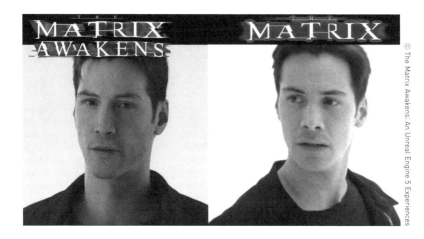

© The Matrix Awakens: An Unreal Engine 5 Experiences

수 있었다. 또한 메타 휴먼 크리에이터 기술을 적용해 만든 데모 영상 속 캐릭터는 실제 배우와 차이를 구분할 수 없을 만큼 사실적이었다. 새로운 인공지능 및 시뮬레이션 시스템으로 제작된 수만 개의 캐릭터, 차량, 오브젝트를 비롯해 디지털 휴먼 기술로 구현한 사실적인 도시 환경도 실제 도시에 있는 듯한 생생함을 제공했다.

2022년 4월 '스테이트 오브 언리얼 2022'State of Unreal 2022 쇼케이스에서 에픽게임즈는 언리얼 엔진의 가장 최신 버전인 언리얼 엔진 5를 공개했다. 언리얼 엔진 5는 높은 자유도와 유연성으로 차세대 리얼타임 3D 콘텐츠 및 경험을 제작·지원한다. 쇼케이스 이후 진행된 연설에서 에픽게임즈 창립자 및 CEO 팀 스위니Tim Sweeney는 사실적인 사운드와 디지털 휴먼을 통한 대규모 실사 환경 조성에 중점을 둔 언리얼 엔진 5가 메타버스 경험을 구축하기 위한 도구가 될 것이라고 말했다.

기술 리서치 기업 무어 인사이트 앤 스트래티지Moor Insights & Strategy의 수석 애널리스트 안셀 새그Anshel Sag는 언리얼 엔진 5의 현실을 시뮬레이션하는 기능이 메타버스를 위한 큰 진전을 이뤄냈다고 설명했다. 또한 몰입과 실시간, 그리고 가능한 모든 경험을 아우르고자 하는 사실적인 렌더링이 언리얼 엔진 5의 핵심이라고 덧붙였다.

에픽게임즈의 CTO 킴 리브레리Kim Libreri는 실제 물리적 객체와 환경이 가상현실에서 복제되는 디지털 트윈Digital Twin 환경이 언리얼 엔진 5에서 구현될 것이라고 말했다. 가상현실의 경험이 실제 세계의 경험과 유사해지면서 새로운 메타버스의 가능성을 제시할 수 있다는 말이다. 앞으로는 플레이어가 캐릭터 또는 아바타 없이도 자신과 유사한 인물을 통해 가상현실에서 실제와 거의 차이가 없는 일상을 즐길 수 있게 될 것이다.

메타버스를 향한 에픽게임즈의 야망은 언리얼 엔진 5에서 그치지 않는다. 2022년 4월 소니와 레고의 모기업 커크비Kirkbi는 에픽게임즈에 각각 10억 달러씩 총 20억 달러(약 2조 4,700억 원)를 투자했다. 에픽게임즈는 투자를 통해 플레이어 간 소셜 활동을 기반으로 창의적인 커뮤니티를 활성화하고 유명 브랜드의 적극적인 참여를 끌어들여 더욱 몰입감 있는 메타버스 환경의 구축을 가속화하겠다고 밝혔다.

레고 그룹과 소니의 투자는 메타버스 구축이라는 차원에서 큰 의미가 있다. 먼저 확장성이 넓은 창의적인 콘텐츠를 확보했다는 점이다. 로블록스와 마인크래프트와 같은 메타버스 게임 서비스들은 콘텐츠를 커스터마이징할 수 있는 자유도가 최대 장점이다. 콘텐츠를 무제한으로 창조할 수 있고 플레이어 간의 소셜 활동을 촉진할 뿐만 아니라 수익 활동으로도 확장될 수 있다. 남녀노소 불문하고 많은 사람에게 인기가 있고 2차 창작 시장도 활발한 레고와 에픽게임즈의 포트나이트가 만난다면 엄청난 시너지를 일으킬 것이라 예상된다.

가상현실 구현을 위한 기술과 다양한 엔터테인먼트 콘텐츠를 활용할 수 있다는 점도 주목할 만하다. 소니는 게임 외에도 영화, 음악 등의 엔터테인먼트 분야에서 전문성을 확보하고 있다. 기술력에서도 디바이스 개발과 활용에 강력한 노하우를 보유하고 있다. 만약 에픽게임즈가 가진 포트나이트의 운영 및 관리 능력, 언리얼 엔진 5 기반의 개발력과 소니의 콘텐츠와 기술력이 합쳐진다면 현실 세계와 디지털 세계를 연결하고 몰입도가 높은 소셜 엔터테인먼트 서비스를 구축할 수 있을 것이다. 에픽게임즈의 메타버스를 위한 본격적인 움직임이 기대되는 이유다.

게임을 하면 할수록 통장 잔고가 쌓인다

위메이드Wemade '816.5퍼센트', 컴투스홀딩스Com2us '544.5퍼센트', 네오위즈홀딩스Neowiz '487.2퍼센트'. 2021년 하반기 블록체인 게임 열풍이 붙었을 때 경이로운 주가 상승률을 기록한 게임 회사들이다. 가상현실을 대표하는 메타버스, 대체 불가능한 토큰으로 디지털 경제를 선도하는 NFT 등 신 성장 사업 내용이 발표될 때마다 관련 회사들의 주가는 연일 최고가를 경신했다. 하지만 새로운 사업에 대한 기대감은 이내 가라앉았고 각 회사도 냉정한 재평가를 받는 위치에 놓여 있다. 그럼에도 불구하고 글로벌 게임업계에서 국내 게임 회사들만큼 NFT와 메타버스라는 새로운 시장을 개척하기 위해 적극적인 곳이 없기에 기대감은 여전하다.

블록체인 게임의 대표 주자 위메이드는 '위믹스'Wemix라는 자체 코인과 위믹스 플랫폼이라는 위믹스 생태계 구축 전략을 통해 메타버스 세계에서 발생하는 디지털 경제 흐름의 선도자 역할을 하고 있다. 특히 게임이라는 가상세계에서 얻은 재화를 현실 경제와 연결시키는 메타버스의 핵심 기술이 블록체인이라는 점을 부각시키며 핵심 역량으로 삼기 위해 노력하고 있다. 또한 수많은 국내외 게임회사들과 파트너십을 맺고 자신들의 플랫폼으로 온보딩On boarding을 유도하고 있다.

위메이드는 2022년 말까지 100개의 게임을 위믹스 플랫폼에 온보딩하는 것이 목표라고 밝혔다. 또한 글로벌 게이밍 블록체인 플랫폼이자 게임의 기축 통화 역할을 하는 위믹스를 중심으로 게임 코인과 NFT를 발행할 계획이라고 한다. 게임마다 각기 다른 디지털 자산(가상자산)을 통용하더라도 플랫폼 내에서는 기축 통화 역할을 하는 위믹스로 언제든 환전할 수 있다. 이를 통해 게임 간Inter-game 선순환 경제가 작동하는 게

임 서비스 플랫폼 생태계가 곧 메타버스의 경제임을 증명하고 있다. 2023년부터는 소프트웨어 개발 키트SDK를 통해 누구라도 위믹스 플랫폼에 게임을 등록할 수 있도록 서비스할 계획이라고 밝혔다. 위메이드가 제공하는 위믹스 플랫폼에 온보딩한 게임이 많아질수록 그리고 게임을 즐기는 사람들이 늘어날수록 위믹스 코인의 가치는 상승할 것이다.

컴투스는 콘텐츠 육성을 통한 메타버스 플랫폼 구축을 사업 목표로 삼고 있다. 2021년 12월 컴투스는 경제, 사회, 문화 시스템이 존재하는 메타버스 플랫폼 '컴투버스'Com2verse를 공개했다. 2022년 하반기에는 2,500명의 모든 임직원이 컴투버스의 가상 오피스에 입주할 예정이라는 계획도 밝혔다. 컴투버스와 함께하는 파트너사들의 입주까지 완료되면 10만여 명의 실사용자를 확보하게 된다고 한다.

지금까지의 가상현실은 1차원의 활동으로 제한됐다. 이용자들은 특정 공간에서 일대일 형식의 대화 이상의 활동을 하지 못했다. 하지만 컴투버스에서는 소셜 기능은 물론, 다양한 경제 활동을 수행할 수 있고 수많은 콘텐츠를 즐기고 사회적 활동도 체험할 수 있다. 한마디로 삶의 공간으로서의 기능을 모두 갖춘 것이다.

컴투스는 컴투버스의 본격적인 활성화를 위해 문화, 의료, 교육, 금융 등 다양한 분야의 기업들과의 MOU 체결 계획을 갖고 있다. 2022년 3월에는 하나금융그룹과 파트너십을 체결했다. 이를 통해 컴투버스에서 예금, 투자, 대출 등의 금융 서비스를 이용할 수 있을 것으로 예상된다. 또한 교보문고와도 제휴해 교보문고의 가상 쇼핑몰을 개설하고 도서 및 문구 상품 등을 제공할 예정이다.

컴투스의 사업 전략은 로블록스의 전략과 많은 면에서 닮아 있다. 대표적으로 스포츠 브랜드 나이키와의 파트너십을 꼽을 수 있다. 2021년 11월 나이키는 로블록스와 파트너십을 체결하고 나이키랜드NikeLand라는 메타버스 세계를 구축했다. 미국 오리건주에 있는 나이키 월드 캠퍼스와 유사한 나이키랜드에는 본사 건물을 비롯해 운동장, 체육관 등 나이키 월드 캠퍼스 건물이 들어서 있다.

예를 들어 이용자는 스마트폰 속 가속도 측정 장비를 활용해 자신의 실제 움직임을 나이키랜드 속 아바타의 움직임으로 나타낼 수 있다. 플레이어가 뛰면 아바타도 똑같이 뛰는 식이다. 이 기능을 활용하면 실제

© Roblox

스포츠 경기와 연계된 이벤트나 대회도 개최할 수 있다. 디지털 쇼룸에서는 나이키 에어포스 1 또는 에어 맥스 2021 같은 최신 제품을 이용자의 아바타에게 입히고 실제로 구매할 수도 있다.

2022년 3월 나이키의 CEO 존 도나호John Donahoe는 실적 발표를 통해 전 세계 244개국에서 약 700만 명이 나이키랜드를 방문했고 온라인 매출도 전년 동기 대비 19퍼센트 증가했다고 발표했다.

2022년 5월 구찌도 로블록스를 통해 구찌 타운Gucci Town을 구축했다. 구찌 타운에 앞서 2021년 5월에 2주간 한시적으로 운영된 구찌 가든 Gucci Garden은 2,000만 명 이상의 이용자들이 방문할 만큼 인기가 높았다. 이에 대해 구찌의 신산업 부문 부사장 니콜라스 우디노Nicol-as Oudinot

는 커뮤니티가 곧 경험 디자인의 출발점이며 구찌 타운은 이용자들과의 열린 대화를 통해 발전할 것이라고 밝혔다. 또한 로블록스 내 커뮤니티를 통해 콘텐츠 크리에이터들과 인재들이 동참함으로써 새로운 생태계에 아이디어와 시각적 자극을 불어넣을 것이라고 덧붙였다.

컴투스도 각 산업 분야의 대표 기업들과 파트너십을 맺고 컴투버스에서 제공할 콘텐츠와 서비스를 모색 중이다. 현재까지 알려진 참여 파트너사는 하나금융그룹, 교원그룹, 교보문고, 닥터나우Doctornow 등이 있다. 다양한 기업들과의 협업을 통해 이용자들의 컴투버스 참여를 유도하고 꾸준한 콘텐츠 공급을 통해 이용자 간 유대감 강화에 나설 것으로 전망된다.

국내 게임사들이 블록체인과 메타버스를 적극 도입하는 것과는 달리 해외에서는 블록체인에 한해 부정적으로 바라보기도 한다. 스팀을 운영하는 밸브Valve는 자사 플랫폼 내 블록체인 게임 유통을 금지한다고 밝혔다. 현실 세계의 금전적 가치가 있는 아이템을 보유한 게임이 등록되면 플랫폼의 정체성이 흔들리고 관리에 어려움이 있을 것이라는 판단이 금지 결정의 배경으로 해석된다.

스팀도 한때 디지털 자산을 결제 수단으로 받아들였다가 재화 가치의 변동성, 사기나 불법적 자금 때문에 결제 수단에서 제외한 경험이 있다. 밸브의 CEO 게이브 뉴웰Gabe Newell은 블록체인 기술 자체에 대한 부정적 시각보다는 사용 주체들로 문제가 발생하는 것을 지적했다.

마이크로소프트의 필 스펜서도 뉴웰과 비슷한 관점에서 의견을 제시했다. 그는 블록체인과 NFT 기술을 적용한 일부 게임사들의 행보가 매우 공격적이라고 느끼며 일부 게임들은 재미보다 돈을 벌기 위한 착취 수준의 노동으로 보인다고 말했다. 또한 자사의 엑스박스 플랫폼에서는 그러한 기술을 탑재한 게임의 도입 계획이 없다고 밝혔다.

블록체인의 도입을 철회한 사례도 있다. 2022년 1월 유비소프트Ubisoft는 자사 게임 '고스트 리콘: 브레이크 포인트'Ghost Recon: Break Point에 3종의 NFT 상품을 도입했다. 대형 게임사 최초로 NFT 플랫폼 퀴츠Quartz를 공개하기도 했다. 하지만 3개월도 채 되지 않아 게임의 업데이트를 중단했다. 그 기간 동안 거래된 NFT 상품의 총 거래 가격은 단 1,755달러(약 210만 원)에 그쳤다. 이용자들의 반응이 서비스를 철회하게 된 결정적 이유로 해석된다.

하지만 몇몇 업체의 우려와 달리 블록체인과 메타버스를 결합한 생태계에 대한 기대는 나날이 높아지고 있다. 블록체인 기반의 NFT 활용 및 P2E 게임 증가로 플레이어 간의 경제적 거래가 활성화될 것이라는 전망 때문이다. 게임 간 경제 생태계가 만들어지면 메타버스의 경제도 함께 만들어질 것이라 기대된다. 위메이드, 컴투스 이외에도 크래프톤, 넥슨, 넷마블 등도 NFT 및 P2E 게임을 위한 플랫폼을 준비하면서 블록체인 기술을 메타버스에서 적극적으로 활용하려는 움직임을 보이고 있다.

향후 더욱 다양한 분야에서 자사 브랜드 마케팅, 이벤트, 제품 판매 등을 진행하는 수단으로 메타버스 게임 플랫폼을 활용한다면 게임 산업

내 수익 경로 또한 더욱 다양해질 것으로 보인다. 이처럼 메타버스 시대를 대비해 게임 산업의 수익 창출 구조 및 경로가 재편되고 수익 규모가 더욱 커진다면 메타버스 플랫폼 중심으로 새로운 경제권이 형성될 것으로 예상된다.

가상세계가
현실의 문을 두드린다

XR 디바이스가 그리는 미래 일상

2021년 8월에 개봉한 영화 〈프리 가이〉의 주인공 가이는 프리 시티라는 오픈월드 게임 속에서 사는 NPC 캐릭터다. 프리 시티에서 단조로운 일상생활을 하던 가이는 어느 날 은행 강도로 나타난 플레이어 캐릭터를 만나 제압한다. 강도가 쓰고 있던 선글라스를 착용하게 된 가이는 플레이어 캐릭터의 힘을 가진 존재로 거듭난다. 선글라스를 통해 지금껏 보던 프리 시티가 아닌 전혀 다른 세상을 볼 수 있게 된 것이다.

〈프리 가이〉의 주인공 가이는 선글라스를 착용하면서 일상생활의 공간이 게임 속 공간으로 변하는 경험을 한다. 그리고 새로운 공간에서 다

● 영화 〈프리 가이〉에서 **AR** 글라스를 착용한 주인공

© 20th Century Studios

양한 액티비티를 체험한다. 확장현실XR, Extended Reality 속 주인공이 된 것
이다. XR은 가상현실VR, 증강현실AR, 혼합현실MR 등의 가상세계를 구
현하는 기술 전체를 아우르는 말이다.

　2022년 1월 시장조사기관 카운터포인트 리서치Counterpoint Research는
2021년 1,100만 달러 규모였던 글로벌 XR 디바이스 시장이 2025년에
는 1억 500만 달러 규모로 급상승할 것이라고 발표했다(도표 3-1). 특히
2022년부터 시장이 가파르게 성장할 것이라고 내다봤다. 소니의 플레
이스테이션 VR2, 메타의 메타 퀘스트 시리즈, 그리고 애플이 선보일
AR 글래스가 성장의 기폭제 역할을 할 것이라고 분석했다. 삼성전자,
LG전자 등 새로운 빅테크들도 XR 디바이스 시장의 성장 잠재력을 기대

도표 3-1 글로벌 XR 디바이스 시장 향후 성장 전망

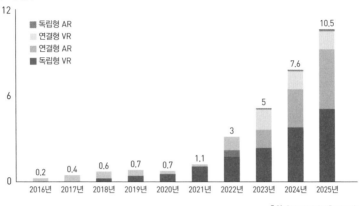

단위: 1,000만 달러

출처: Counterpoint Research

하며 내부 조직 신설 또는 대형 인수합병 추진을 계획하고 있는 것으로 알려졌다. 삼성전자는 삼성전기, 미쓰비시 케미컬 홀딩스Mitsubishi Chemical Hol-dings 등과 함께 미국 캘리포니아에 본사를 둔 AR 글래스 개발 업체 디지렌즈DigiLens에 5억 달러(약 6,543억 원)를 투자했다. XR 디바이스의 핵심 기술인 홀로그램 도파관 디스플레이Holographic Waveguide Display의 확보를 위한 투자로 해석된다. 또한 향후 인수합병 등을 통해 해당 기술을 적용할 것으로 보인다.

각 국가의 관련 정책들도 주요 기업들의 XR 디바이스 시장 진출에 힘을 보태고 있다. 미국은 XR 디바이스와 관련해 민관이 가장 적극적으로 움직이는 국가 중 하나다. 2021년 6월 미 상원에서 가결된 혁신경쟁법United States Innovation and Competition Act of 2021, USICA의 핵심 기술 분야에

몰입형 기술Immersive Technologies의 명시를 제안할 뿐만 아니라 관련 업무를 위해 5년간 290억 달러(약 34조 원)를 투자할 계획이다. 주요 빅테크들이 회원사로 참여하고 있는 XRAXR Association는 XR과 인공지능 기술 발전 시너지, XR을 통한 메타버스 구현과 중요성을 강조하며 향후 XR이 미래 경제와 사회 발전의 핵심적 촉매제가 될 것으로 전망했다.

중국은 중앙 정부 및 지방 정부가 함께 XR 산업 발전을 위해 적극 지원하고 있다. 중앙 정부에서는 장기적인 사업 발전 지원을 위한 중점 과제를 제시하고 지방 정부에서는 산업 단지 구축 및 기업 지원 등 XR 산업 정책을 지원하고 있다. 중국 국무원은 2021년에 제정한 〈중화인민공화국 국민경제 및 사회 발전 14차 5개년 계획과 2035년 장기 목표 강령〉에서 VR 및 AR 산업을 미래 5년 디지털 경제 중점 산업에 포함시켰다. 베이징, 청두 등 지방 정부에서는 도시급 VR 산업 기지 구축, 스마트 생태계 구축 및 클라우드 VR 업무 상용화 등과 관련된 규칙을 수립하고 있다.

한편 바이트댄스Byte Dance, 오포Oppo, 피코Pico, 화웨이Huawei 등 다양한 기업은 게임 플레이 시간 제한 등 각종 규제에 따라 지원 정책을 중단해야 하는 상황 속에서도 해외 시장 진출을 목표로 투자를 이어 가고 있다. 향후 규제가 완화되고 텐센트, 알리바바 등의 소셜 및 상업 플랫폼이 5G, 인공지능 분야의 경쟁력을 흡수한다면 XR 디바이스 시장에서 중국이 차지하는 비중도 커질 것으로 전망된다.

국내에서도 신산업으로서 XR 분야에 대한 기술 투자와 정책적인 지원을 지속적으로 확대하고 있다. 2020년 12월에는 〈가상융합경제 발전 전략〉을 발표하면서 XR 기술 개발과 산업 활성화를 위한 정책을 국가 차원의 경제 전략 정책으로 격상하기도 했다. XR은 현실과 가상세계를 연결하는 매개기술Interface로서 몰입감 높은 가상 융합 공간을 만들어 낼 수 있다. 시공간의 제약을 넘어서는 메타버스를 구현한다면 일상생활과 경제 활동 공간을 한층 더 확장하고 새로운 경제적, 사회적 기회들을 창출할 것으로 기대된다.

시각의 시대를 넘어 촉각의 시대로

CES 2022는 메타버스와 관련된 각 기업들의 XR 디바이스 쇼케이스를 방불케 했다. 마이크로소프트, 소니, HTC, 파나소닉 등은 자신들이 가진 XR 디바이스 및 기술의 강점을 알리는 동시에 이를 활용할 수 있는 콘텐츠도 선보이며 성공에 대한 강한 의지를 내비쳤다.

그중에서도 소니의 차세대 버추얼 리얼리티 시스템인 플레이스테이션 VR2와 VR2 센스 컨트롤러가 주목을 받았다. 2016년 10월 최초의 플레이스테이션 VR 디바이스라 불리는 플레이스테이션 VR이 출시되고 6년 만에 공개된 차세대 디바이스 때문이다. 플레이스테이션 VR은 출시 초기에 편한 착용감, 상대적으로 저렴한 가격, 수많은 독점 콘텐츠 제공 등으로 기대감을 키웠다. 하지만 컨트롤러의 내구력 문제 및 에러, 좁은 플레이 반경 등이 실망감을 남겼다. 그런 배경 속에 플레이스테이

● 플레이스테이션 VR2

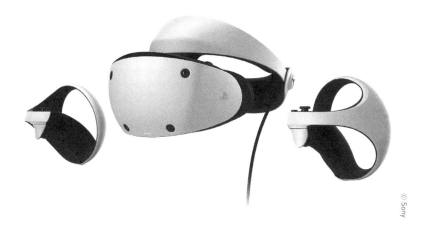

© Sony

션 VR2가 공개된 것이다.

소니의 인터랙티브 엔터테인먼트 CEO 짐 라이언Jim Ryan은 플레이스테이션 VR2이 이전 세대와는 완전히 다른 새로운 차원의 VR 게임을 구현함으로써 현실감을 기반으로 한 전례 없는 게임 경험을 제공할 것이라고 밝혔다. 또한 헤드셋과 컨트롤러를 착용했을 때 이용자가 느끼는 감각의 범위가 상상 이상으로 넓을 것이라 덧붙였다. 실제로 플레이스테이션 VR2가 공개되자 헤드셋 기반의 컨트롤러 트래킹 기능이 가장 주목을 받았다. VR 헤드셋에 내장된 통합 카메라가 이용자의 움직임과 현재 시선 방향을 인식해 게임에 즉각 반영해 주는 방식이다. 이를 통해 이용자는 자신이 움직이는 모습과 바라보는 시선을 즉시 게임에서 확인

© Sony

할 수 있다. 2022년 6월 소니는 노 맨즈 스카이No Man's Sky, 바이오 하자
드 빌리지Bio Hazard Village, 호라이즌 콜 오브 마운틴Horizon Call of the Mountain
등 총 5개의 플레이스테이션 VR2 대응 게임을 선보이며 기대감을 키
웠다.

또한 소니는 플레이스테이션 VR2 센스 컨트롤러의 햅틱 피드백과 적
응형 트리거 기능을 적용해 이용자 편의성의 극대화에 초점을 두고 있
다. 이용자는 햅틱 피드백을 통해 다양한 무기의 발사와 타격감, 촉감,
기복이 있는 지형에서의 이동 등 다양한 감각을 느낄 수 있다. 이러한
기능들을 통해 이용자가 게임 플레이에 더욱 몰입할 수 있는 경험을 제
공하고 AAA급 콘텐츠를 메타버스에 공급해 엔터테인먼트 생태계를 조

© Microsoft

성할 것으로 전망된다.

마이크로소프트는 기업용 및 군사용 XR 디바이스 전략을 세우고 있다. 업계에서는 마이크로소프트의 기술이 제한적으로 활용되는 점을 단점으로 지적한다. 하지만 마이크로소프트에서는 홀로렌즈2HoloLens 2를 중심으로 생태계 구축에 적극적인 모습을 보이며 즉시 사용할 수 있는 분야가 많다고 자신감을 내비치고 있다. 홀로렌즈2가 마이크로소프트의 혼합 현실 플랫폼Mixed Reality Platform인 마이크로소프트 메시Microsoft Mesh에 기반을 두고 있기 때문이다.

디지털 협업 플랫폼인 메시는 2021년 3월에 첫 선을 보였다. 메시는 이용자가 본인의 형상 또는 디지털 아바타의 모습으로 등장해 여러 사람

● 홀로렌즈2를 활용한 ISS와의 커뮤니케이션 진행 장면

© Thomas Pesquet

과 함께 회의를 하거나 3D 설계 도면을 띄워 놓고 토론하는 등의 비대면 협업에 사용된다. 홀로렌즈2는 전 마이크로소프트 클라우드 AI 부문 수석 테크니컬 펠로우 알렉스 키프만Alex Kipman의 지휘 아래 개발됐다. 그는 메시가 마이크로소프트 애저 원격 렌더링Azure Remote Rendering을 기반으로 구축돼 있다는 것이 큰 장점이라고 말했다. 이를 통해 개발자, 디자이너, 엔지니어들의 업무 방식을 실제와 같은 가상현실 속 협업 형태로 만들어 복잡한 업무의 효율성을 증대하는 것이 목표였다고 한다.

홀로렌즈2는 2021년 10월 국제우주정거장International Space Station, ISS 방문 이벤트에서 활용 가치가 확인됐다. 당시 미국 항공우주국NASA은 의료진들을 ISS로 보내기 위한 방법으로 홀로포트Holoport 기술을 이용했

다. 홀로포트는 홀로렌즈2를 활용하는 기술로 3D 모델의 구축, 디지털 압축 후 전송, 재구성의 단계를 실시간으로 거쳐 홀로그램 영상을 완성시켜 준다. 이를 통해 ISS에 상주 중인 우주비행사들은 의료진들과 양방향 대화와 악수를 나누기도 했다.

ISS 방문 이벤트는 의료, 교육 등에만 적용됐던 홀로렌즈2 및 홀로포트 기술을 우주까지 확장시켰다는 데 의미가 있다. 양방향 실시간 통신도 가능하므로 지구 밖에서 발생할 수 있는 다양한 문제들을 빠르게 대응할 수 있을 것이다. 화성 탐사 등의 장거리 우주 탐사 시대를 앞두고 있는 시점에서 홀로렌즈2가 장거리 소통을 위한 새로운 커뮤니케이션 방법으로 활용될 것으로 전망된다.

마이크로소프트는 XR 디바이스 시장에 대한 야망을 더욱 넓히고 있다. CES 2022에서는 삼성과 함께 개발 중인 새로운 AR 글래스에 탑재할 맞춤형 반도체 칩을 퀄컴Qualcomm과 공동 개발할 것이라고 발표했다. 홀로렌즈2 후속 모델에 대해서는 말을 아꼈지만 고전력 효율성을 지닌 초경량 AR 글래스라고 구체적으로 언급한 만큼 홀로렌즈2를 기반으로 하는 대중성 있는 제품을 예상할 수 있다.

XR 디바이스 시장에서 가장 먼저 대중화를 실현할 기업으로는 메타가 떠오르고 있다. 메타는 페이스북 시절부터 메타버스 시장에 대한 가능성을 예견하며 2014년 오큘러스Oculus를 인수했다. 2021년 11월에는 몰입형 VR 피트니스앱 슈퍼내추럴의 개발사 위딘Within을 메타 소속으로 편입시켰다. 메타의 CEO 마크 저커버그는 스마트폰의 등장이 혁신

● 햅틱 글러브 프로토타입의 시연 장면

을 불러일으킨 것처럼 메타의 새로운 XR 디바이스가 새로운 혁신이 될 것이라 밝혔다. 메타가 원대한 비전을 품을 수 있는 것은 메타 플랫폼 산하의 리얼리티 랩스Reality Labs에서 준비 중인 햅틱 글러브Haptic Glove와 AR 글래스 때문이다.

2021년 11월, 그동안 루머로만 떠돌던 메타의 새로운 XR 디바이스 가 처음 공개됐다. 리얼리티 랩스가 개발한 햅틱 글러브는 15개의 플라 스틱 에어패드가 손바닥, 손가락 밑면, 손가락 끝에 각각 배치돼 있다. 각각의 에어패드는 전기적 에너지를 가해 원하는 동작을 작동시키는 장 치인 액추에이터Actuator 역할을 한다. 만약 이용자가 햅틱 글러브로 가 상의 물체를 만지면 물체가 피부를 누르는 것처럼 느낄 수 있다. 또한 이러한 감각은 시각 및 청각 신호와 함께 작동해 마치 이용자가 실제로 물리적으로 접촉하고 있다는 환상을 생성한다.

감각을 느끼는 것 이외에도 VR 디바이스에서 컨트롤러 역할도 수행할 수 있다. 햅틱 글러브 뒷면에는 손가락이 움직이는 것을 카메라가 추적할 수 있도록 흰색 마커가 표시돼 있다. 손가락이 구부러지는 방식을 촬영하는 내부 센서도 탑재돼 있다. 마치 영화 〈마이너리티 리포트〉에서 주인공이 햅틱 글러브와 비슷한 장갑을 착용하고 가상의 영상과 이미지를 움직이는 것처럼 햅틱 글러브도 비슷한 역할을 수행할 수 있을 것이다.

햅틱 글러브는 시각이 아닌 촉각을 중심으로 동작한다는 특징으로 주목받고 있다. 현재 시장에 출시돼 있는 XR 디바이스는 대부분 시각적인 효과를 증대하는 데 특화돼 있다. 게다가 대부분의 디바이스가 불편한 착용감, 제한된 시야, 휴대성의 부재 등으로 깊은 몰입감을 방해한다. 만약 햅틱 글러브의 촉감 중심의 기능이 그러한 단점을 채워 준다면 이용자가 메타버스 세계를 더욱 자연스럽게 인지해 몰입도를 높일 수 있을 것이라 예상된다.

하지만 햅틱 글러브가 양산되기까지는 많은 장벽이 남아 있다. 먼저 액추에이터의 밀도를 높여야 한다. 현재 출시된 프로토타입은 물체의 윤곽을 감지할 수 있지만 글러브와 물체 사이에 있는 표면을 감지할 수 없다. 예를 들어 가상현실에 있는 동물을 만졌을 때 동물의 윤곽은 느껴도 피부 표면에 있는 털의 질감을 느끼지 못하는 것이다. 이러한 물체의 미세한 감각을 전달하려면 수많은 소형 액추에이터가 필요하다. 하지만 액추에이터에서 발생하는 발열을 해결하지 못한다면 치명적인 단점이 될 것이다.

휴대성과 착용감에도 개선이 필요하다. 햅틱 글러브와 비슷한 개념으로 1990년대에 닌텐도 파워 글러브_{Nintendo Power Glove}가 등장했었다. 하지만 부피와 크기가 단점으로 지적되며 시장에서 외면을 받았다. 햅틱 글러브는 훨씬 가볍고 날렵하지만 휴대 편의성 측면에서는 아직 부족한 면이 있다. 햅틱 글러브에 사용되는 소재에 대한 고민도 해결해야 한다.

마지막으로 각종 개인 정보들의 취급 및 보안에 대한 문제가 남아 있다. 햅틱 글러브를 사용할 때 발생하는 개인 정보의 허용 수준, 기록 방법 등에 대한 사회적인 합의가 선행적으로 이뤄져야 한다. 특히 금융, 의료 등 민감한 산업 분야에서는 더욱 주의가 필요한 문제다. 이러한 논의는 햅틱 글러브뿐만 아니라 모든 XR 디바이스에 해당될 수 있다.

메타의 햅틱 글러브를 비롯해 소니의 플레이스테이션 VR2, 애플이 개발 중인 AR 글래스 등 다양한 XR 디바이스가 대중화에 성공한다면 스마트폰을 대체할 수 있는 개인 컴퓨팅 시대가 새롭게 열릴 것이다. 또한 XR 디바이스를 기반으로 한 메타버스가 단순히 콘텐츠를 즐기기 위한 엔터테인먼트 분야에 국한되지 않고 제조, 의료 등의 다양한 산업 분야에서 널리 쓰일 것이다.

게임이 최적의 메타버스 플랫폼인 이유

메타버스 사업의 궁극적 목표는 재미와 경험의 제공으로 수익을 창출하는 것이다. 포트나이트, 로블록스 등이 메타버스 플랫폼으로 주목받는 이유가 여기에 있다. 이 게임들은 단순한 오락을 넘어 다양한 콘텐츠를 경험하고 다른 유저와 소통할 수 있는 메타버스 플랫폼으로 거듭나는 중이다.

XR 디바이스, 오감의 세계로 향한다

XR 디바이스의 발전은 메타버스와 현실의 간극을 더욱 좁히고 있다. 마이크로소프트는 '메시'와 '홀로렌즈2'가 결합된 3D 디지털 공간과 콘텐츠를 선보였다. 이용자들은 실제 본인의 형상이나 디지털 아바타의 모습으로 다른 공간의 이용자와 한 공간에 있는 것처럼 느낄 수 있다. 메타의 '햅틱 글러브'는 가상의 물체를 만질 때 실제 물리적으로 접촉하는 감각을 느끼도록 설계되어 주목받고 있다.

CHAPTER 4

팬데믹 이전까지는 대면 진료가 당연했고 병원도 안전한 공간이었다. 그러나 사람들은 이제 원격의료, 디지털 치료제 등 비대면으로 더욱 '안전해진' 의료 서비스를 원하게 되었다. 그런데 정말 디지털 헬스케어는 안전할까? 디지털을 만나 반등V-curve을 꿈꾸는 헬스케어 시장이 당면한 과제와 이를 해결하려는 기업들의 전략을 확인해 보자.

V-curve

디지털 헬스케어,
IT 도구로
새 역사를 연다

IT 비즈니스의 숨은 강자, 디지털 헬스케어

헬스케어 시장에 세상의 돈이 몰려든다

2022년 1월 개최된 CES 2022에서 디지털 헬스케어 기업 애보트_{Abbott}의 CEO 로버트 포드_{Robert Ford}가 '의료 분야의 기술 혁명이 환자의 삶을 개선하는 방법'_{How the technology revolution in health care empowers patients to improve lives}을 주제로 기조 연설을 진행했다. 디지털 헬스케어 기업이 기조 연설에 나선 것은 CES가 개최된 1967년 이래 최초였다. 그만큼 헬스케어 분야가 IT 산업의 주류 기술 중 하나로 두각을 드러내기 시작했음을 의미한다.

디지털 헬스케어는 2022년에 급작스럽게 등장한 기술은 아니다. 세

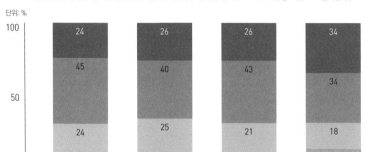

도표 4-1 코로나19가 의료 및 헬스케어 서비스에 미친 영향에 대한 설문조사 결과

■ 완전히 변화할 것 ■ 대부분 변화할 것 ■ 일부 변화할 것 ■ 코로나19 발생 이전으로 돌아갈 것

단위: %

	IT기업	제약기업	의료기관	환자
완전히 변화할 것	24	26	26	34
대부분 변화할 것	45	40	43	34
일부 변화할 것	24	25	21	18
코로나19 발생 이전으로 돌아갈 것	6	9	10	13

※ 소수점 자리를 반올림하여 총합이 100이 아닐 수 있음

출처: BCG

계보건기구World Health Organization, WHO에서는 디지털 헬스케어를 빅데이터와 인공지능과 같은 IT기술을 의미하는 '디지털'과 치료, 진료, 관리를 포함한 개인의 건강과 관련된 모든 행위를 의미하는 '헬스케어'의 합성어로 정의한다. 즉 IT기술이 존재하던 시기부터 디지털 헬스케어도 존재했다. 그렇다면 2022년에 디지털 헬스케어가 갑자기 주목을 받게 된 이유는 무엇일까?

디지털 헬스케어의 위상이 반등한 데는 2가지 요인이 작용했다. 첫 번째, 코로나19의 유행이다. 전통적인 의료기관의 대면 진료 방식이 코로나19 전염을 확산시킬 수 있다는 우려로 각종 헬스케어 서비스들이 디지털 공간으로 이동했다. 이후 자연스럽게 디지털 헬스케어에 대한 수요와 관심으로 이어졌다. CES 2022를 주최한 미국소비자기술협회

Consumer Technology Association의 CEO 게리 샤피로Gary Shapiro는 기자간담회에서 "코로나19가 유행한 지난 2년간 원격의료 기술 발전이 두드러졌다. 인류가 건강 관리에 집중한 덕분에 다양한 제품과 기술, 서비스가 나왔다."라며 디지털 헬스케어의 성장 배경으로 팬데믹을 직접 언급하기도 했다.

대중들은 코로나19라는 트리거를 통해 디지털 헬스케어를 경험했다. 또한 팬데믹 이후 디지털 헬스케어가 새로운 의료 서비스로 정착될 것으로 예상하고 있다. 글로벌 컨설팅 기관인 BCGBoston Consulting Group는 2021년 12월에 의료기관, 제약기업, IT기업, 환자 등 의료 서비스의 이해관계자들을 대상으로 설문을 진행했다. 응답자의 90퍼센트 이상은 코로나19 종식 이후에도 디지털 헬스케어로 옮겨간 의료 시스템이 유지될 것이라고 답했다(도표 4-1).

디지털 헬스케어의 위상이 반등한 두 번째 이유는 해당 산업의 이해관계자들이 늘어남으로써 긍정적인 영향을 미쳤다는 점이다. 디지털 헬스케어는 무엇보다 IT기술의 전문성이 중요하다. 팬데믹을 계기로 의료 서비스를 제공하는 공급자 생태계에 병원과 의료기기 제조사 이외에 통신사업자, 어플리케이션 개발사업자, 웨어러블 디바이스 기업 등 IT기술을 기반으로 하는 기업들이 자연스럽게 다수 참여하게 됐다(도표 4-2). 해당 사업자들은 주로 모바일과 웨어러블 디바이스가 수집하는 개인의 건강과 의료 정보를 수집하고 분석함으로써 데이터 기반의 디지털 헬스케어 서비스Data Driven Digital Health Care Service를 제공하고 있다. 또

도표 4-2 디지털 헬스케어 산업에 새롭게 등장한 이해관계자들

공급자			수요자
의료기관 · 검진 · 진료 · 처방	**의료기기** · 측정 및 기록 장비 · 모니터링 장비		**환자** · 의료 서비스 수요자 · 진료 필요 시 의료기관 방문
통신사 · 통신서비스 · 모바일 · 스마트홈	**앱 개발사** · 모바일앱 · 데이터 수집 · 데이터 분석	**웨어러블 기기** · 운동 관리 · 식생활 관리 · 모니터링	**일반인** · 의료 서비스 잠재적 수요자

■ 기존 의료 시장에서 확장 및 강화된 신규 영역

출처: KPMG

한 수요자 생태계에서는 증상이 있었던 기존 환자는 물론 모바일과 웨어러블 디바이스를 가지고 있는 모든 일반인이 의료 서비스의 잠재적인 수요자로 확대됐다.

　디지털 헬스케어 서비스를 제공하는 기업과 서비스를 이용하는 고객들이 늘어나면서 시장의 성장 가능성도 긍정적으로 평가받고 있다. 시장조사기관인 글로벌마켓인사이트Global Market Insights에 따르면 글로벌 디지털 헬스케어 시장은 2019년 1,063억 달러(약 140조 8,000억 원)에서 2025년 5,044억 달러(약 668조 273억 원)로 6년간 5배 정도 확대될 것으로 예상하고 있다(도표 4-3). 맥킨지글로벌연구소McKinsey Global Institute에서는 전 세계 디지털 헬스케어 시장이 2020년 8조 4,000억 달러(약 1경 1,123조 원)에서 2030년 14조 5,000억 달러(약 1경 9,200조 원)로 6조 달러(약 7,943조 원) 이상 성장할 것으로 예측하며, 글로벌마켓인사이트보

도표 4-3 글로벌 디지털 헬스케어 시장 규모

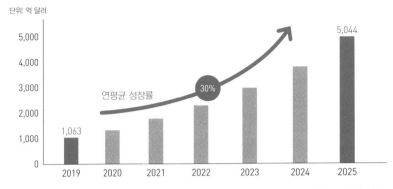

출처: 글로벌마켓인사이트

도표 4-4 국내 디지털 헬스케어 시장 규모

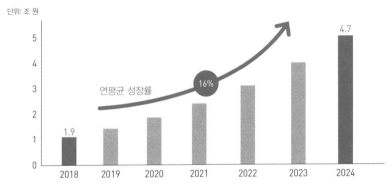

출처: 정보통신기획평가원

다 시장의 크기를 더 크게 보고 있다. 국내 헬스케어 시장에 대한 전망
도 밝다. 정보통신기획평가원IITP은 2018년 1조 9,000억 원 규모였던
국내 헬스케어 시장이 2024년까지 4조 7,000억 원으로 2배 이상 성장

도표 4-5 디지털 헬스케어 펀딩 규모 추이

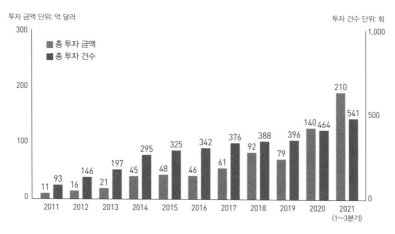

출처: BCG

할 것으로 전망하고 있다(도표 4-4).

코로나19 이후 디지털 헬스케어 관련 기업에 투자하는 펀딩 규모도 함께 증가하고 있다. 2014년부터 2019년까지 펀딩 1건당 투자 자금의 규모는 평균적으로 약 1,750만 달러(약 235억 원)였으나 2020년과 2021년의 펀딩 1건당 투자 자금의 규모는 약 3,500만 달러(약 464억 원)로 2배이상 증가했다(도표 4-5).

이처럼 코로나19라는 환경의 변화와 디지털 헬스케어 산업의 공급자와 수요자가 늘어난 산업의 변화로 디지털 헬스케어는 시장의 규모가 확대되고 비즈니스 구조와 서비스가 다변화되며 산업의 지형이 새롭게 설계되는 시기를 거치고 있다.

네이버와 카카오가 헬스케어에서 발견한 기회

그렇다면 디지털 헬스케어 산업의 새로운 플레이어인 IT기업들은 각각 어떤 전략으로 시장에 뛰어들고 있을까? 산업을 이끌고 있는 해외의 대형 IT기업들은 정부 관계자를 영입하거나 헬스케어 관련 기업을 인수하며, 단기간에 빠르게 전문 지식과 노하우를 확보하고자 노력하고 있다. 대표적인 기업으로는 구글, 오라클Oracle이 있다.

구글은 2022년 5월 구글의 디지털 헬스케어 전략 총괄 책임자로 디지털 헬스케어 관계 부처인 미국 식품의약국FDA 글로벌 혁신 및 전략 부서의 책임자 출신의 바쿨 파텔Bakul Patel을 영입했다. 규제 산업인 디지털 헬스케어 영역에서 최적화된 서비스를 개발해 출시하고자 전문가를 확보하겠다는 전략으로 풀이된다. 또한 2020년 8월 클라우드 전문 계열사인 구글클라우드Google Cloud는 원격의료 회사 암웰Amwell에 1억 달러(약 1,324억 원)를 투자했다. 이를 통해 구글클라우드는 환자가 진료를 받기 위해 대기하는 시점부터 원격의료 서비스를 이용할 수 있도록 인공지능 기술을 지원하겠다는 계획이다. 인공지능의 자연어 처리 기술을 갖춘 챗봇을 통해 환자가 대기하는 동안 환자의 상태를 미리 체크하는 것은 물론, 진료 내용과 진료 후 보험 서류 청구도 자동화할 수 있다.

기업용 데이터베이스와 클라우드 서비스를 제공하는 오라클은 2021년 12월 전자 의료 기록 업체 서너Cerner를 283억 달러(약 37조 원)에 인수하기로 합의했다. 오라클이 진행해 온 인수합병 중 최대 거래액이다. 서너는 병원에서 의사들이 저장한 EHR Electronic Health Records(전자 건강 기록)을 분석하고 관리하는 소프트웨어 개발 회사다. 전자 건강 기록이란 쉽게 말해 환자의 건강 정보가 기록된 데이터베이스다. 오라클 이외에도 서너를 인수합병하기 위해 접근했던 다른 IT기업이 있었다. 아마존의 클라우드 사업을 담당하는 AWS는 2019년부터 서너와의 제휴를 통해 AWS 클라우드에서 의료 정보 데이터를 저장 및 분석하는 방안을 협업하고 있었다. 하지만 오라클이 서너를 인수합병함으로써 AWS는 새로운 헬스케어 파트너 기업을 물색해야 하는 모양새다. IT기업들 간에 우수한 헬스케어 기업과 제휴하거나 관련 기업을 인수하려는 경쟁은 시간이 지날수록 치열해질 것으로 예상된다.

대형 IT기업 이외에도 디지털 헬스케어 스타트업도 인수와 제휴를 통해 기업의 규모를 키우며 경쟁력을 갖춰 나가고 있다. 2002년 설립된 미국의 대표적인 헬스케어 전문 기업인 텔라닥Teladoc은 의료진과 의료 고객을 연결시켜 주는 서비스를 제공하고 있다. 2021년 기준 미국 원격 의료 시장의 13퍼센트를 점유하며 1위 사업자로 성장했다. 텔라닥은 환자가 내원할 때보다 절반 수준의 가격으로 원하는 시간대와 조건에 부합하는 의료진에게 진료를 받을 수 있다는 장점이 있다. 팬데믹으로 비대면 진료 수요가 증가하자 2020년 8월에는 당뇨와 같은 만성질환을 관리해 주는 헬스케어 기업 리봉고Livongo를 185억 달러(약 24조 원)에 인수하고, 2022년 3월에는 아마존과의 제휴를 통해 인공지능 스피커 알렉사Alexa에서 음성으로 원격의료를 실행할 수 있는 기반을 마련했다.

국내 상황은 어떨까? 기존 IT기업 중에서 헬스케어 시장에 가장 적극적으로 진입하고 있는 기업은 네이버와 카카오다. 이들 기업은 인공지능과 빅데이터 등 IT기술의 전문성과 노하우를 가진 기업들에 투자해 디지털 역량을 강화하고 있다. 또한 병원 및 제약회사 등의 전통적인 기업들과도 제휴를 맺으며 IT기업에 부족한 헬스케어 영역의 전문성을 보완하고 있다.

네이버가 투자한 대표적인 헬스케어 기업은 루닛Lunit이다. 루닛은 유방암 진단에 필요한 보조적인 역할로 활용되는 영상 분석 솔루션을 자체 개발했다. 이 솔루션은 흉부 엑스레이 영상을 분석하는 용도로도 사용되고 있다. 2021년 11월에는 미국 FDA의 승인을 얻었다. 네이버는 루닛의 기술력을 높게 평가해 2021년 11월 약 100억 원을 투자했다. 또한 국내 제약회사인 대웅제약과 합작법인 설립 및 데이터 공동 연구도 진행하고 있다. 2018년에는 대웅제약과 함께 의료 분야 빅데이터 업체인 다나아데이터를 합작법인으로 신설했으며, 2019년 2월에는 대웅제약, 분당 서울대병원과 MOU를 체결해 디지털 헬스케어 관련 빅데이터 연구 협력에 박차를 가하고 있다.

카카오는 의료 분야 빅데이터 기업 휴먼스케이프Humanscape에 투자를 단행했다. 휴먼스케이프는 치료제 개발을 위해 희귀 난치성질환을 비롯해 약 1,000개 질환의 데이터를 관리하고 있는 기업이다. 2021년 11월 카카오는 150억 원을 투자함으로써 휴먼스케이프의 지분 20퍼센트를 확보하며 최대 주주가 됐다. 카카오도 네이버처럼 헬스케어 분야의 전문성을 보완하기 위해 2022년 3월 1,200억 원을 출자해 카카오헬스케어를 설립했다. 분당서울대병원 황희 교수를 대표로 임명한 카카오헬스케어에서는 전문 의료인들을 꾸준히 영입하고 있다. 또한 카카오헬스케어는 법인 설립 이후 2개월 만에 고대안암병원과 유전체 진단 서비스를 제공하는 지니너스Geninus 등 10곳 이상의 디지털 헬스케어 스타트업과 제휴를 맺었다. 이를 통해 초개인화 정밀의료를 위한 생태계를 구축하는 데 힘을 쏟고 있다.

네이버와 카카오 이외에 기존의 국내 디지털 헬스케어 기업들도 시장을 선도하기 위한 변신을 준비하고 있다. 그중 가장 두각을 나타내고 있는 기업이 굿닥goodoc이다. 굿닥은 회사명과 동일한 어플리케이션을 운영 중이다. 주로 병원 찾기와 온·오프라인 진료 예약 서비스를 제공한다. 코로나19 이후에는 원격의료, 병원비 결제, 처방전 관리, 의약품 배송 등 포스트 코로나 시대에 필요한 서비스들을 보완해 슈퍼앱으로 거듭나기 위한 전략을 진행할 계획이다. 2022년 5월에는 210억 원 규모의 시리즈 A 투자(매출이 나기 시작하는 시점 전후에 최초로 외부 투자자가 투자에 참여하는 투자)를 유치해 전략 이행을 위한 자금도 확보했다.

누구나 '손안의 주치의'를 누리는 시대

원격의료로 병원에서 환자가 사라진다

스크립스 중개과학연구소Scripps Translational Science Institute 소장 에릭 토폴 Eric Topol은 의학계에서 논문이 가장 많이 인용되는 연구자 중 한 명이다. 그는 일찍부터 의학이 IT기술과 접목되면 훨씬 더 발전할 수 있다고 믿었다. 에릭 토폴이 2012년에 저술한 《청진기가 사라진다》가 발간된 지 10년 만에 청진기 없이 원격의료를 통해 환자를 진료하는 세상이 본격적으로 시작되고 있다.

앞서 언급한 것처럼 환자가 의료기관을 직접 방문하지 않고 음성 및 영상을 통해 진료를 받을 수 있는 원격의료는 코로나19 유행을 기점으

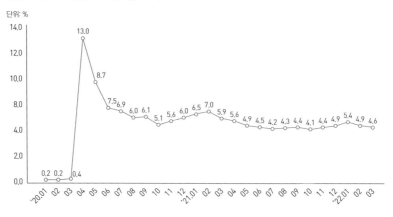

단위: %

출처: Fair Health

로 의료 서비스 중 하나로 자리매김하고 있다. 원격의료의 이용 빈도에 대한 데이터를 보면 이를 실감할 수 있다. 미국의 건강보험 데이터를 보유한 비영리단체 페어헬스Fair Health에 따르면 코로나19가 유행하기 전까지 전체 의료 건수에서 원격의료 비중이 차지하는 비율은 0.2퍼센트에 불과했다. 하지만 코로나19 유행 이후 2020년 3월에는 원격의료 비중이 13퍼센트로 급증했다. 전통적인 대면의료 시스템이 정상화된 이후에도 원격의료 비중은 4퍼센트대로 유지되고 있다(도표 4-6). 코로나19 유행 전에 원격의료 비중이 0.2퍼센트였다는 점을 고려할 때 4퍼센트는 무려 80배의 폭발적인 성장을 보여 주는 수치다.

팬데믹과 IT기술의 발전을 계기로 환자들은 병원과 같은 전통적인 의료기관에서만 진료를 받아야 한다는 생각에서 벗어나고 있다. 이러한 사고의 전환이 원격의료의 이용 빈도를 늘리는 데 주효한 원인으로 작용했다. BCG가 2021년 12월 실시한 설문조사 결과에 따르면 응답자 중 60퍼센트는 병원이 아닌 다른 장소에서 헬스케어 서비스를 받을 의향이 있다고 한다. 또한 32퍼센트는 진료를 받을 수 있다면 어떤 장소라도 상관없다고 응답했다. 다른 컨설팅기관인 딜로이트 컨설팅의 설문조사 결과를 살펴봐도 원격의료 서비스를 경험한 이들 중 80퍼센트가 원격의료를 재이용할 의사가 있다고 밝혔다.

이처럼 원격의료에 대한 환자들의 수용도는 점점 높아지며 관련 시장도 성장하고 있다. 글로벌 시장조사기관 그랜드뷰리서치Grand View Research는 전 세계 원격의료의 시장 규모가 2020년부터 연평균 22.4퍼센트씩 성장할 것으로 내다봤다. 2028년에는 2,989억 달러(약 394조 원)를 기록할 것으로 전망된다.

원격의료 서비스의 대표 사례는 디지털 헬스케어 강국인 미국과 코로나19 이후 원격의료에 대한 규제를 완화한 유럽에서 확인할 수 있다. 미국의 대표적인 원격의료 서비스로는 아마존케어Amazon Care와 아메리칸웰American Well이 있다. 아마존의 바박 파비즈Babak Parviz 부사장은 2021년 6월 〈월스트리트저널〉이 개최한 테크 헬스 컨퍼런스WSJ Tech Health Confer-ence에서 미국 내 환자가 의료 서비스를 받으려면 예약부터 진료까지 평균 21일의 시간이 소요된다는 점을 언급했다.

실제로 많은 환자가 의료 서비스를 받기까지 상당히 긴 시간을 들이고 있다. 환자가 60초 내에 원격의료를 받을 수 있도록 대기 시간을 단축해 의료 서비스를 개선한다는 목표로 출범한 서비스가 바로 아마존케어다. 이 서비스는 2019년 9월 미국 시애틀의 아마존 본사 직원들을 대상으로 한 파일럿 테스트로 시작했다. 원격의료 상담은 물론 필요하다면 의료진이 직접 환자를 방문해 대면 진료까지 연계된 하이브리드 형태의 헬스케어 서비스를 제공한다.

주요 서비스 방식은 문자Care Chat와 영상Video Care 방식이며 환자가 선택할 수 있다. 의료진은 환자의 질병, 부상을 살펴보거나 처방 요청에 대한 검진을 진행한다. 검진 이후 추가 방문 진단이 필요하다고 처방할 경우 채혈 등의 과정을 위해 환자의 스케줄에 맞춰 직접 방문하는 모바일케어Mobile Care 서비스를 진행한다. 또는 환자가 직접 병원에 방문해 진료할 수 있도록 예약을 지원한다. 진단 이후 환자에게 처방된 약은 케어커리어Care Courier 서비스를 통해 배송까지 책임진다. 하지만 2022년 8월 아마존은 2023년 연말까지만 아마존케어를 운영하기로 했다는 의사결정 내용을 내부 직원들에게 이메일로 알린 바 있다. 같은 해 6월 박 파비즈 부사장이 아마존 직원들에게만 제공하던 아마존케어 서비스를 힐튼, 실리콘랩스, 홀푸드 등 유명 기업의 직원들도 이용할 수 있는 서비스로 확장하려는 움직임이 보였다는 점을 고려할 때 아마존케어의 서비스 종료는 이례적이라고 평가받고 있다. 하지만 아마존케어는 IT기업이 어떻게 원격의료 서비스를 제공할 수 있는지 후발 주자들에게 청사진을 보여 줬다는 점에서 의미가 있다.

하지만 디지털 헬스케어 분야에서의 아마존의 행보는 이어지고 있다.

● 하이브리드 형태의 원격의료 서비스 아마존케어

대기 없는 고품질 원격의료　　집·직장으로 의료진 방문 가능　　처방약 방문 배송

출처: Amazon

특히 아마존은 일찍이 확보해 둔 면허와 물류 인프라를 앞으로도 적극 활용할 계획이다. 예를 들어 2008년 아마존은 처방약을 우편으로 가정에 배달해 주는 온라인 약국 필팩Pillpack을 7억 5,300만 달러(약 9,917억 원)에 인수함으로써 약국 면허를 보유하게 됐다. 이를 통해 아마존은 미국 전역에 약품을 전달할 수 있는 권한을 가지게 됐다. 또한 아마존이 다년간 구축해 온 물류 배송망 인프라 역시 약품 배송의 속도와 품질을 보장해 줄 수 있는 강점이다.

　아마존은 인수합병을 통해 디지털 헬스케어 기업으로서의 강점을 지속적으로 보완 중이다. 2022년 7월에는 미국에서 188개의 의료기관을 운영하는 의료 네트워크 업체인 원메디컬One Medical을 39억 달러(5조 2,377억 원)에 인수했다. 아마존은 원메디컬에 소속된 의료진을 활용하여 원격의료를 할 수 있게 되었을 뿐만 아니라 의료진이 직접 환자를 방문하는 서비스도 진행할 수 있게 되었다.

아메리칸웰은 앞서 살펴본 아마존케어와 달리 B2B 서비스가 중심이다. 원격의료 제공을 목표로 하는 기업의 데이터 저장과 관리를 담당하는 소프트웨어와 의료기관의 디지털 전환을 지원하는 인프라를 개발해 판매하는 기업이다. 아메리칸웰은 미국 원격의료 시장 점유율 3위의 회사다. 앞으로 원격의료 시장으로 진입하려는 기업 및 의료기관의 수요가 증가할수록 매출 상승 가능성도 높아 추가적인 성장세가 주목된다. 외부 투자도 이어지고 있다. 구글은 2020년 아메리칸웰의 성장성을 눈여겨보고 1억 달러(약 1,324억 원)를 투자하기도 했다.

유럽에서는 프랑스가 코로나19 유행 당시 원격의료가 가능하도록 규제를 정비함으로써 대표적인 원격의료 서비스 국가로 떠올랐다. 프랑스의 주요 원격의료 서비스는 2013년에 출시된 닥터립Doctolib이다. 당초 병원 예약 플랫폼 서비스로 시작했다가 2019년부터 원격의료 서비스를 시작했다. 환자들은 닥터립을 이용해 의사 선택 후 진료 가능 시간을 입력하면 원격의료 상담 비용을 확인할 수 있다. 결제 후 진료 예약이 되고 예약 시간에 맞춰 닥터립에서 보낸 링크를 통해 원격의료 상담을 받을 수 있다. 닥터립은 환자의 선택권을 보장해 준다는 장점이 있다. 3만여 명의 의사가 등록된 닥터립에 접속하면 각 의사의 진료 분야, 출신 대학, 약력 등은 물론이고 어떤 언어를 사용하는지도 확인할 수 있기 때문이다.

닥터립의 원격의료 서비스 이용률은 프랑스 내 코로나19 확산이 본격화된 2020년 3월 초부터 급증했다. 2020년 3월 초부터 4월 초까지 한 달 동안 닥터립의 원격진료 건수는 88만 5,000건이 넘었다. 원격의

● 닥터립 이용 화면

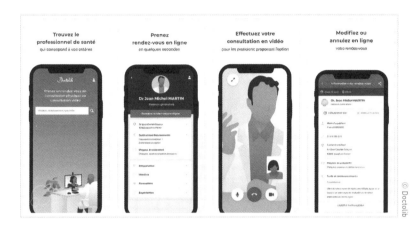

료 예약률도 과거 대비 40퍼센트 증가했다. 같은 기간 닥터립에 등록된
의사 수 역시 3,500명에서 3만여 명으로 9배 가까이 늘어났다. 그 결과
닥터립의 기업가치는 11억 달러(약 1조 4,475억 원) 이상으로 평가받으며,
2020년 프랑스의 3번째 유니콘 기업으로 지정됐다.

닥터립을 비롯한 디지털 헬스케어 서비스들이 등장하면서 프랑스에
서 원격의료는 환자들이 선택할 수 있는 의료 서비스 중 하나로 자리잡
아 가고 있다. 2020년 프랑스의 사회보험 혜택을 받아 상담비용을 환급
받은 사례 중에서 원격의료는 5.4퍼센트를 차지했다. 2019년 0.1퍼센
트에 불과했던 환급률에 비해 54배 늘어난 것이다. 2021년 기준으로 원
격의료를 경험한 프랑스인은 전 국민의 20퍼센트로 추산된다.

한국은 현행 의료법상 환자와 의사가 직접 대면하지 않는 형태의 진

료인 원격의료를 불법으로 규정하고 있다. 한시적이지만 2020년 2월 코로나19의 확산을 막기 위해 원격의료를 허용하기로 했다. 그 효과는 바로 나타났다. 보건복지부에 따르면 2020년 2월부터 2021년 10월까지 150만 명이 312만 건의 원격의료를 이용했다. 또한 여러 기업이 한시적 규제 완화와 시장의 기회가 찾아오자 원격의료 시장에 진입하고 있다.

국내 디지털 헬스케어 전문 기업 중에서는 닥터나우Doctornow가 두각을 드러내고 있다. 2020년 12월에 설립된 닥터나우는 2022년 6월까지 서비스 이용자가 560만 명에 달한다. 앱 다운로드 누적 건수도 300만 건에 이른다. 1,500곳 이상의 의료기관과 제휴를 맺어 인프라 구축에도 신경을 쓰고 있다. 서비스 초기에는 트렌드에 민감한 2030세대의 사용량이 높았다. 코로나19 유행을 계기로 40대 이상이 전체 이용자의 30퍼센트를 차지하며 서비스 이용자의 연령층도 다양해지고 있다.

IT기업들도 메타버스 기술을 이용한 가상환경의 원격의료 서비스를 준비하고 있다. 싸이월드를 운영하는 싸이월드제트는 2022년 6월 팜젠사이언스PharmGen Science, 엑세스바이오Access Bio, 메디클라우드Medi Cloud 등과 MOU를 맺고 원격의료이 가능한 메타버스 플랫폼을 구축할 계획이다. 일산 차병원은 2021년 6월 네이버제트의 메타버스 서비스인 제페토에 가상병원을 개원했다. 경희의료원도 2022년 2월 메타버스 플랫폼 게더타운Gather에 가상 건강상담실을 오픈하는 등 메타버스 플랫폼을 적극 이용하는 의료기관의 사례가 늘어나고 있는 추세다.

통신사업자들도 원격의료 관련 규제의 진입장벽이 낮은 국가에서 원격의료 서비스를 출시해 역량을 키우고 있다. 대표적으로 KT는 2022년 4월 하노이대학 의과대학과 손을 잡고 만성질환을 가진 환자들을 대상으로 하는 원격의료 시범 서비스를 연내 출시하는 협약을 체결했다.

원격의료는 의료기관의 비용을 획기적으로 절감할 수 있는 비대면 진료 서비스로, 여러 국가의 다양한 기업에서 관심을 가지는 분야다. 딜로이트 컨설팅에서는 장기적으로 볼 때 원격의료를 통해 임대료와 장비 구매비용 등 대면의료 서비스에 투여되는 의료기관의 고정비용을 최대 97퍼센트까지 줄일 수 있다고 전망하고 있다. 또한 환자들은 의료기관을 직접 방문해야 하는 수고를 줄일 수 있다.

21대 국회에서는 원격의료가 가능하도록 제도적 기반을 마련하기 위한 복수의 의료법 개정안이 발의됐으나 아직 계류 중이다. 해당 법안의 통과는 보편적 의료 제공의 첫걸음이 될 것이다. 의료기관을 방문하기 힘든 고령층과 장애인들의 의료 접근성을 크게 높일 수 있기 때문이다.

디지털 치료제, 앱을 처방받기 시작하다

"재활이 필요하신 환자 분에게 어플리케이션을 처방해드립니다." 디지털 치료제DTx, Digital Therapeutics가 전 세계적으로 주목을 받고 있다. 소위 병을 낫게 하는 어플리케이션으로 불리는 디지털 치료제는 소프트웨어를 활용해 환자를 치료하고 질병과 장애를 예방하는 디지털 기술을 의미한다. 단 임상과 같은 과학적 검증 작업을 거쳐 의약품을 관리하는 규제 당국의 허가를 받아야만 판매가 가능하다. 또한 의사 처방을 받은 경우에만 디지털 치료제를 활용할 수 있다.

디지털 치료제 시장은 어플리케이션을 치료제로 활용할 수 있다는 매력적인 요인 덕분에 꾸준히 성장 중이다. 글로벌 시장조사 기업 스태티스타Statista에 따르면 전 세계 디지털 치료제 시장은 2016년 16억 7,000만 달러(약 2조 2,000억 원) 수준이었다. 하지만 연평균 20.5퍼센트씩 성장해 2025년에는 89억 4,000만 달러(약 11조 7,000억 원)로 커질 것으로 예측된다. 약 10년 만에 5배 이상 성장하는 셈이다.

전 세계 최초로 정부 허가를 받은 디지털 치료제는 미국의 스타트업 페어 테라퓨틱스Pear Therapeutics가 개발한 리셋reSET이다. 리셋은 알코올이나 마약 중독을 치료하기 위한 목적으로 개발된 어플리케이션으로, 2017년 9월 FDA의 승인을 받았다. 18세 이상의 환자라면 의사로부터 중독 상태 개선을 위한 디지털 치료제 처방과 함께 리셋 어플리케이션 다운로드에 필요한 코드를 받을 수 있다. 이후 환자는 12주 동안 중독과 관련된 온라인 강의, 강의 내용에 기반한 퀴즈, 설문조사까지 수행해야 한다. 담당 의료진은 환자의 치료 과정을 지속적으로 모니터링할 수 있다.

미국의 스타트업 아킬리 인터랙티브Akili Interactive에서도 게임을 통해 ADHD를 개선하는 디지털 치료제 인데버RXEndeavor RX를 개발했다. 인데버RX는 2020년 6월 FDA로부터 허가를 받았다. 우선 의사가 환자에게 인데버RX를 처방하면 필 파머시Phil Pharmacy라는 온라인 약국으로 처방전이 전송된다. 그러면 필 파머시는 디지털 치료제를 처방받은 환자

● 환자용 리셋 어플리케이션 화면(왼쪽)과 의료진용 리셋 어플리케이션 화면(오른쪽)

© Pear Therapeutics

에게 인데버RX를 다운로드할 수 있는 링크를 전송하는 방식이다.

영국의 스타트업 엡시Epsy에서도 간질 증상의 발생 가능성에 대한 정보를 환자에게 매일 고지해 주는 형태의 디지털 치료제 엡시를 개발했다. 간질 환자들이 약 복용 시간과 식사 및 수면 주기, 날씨 등의 정보를 입력하면 간질에 영향을 미칠 수 있는 정보를 취합해 증상 발현 가능성을 보여 주는 방식이다.

국내에서는 식품의약품안전처가 2020년 8월 〈디지털 치료기기 허가 심사 가이드라인〉을 제정한 이후 관련 기업들 간에 국내 최초라는 타이

● 인데버RX 이용 화면

© Akili Interactive

● 엡시 어플리케이션 화면

© Epsy

틀을 얻기 위한 경쟁이 이어지고 있다. 하지만 아직까지 식약처로부터 허가받은 디지털 치료제는 없는 상황이다. 여러 기업이 디지털 치료제 허가를 위해 속도를 내고 있는 가운데 웰트Welt, 히포티앤씨HipoT&C, 그리고 KT를 주목할 만하다.

웰트는 수면 패턴 개선과 불면증 극복을 최종 목표로 삼아 수면 교육, 수면 습관, 수면 시간 등을 설계해 주는 내용으로 구성된 어플리케이션 필로우-RXPilLow RX를 개발했다. 필로우-RX는 2021년 9월 식품의약품안전처로부터 임상시험을 승인받고 신촌 세브란스병원과 용인 세브란스병원 등에서 환자를 모집해 임상시험을 진행 중이다. 2022년 1월에는 시리즈 B 투자(시리즈 A에서 인정받은 서비스로 비즈니스 확대를 위해 받는 투자)까지 유치하며 총 140억 원의 투자를 받았다.

히포티앤씨는 앞서 살펴본 아킬리 인터랙티브처럼 ADHD를 개선한다는 목적은 같지만 방식이 다르다. 가상현실과 인공지능 기술을 활용한 ADHD 진단과 치료가 목표인 어플리케이션 어텐션케어AttnKare를 개발했다. 어텐션케어는 가상현실 디바이스를 착용한 어린이가 미션을 수행하는 동안 행동 데이터를 수집해 ADHD 국제 표준 항목에 부합하는지 여부를 인공지능으로 분석한다. 어텐션케어는 CES 2022에서 디지털헬스앤드웰니스Digital Health & Wellness 부문에서 혁신상을 수상하기도 했다.

KT도 의료기관과의 기술 협력과 스타트업 인프라 제공을 통해 디지털 치료제 개발을 위한 제반환경 마련에 집중하고 있다. 2022년 1월 KT

● 웰트 어플리케이션 화면

© Welt

는 8개의 대학병원을 운영하는 가톨릭중앙의료원과 기술 협력을 체결
했다. 이를 통해 KT는 인공지능, 빅데이터, 클라우드 등 IT기술을 제공
하고 치료제 개발 환경 구축에 주력할 예정이며, 가톨릭중앙의료원은
소속 의사들을 연구 인력으로 파견할 계획이다.

　또한 양 사는 시중에서 판매할 수 있는 디지털 치료제 개발을 목표로
협력 관계를 맺었다. KT는 국내 스타트업인 테크빌리지Tech Village에서
개발한 리해브웨어Rehab Ware 어플리케이션을 자신들이 개발한 가상현실
디바이스인 슈퍼VRSuper VR에서 이용할 수 있도록 등록했다. 리해브웨어
는 서울대병원과 공동연구로 개발한 가상현실 기반 재활훈련 및 치료

● VR 기반 ADHD 디지털 치료제 어텐션케어

AttnKare
from ADHD diagnosis to personalized treatment

© HipoTC

솔루션을 제공하는 어플리케이션이다. 주로 뇌졸중, 치매, 파킨슨 등 뇌 질환을 앓고 있는 환자의 신체 운동 기능 회복을 돕는 데 사용된다.

앞서 살펴본 것처럼 디지털 치료제는 약물처럼 질환을 직접적으로 치료하는 형태가 아니다. 주기적으로 교육 영상 시청을 유도하거나 일별 증상의 정도를 알려 주는 등 생활 패턴의 변화를 이끌어 환자가 주체적으로 질환을 관리할 수 있도록 만드는 데 방점을 두고 있다. 몇 주 혹은 몇 달마다 병원을 방문해 지속적으로 관리를 받아야 하는 만성질환 환자들에게 효과적일 것으로 예상된다.

IT기업들이 디지털 치료제에 주목하는 것처럼 제약회사들은 인공지

도표 4-7 인공지능 기반의 신약 개발 프로세스

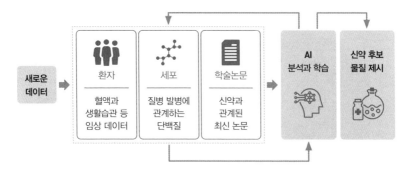

능 기술을 활용한 신약 개발의 효율성을 높이고자 노력하고 있다(도표 4-7). 무엇보다 신약 개발에 필요한 시간과 비용을 획기적으로 감소시킬 수 있을 거라는 기대감이 크다.

2021년 11월 미국 바이오협회에서 분석한 바에 따르면 신약 개발 성공률은 7.9퍼센트에 불과하다. 신약 개발 과정은 후보 물질 발굴부터 FDA 승인까지 평균적으로 최대 15년의 기간이 소요되며 260억 달러(약 34조 원)의 비용이 투입된다. 신약 개발의 효율성이 감소하면서 제약회사의 연구개발 투자에 대한 수익률도 점차 감소하고 있다.

헬스케어 정보기업인 딥널리지애널리틱스Deep Knowledge Analytics의 조사 결과, 신약 1개를 상용화해 얻을 수 있는 평균 최대 이익은 2010년 8억 1,600만 달러(약 1조 739억 원)에서 2018년 4억 700만 달러(약 5,356억 원)로 절반가량 줄어들었다.

그렇다면 신약 개발 과정에 인공지능을 도입하면 어떤 변화가 나타

날까? 한국보건산업진흥원에 따르면 인공지능 기술을 도입할 경우 평균적으로 신약 개발의 개발 기간은 최대 15년에서 7년으로 약 53퍼센트 줄어들고, 개발 비용은 최대 3조 원에서 약 6,000억 원으로 80퍼센트 감소하는 것으로 평가했다. 또한 신약 후보 물질 도출 단계에서는 신속한 논문 탐색으로 시간과 인건비를 줄일 수 있고, 임상시험 단계에서는 신약 후보 물질을 선별하고 최적의 임상 대상 환자군을 도출하는 데 용이하게 활용된다. 이러한 이점을 고려해 제약회사들은 신약 개발 성공률을 높이는 등 수익 구조를 개선하기 위해 인공지능 기술을 현장에 적극 도입하고 있다.

대표적인 제약회사인 화이자Pfizer는 2016년 12월부터 IBM과 제휴를 맺고 인공지능 솔루션 왓슨Watson의 데이터 분석력을 이용해 병에 대한 이해도를 높이고 신약 개발에 힘을 쏟고 있다. 제휴의 성과는 다양한 결과로 증명되고 있다. 2020년 4월 인간이 걸을 때 휘두르는 팔의 움직임을 분석해 파킨슨병의 징후를 측정하고 분석할 수 있는 데이터세트를 개발했다. 이와 관련된 내용을 과학 분야의 저명한 학술지인《네이처》에도 공개했다. 2020년 10월 완벽한 치료제가 없는 알츠하이머의 증상이 나타나기 전에 71퍼센트의 정확도로 발현 시기를 예측할 수 있는 인공지능도 개발했다.

국내에서는 대웅제약이 대표적이다. 대웅제약은 2020년 1월부터 미국 바이오기업 A2A파마A2A Pharmaceuticals와 함께 인공지능을 활용한 항암 신약 공동 연구개발을 진행하고 있다. A2A파마는 인공지능 기술에 기반한 신약 설계 플랫폼 스컬프트SCULPT를 보유한 기업이다. 스컬프트는 서로 다른 물질을 결합할 때 신약으로 개발될 수 있는지 여부를 검증해 볼 수 있는 플랫폼이다. 이 외에도 대웅제약은 2018년 2월에 네이버·분당 서울대병원과 함께 헬스케어 공동연구를 위한 업무협약을 체결했으며, 2018년 11월에 울산과학기술원UNIST과 산학협력을 맺으며 신약 개발을 위한 인공지능 기술 개발에 박차를 가하고 있다.

신약 개발 과정에도 인공지능 기술이 활용되고 있는 만큼 우수한 기술경쟁력을 갖추고 있는 IT기업과 스타트업이 직접 신약 개발에 도전장을 내밀고 있다. 구글의 모회사 알파벳Alphabet은 2021년 12월 알파고Alpha Go를 개발했던 딥마인드Deepmind의 설립자 데미스 하사비스Demis Hassabis를 인공지능 기반 신약 개발 기업 아이소모픽랩스Isomorphic Labs의 CEO로 임명했다. 딥마인드는 알파고 이외에도 단백질 구조를 예측하기 위해 2018년 알파폴드AlphaFold, 2020년 알파폴드2AlphaFold 2라는 인공지능을 개발했다.

알파폴드2는 2022년 7월에 2억 1,400만 개의 단백질 구조를 공개했다. 알파폴드2가 개발되기 전까지 밝혀진 단백질 구조는 전체의 0.085퍼센트에 불과한 17만 개였다. 하지만 알파폴드2는 개발된 지 2년이 채 되기도 전에 인간이 지금까지 알아낸 거의 모든 단백질의 구조를 밝혀냈다. 과학저널 〈사이언스〉는 알파폴드2의 성과에 대해 "디지털 생물학의 새로운 시대가 열렸다."라고 평가했다.

국내 기업으로는 인공지능 기술을 활용해 신약 개발 관련 플랫폼을 개발한 스탠다임Standigm과 디어젠Deargen이 대표적이다. 영국의 제약 분야 투자 및 리서치 기업인 딥파마인텔리전스Deep Pharma Intelligence에서 발간한 보고서에는 두 기업이 나란히 '인공지능 기반 신약 발굴 분야의 상위 33개 기업'으로 선정돼 실렸다. 특히 7개월 이내의 단기간에 신약 후보 물질을 선별할 수 있는 스탠다임의 신약 개발 플랫폼 스탠다임 ASKStandigm ASK의 기술력을 인정받고 있다. 또한 디어젠은 인공지능 기반으로 유전체 데이터 메타 분석, 유전자 온톨로지Gene Ontology 분석 및 기본적인 생물학적 분석을 통해 신약 후보 물질이나 신약 개발에 필요한 약물 설계를 구조화하는 프로세스 전반을 개발하며 높게 평가받았다.

인공지능 기술을 활용한 신약 개발 분야는 이미 성공 사례들을 축적하며 시장을 형성하고 있다. 일례로 약물 발굴 업체인 베네볼런트AI Benevolent AI는 2020년 2월에 류머티즘 관절염 치료제로 사용되고 있던 바리시티닙Baricitinib이 코로나19 치료제로 적합하다는 의견을 국제학술지에 게재했다. 그리고 2020년 7월 FDA는 바리시티닙을 코로나19 치료제로 정식 승인했다. 이처럼 기존의 증상과 질환은 물론, 새로운 병원균까지 신속하게 대응할 수 있는 인공지능 기반의 신약 개발은 이미 선택이 아닌 필수로 자리잡아 가고 있다.

나만의 건강 모니터가 되는 웨어러블 디바이스

2015년 버락 오바마 전 대통령 집권 당시 미국에서는 국가 주도로 국민에게 최적화된 의료 서비스를 제공하기 위한 대규모 데이터 수집 프로젝트가 시작됐다. 미 정부에서는 초기 예산으로 2억 2,000만 달러(약 2,899억 원)를 배정하며 힘을 보탰다. 프로젝트의 명칭은 올 오브 어스 프로그램All of Us Program, 말 그대로 모든 사람의 데이터를 수집하겠다는 포부를 담고 있다. 올 오브 어스 프로그램을 위해 미국 국립보건원 National Institutes of Health은 2022년 5월까지 20억 달러(약 2조 6,000억 원) 이상의 자금을 투자했다. 2022년 3월에는 올 오브 어스 프로그램을 통해 유전체 데이터 10만 건을 수집했다고 밝혔다. 2026년까지 유전체 데이터 수집 범위를 100만 명으로 확대할 계획이다.

현재 의료 및 건강 데이터는 중요도에 따라 세분화돼 관리된다. EMR Electronic Medical Record(전자 의무 기록)과 EHR Electronic Health Records(전자 건강 기록)은 물론, 통증이나 증상이 없어도 모바일 및 웨어러블 디바이스를 통해 상시적으로 생성되는 EWR Electronic Wellness Record(디지털 데이터로 전환된 생체 정보)에 대한 개념도 등장했다.

EMR, EHR 데이터는 주로 의료기관에서 생성된다. EMR이 의료기관 한 곳에서 환자가 치료를 받는 과정에서 발생한 데이터라면, EHR은 EMR을 포함해 과거 병력, 예방 접종 여부, 알레르기 정보 등 개인이 각종 병원 진료를 통해 얻은 종합 데이터라고 이해하면 된다. EWR 데이터는 평상시에도 모바일과 웨어러블 디바이스의 여러 가지 센서를 통해 수집되는 심박수, 체온 등의 정보를 말한다.

특히 웨어러블 디바이스의 보급이 활성화되면서 전통적인 의료기관

도표 4-8 디지털 헬스케어 데이터 생성, 수집, 분석 구조

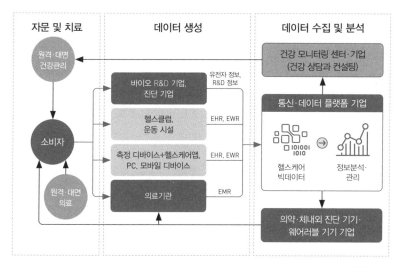

출처: KPMG

에서 생성되는 의료 정보 이외에도 일반인들의 건강 정보가 상시적으로 수집·분석되고 있다(도표 4-8). 개인에 관한 데이터양이 늘어나면 개인이 속한 집단까지도 세부적으로 나눌 수 있다는 장점이 있다. 그런 만큼 데이터 생성과 수집 및 분석 역량은 비례할 수밖에 없다. 또한 웨어러블 디바이스는 모바일 디바이스와 달리 피부 접촉면에 센서가 부착돼 있어 더 많은 정보를 수집할 수 있다. 이러한 데이터를 확보해 더 나은 헬스케어 서비스를 제공하기 위해 최근 웨어러블 디바이스 제조사 간 경쟁도 심화되고 있다.

구글도 2022년 5월 개발자회의 I/O에서 구글의 피트니스 어플리케이션과 삼성의 건강 어플리케이션 간에 데이터를 공유하는 이니셔티브인 헬스커넥트Health Connect를 발표했다. 그동안 각각의 앱 이용자들에게 조각조각으로 제공했던 건강 관련 정보를 한곳에서 서비스할 수 있도록 개발자들의 헬스케어 정보에 대한 접근성을 강화하는 것이 최종 목적이다. 향후 헬스커넥트는 개발자들이 데이터에 쉽게 접근함으로써 심박수, 혈압과 같은 건강 필수 정보는 물론, 운동, 수면 등 50개 데이터를 제공하는 서비스를 개발할 수 있는 APIApplication Programming Interface도 공개할 예정이다. 삼성전자는 2022년 말을 목표로 모바일과 스마트워치에 해당 서비스를 반영할 예정이다.

이와는 별개로 구글은 2021년 1월 스마트워치 전문 업체인 핏빗Fitbit을 21억 달러(약 2조 8,000억 원)에 인수했다. 향후 심장 박동을 모니터링하고 심장에서 이상 증상을 발견할 경우 경고를 안내하는 서비스를 출시할 계획이다. 이를 위해 구글은 2022년 4월 미국 FDA로부터 심방 세동 탐지 서비스에 대한 승인을 받았다.

스마트워치 업계 1위인 애플은 이미 다양한 헬스케어 서비스를 제공하고 있다. 시장조사기관인 카운터포인트리서치Counterpoint Research에 따르면 2020년 4분기에 애플워치의 시리즈6 및 SE 모델은 1,290만여 개가 판매됐다. 전체 스마트워치 시장의 점유율 40퍼센트, 업계 1위에 해당하는 수치다. 애플워치는 심박수 모니터링, 비정상적인 심장 리듬을 감지할 수 있는 심전도 모니터링 기능, 낙상 감지, 산소 포화도 감지 등의 헬스케어 탐지 기능을 포함하고 있다.

블룸버그에 따르면 애플은 헬스케어 관련 데이터를 추가로 확보하기 위해 주력하고 있으며 체온과 혈당까지 모니터링할 수 있는 기능을 개발 중이라고 한다.

이 밖에도 애플은 2022년 7월에 발간한 헬스케어 보고서에서 향후 애플워치에 누적한 데이터를 토대로 약 복용 알림 서비스를 제공할 것이라고 밝혔다. 약 복용 알림 서비스란 약 복용 시간과 약의 효능과 부작용에 대한 정보를 알려주는 서비스다. 이를 통해 애플워치가 스마트워치 시장에서 가진 위상을 유지하겠다는 계획이다.

아마존은 2020년 8월 웨어러블 디바이스 헤일로Halo를 선보이며 헬스케어 영역에 뛰어들었다. 헤일로는 사용자의 음성에서 신체적 혹은 정신적 이상을 감지하고 스마트폰 카메라로 체지방률을 계산하는 인공지능 기반 스마트 밴드다. 걸음 수나 수면 모니터링은 물론 이용자의 신체를 3D모델로 촬영한 다음 몸무게나 체질량지수BMI를 알려 주고 목소리와 체지방 분석도 할 수 있다.

대형 IT기업에서 웨어러블 디바이스에 집중하고 있다면 유수의 대학과 스타트업들은 신체 부위에 부착하는 웨어러블 패치 개발에 몰두하고 있다. 미국 노스웨스턴대학교의 존 로저스 연구그룹John Rogers Research Group에서 개발한 스티커 형태의 웨어러블 센서가 2019년 1월 국제학술지를 통해 공개됐다. 방수 처리된 지름 1.5인치의 원형 패치 센서를 반창고처럼 피부에 붙이는 방식이다. 원형 패치의 중앙에 있는 작은 구멍에 땀이 모이면 패치와 연동된 모바일 어플리케이션에서 피부의 온도와

● 노스웨스턴대학교 연구팀이 개발한 원형 패치

© Northwestern University

● GX스웨트패치 이용 화면

© Gatorade/Epicore Biosystems

몸 속 수분의 양을 보여 준다.

미국 스타트업 에피코어 바이오시스템Epicore Biosystems과 스포츠 음료 브랜드 게토레이Gatorade는 2021년 웨어러블 패치 GX스웨트패치GS Sweat Patch를 공개했다. 팔에 패치를 부착하면 착용자가 운동을 할 때 배출하는 땀을 분석해 땀의 배출량과 염분 손실률 등은 물론 이를 회복하기 위해 수분과 나트륨이 얼마나 필요한지를 알려 준다. 어플리케이션으로 패치를 스캔하면 해당 정보를 확인할 수 있다.

헬스케어 서비스가 웨어러블 디바이스를 넘어 웨어러블 패치로 진화함에 따라 이러한 신체의 미세한 변화를 손쉽게 체크할 수 있을 것으로 기대된다. 대표적으로 당뇨와 고혈압 같은 만성질환을 앓는 환자들은 한 끼 식사에도 해당 수치가 쉽게 오르내린다. 이와 같은 만성질환의 지속적인 관리는 물론 부정맥과 같은 급성 심장질환도 사전에 감지할 수 있게 됐다. 1인 가구 및 고령 인구의 비율이 증가하고 있는 전 세계 인구 구조를 고려할 때 급성질환과 만성질환을 모니터링하고 관리할 수 있는 시대로의 변화는 불가피하다.

모두가 오래 사는
세상을 꿈꾸다

의료 사각지대를 해결하는 마이데이터

구글은 2021년 5월 미국 국립병원 HCA헬스케어HCA Healthcare와 함께 데이터를 토대로 알고리즘을 개발하는 계약을 체결했다. HCA헬스케어는 미국 21개 주에 위치한 2,000여 개 병원을 운영하고 있어 수많은 환자의 건강 정보를 제공할 수 있다. 하지만 HCA헬스케어가 구글에 데이터를 제공하면서 고객의 동의를 구하지 않아 개인정보보호와 관련한 문제가 드러났다.

이에 구글은 HCA헬스케어에서 제공한 데이터를 사용하기 전에 환자를 식별할 수 있는 정보를 제거할 것이라고 밝혔다. 일각에서는 환자 식별 정보를 삭제한다면 데이터를 토대로 성장할 디지털 헬스케어 산업의 미래를 저해할 것이라며 우려했다. 이는 1996년에 제정된 의료정보보호법Health Insurance Portability and Accountability Act이 구시대적 제도라는 관점에서 나온 지적이었다.

스탠퍼드대학 로스쿨의 미셸 멜로Michelle Mello 교수도 현행 개인정보보호법이 환자의 의료 기록을 공유하는 행위에 따른 수요를 맞추지 못해 시대에 뒤떨어진다고 지적하며 관련 법안을 유연하게 개정해야 한다고 주장했다.

국내에서도 마찬가지 상황이 벌어지고 있다. 2020년 글로벌 컨설팅 기관인 KPMG는 〈데이터 3법 통과: 의료 데이터, 개방을 넘어 활용으로〉라는 보고서를 통해 국내 규제에 관해 부정적인 의견을 내놓았다. 특히 전 세계 디지털 헬스케어 기업 중 누적 투자액 상위 100개 기업이 만약 국내 서비스를 출시한다면 63개 기업(누적 투자액 기준 75퍼센트)이 국내 규제 환경으로 사업이 불가능하거나 제약을 받게 될 것이라고 분석했다(도표 4-9).

위 사례처럼 IT기술이 헬스케어 산업과 연계해 건강과 의료에 관한 다양한 데이터를 생성하더라도 공유와 활용을 할 수 없다면 시장의 성숙 속도는 늦어질 수밖에 없다. 이러한 관점에서 미래 헬스케어 산업의 성장을 선도할 수 있는 정책으로 의료 분야의 마이데이터 사업이 주목을 받고 있다.

마이데이터란 흩어진 개인의 정보를 한곳에서 확인하고 관리하는 것

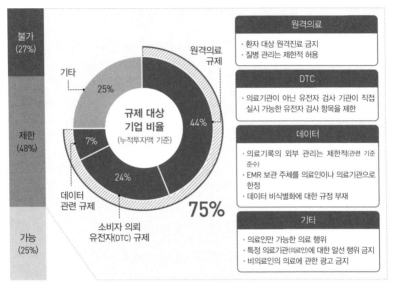

원격의료
· 환자 대상 원격진료 금지
· 질병 관리는 제한적 허용

DTC
· 의료기관이 아닌 유전자 검사 기관이 직접
  실시 가능한 유전자 검사 항목을 제한

데이터
· 의료기록의 외부 관리는 제한적(관련 기준
  준수)
· EMR 보관 주체를 의료인이나 의료기관으로
  한정
· 데이터 비식별화에 대한 규정 부재

기타
· 의료인만 가능한 의료 행위
· 특정 의료기관(의료인)에 대한 알선 행위 금지
· 비의료인의 의료에 관한 광고 금지

출처: KPMG

은 물론 해당 정보를 적극 활용해 개인에게 데이터 기반의 맞춤형 서비스를 제공한다는 개념이다. 마이데이터를 의료 분야에서 적용한다면 환자의 데이터를 의료기관이 아닌 환자가 직접 관리할 수 있다. 기존에는 환자의 데이터를 병원 간에 공유하지 않았다. 따라서 환자가 개인 사정으로 새로운 병원을 방문한다면 자신의 질환과 몸의 상태를 의료진에게 처음부터 다시 설명해야 한다. 일반인으로서는 전문적인 의료 정보와 지식을 정확히 알 수 없으므로 의료진에게 자신의 건강 정보를 설명하기 어려울 수밖에 없다. 만약 의료 분야에 마이데이터가 도입된다면 환

도표 4-10 **마이헬스웨이 서비스 플로우**

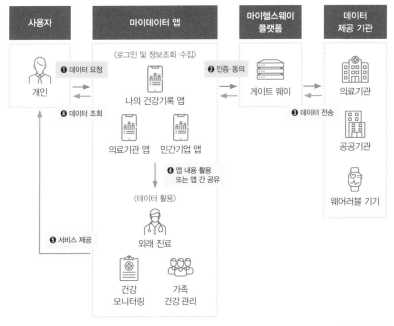

출처: 보건복지부

자가 다른 병원을 찾더라도 그곳 의료진이 환자의 과거 진료 기록 등을 쉽게 확인할 수 있다.

정부도 의료 분야의 마이데이터 사업 도입의 필요성을 인지하고 관련 사업을 준비하고 있다. 보건복지부는 2021년 2월 의료 분야 마이데이터 사업인 마이헬스웨이My Healthway의 도입 계획을 발표했다(도표 4-10). 당초 2022년 말까지 시스템 구축 및 실증, 제도 개선을 완료하겠다는 계획이었으나 2022년 5월 업계 간담회를 통해 일정을 다소 조정했다. 2023년 초까지 마이헬스웨이 시스템의 플랫폼 구축과 실증을 추진할 계획이다. 하지만 의료법상 아직까지는 민간기업에 개인 진료 기록을 전송하는 데 제약이 따르기 때문에 민간기업을 제외한 의료기관과 의료고객을 사업 참여 대상으로 우선시할 방침이다.

한편 보건복지부는 2024년까지 의료법 개정과 별도의 법 제정 등을 통해 민간기업도 마이데이터 사업에 참여할 수 있는 법적 근거를 마련해 나갈 계획이다. 국내 민간기업이 의료 마이데이터 서비스에 정식으로 참여하기까지는 시간이 더 소요될 것으로 전망된다.

의료 분야의 마이데이터 사업이 이제 막 기지개를 펴는 단계라면 건강 정보가 기업의 비용과 직결된 보험사들은 데이터 전송 업체와 협업해 관련 서비스를 출시하거나 제휴를 맺는 움직임을 나타내고 있다. 대표적으로 DGB생명과 미래에셋생명은 의료 정보 전송 플랫폼 전문기업 지앤넷G&Net과 업무협약을 맺고, 2022년 2월부터 보험금 간편 청구 서비스를 시작했다. 지앤넷과 연동된 병원을 이용하는 경우 병원에서 별도의 서류를 발급받아 제출하지 않아도 병원 내 무인 단말기나 어플리케이션을 통해 간편하게 보험금을 수령할 수 있다.

앞서 살펴본 것처럼 디지털 헬스케어 산업은 각각의 유전자 정보, 의료기관 진료 기록, 라이프로그 데이터를 연결해 종합적으로 분석함으로써 성장할 수 있다. 헬스케어 산업에서 개인정보보호 법안을 준수하면서도 혁신적인 헬스케어 서비스를 출시하기 위해서는 의료 분야 마이데이터처럼 규제의 벽을 실정에 맞게 조정하는 정부 주도의 노력이 필요하다.

실리콘밸리는 장수 비즈니스에 베팅 중

디지털 헬스케어 산업의 성장과 함께 기존 의료 서비스의 비즈니스 구조와 서비스들도 새롭게 설계되고 있다. 원격의료를 통해 시공간 제약 없이 헬스케어 서비스를 이용할 수 있게 됐다. 모바일 및 웨어러블 디바이스를 통해 데이터 수집과 분석이 원활해지면서 상시적인 건강 상태 모니터링도 가능해졌다. 디지털 치료제라 불리는 어플리케이션들은 신체적 및 정신적 증상을 관리할 수 있는 방안으로 주목받고 있다. 인공지능을 비롯한 다른 IT기술도 신약 개발의 시간과 비용을 줄이고 있다.

의학 및 헬스케어의 패러다임은 이러한 변화를 통해 사후 치료에서 사전 예방으로 이동했다. 사전 예방이란 상시적인 모니터링을 통해 신체적 혹은 정신적 질환이 없는 상태를 유지할 수 있도록 관리하는 행위를 의미한다. 이는 곧 삶의 지속 가능성을 최대한 연장한다는 의미도 담고 있다. 실제로 실리콘밸리 창업자들의 투자 및 기부처를 살펴보면 헬스케어의 넥스트 패러다임을 엿볼 수 있다. 그동안 전통적인 의료기관들이 암과 당뇨 등 만성질환과 불치병 치료를 위해 IT기술을 연구개발에 활용해 왔다면 실리콘밸리의 선도자들은 예방을 넘어 노화 자체를 막는 근본적 해결 방법에 집중하는 모습이다.

제프 베이조스는 2021년 9월 스타트업 알토스랩Altos Labs에 투자를 단행했다. 알토스랩은 세포를 재생하는 방식으로 노화 방지 서비스 제공을 목표로 삼고 있는 기업이다. 마치 컴퓨터 프로그램처럼 인간의 유전자를 편집해 사람의 노화를 방지하거나 심지어 다시 젊어지도록 만든다는 개념을 내세우고 있다. 베이조스가 알토스랩에 투자한 구체적인 금액은 알려지지 않았다. 하지만 알토스랩이 대학 교수들을 영입하기 위해 제안한 연봉이 최소 100만 달러인 점을 고려한다면 투자 금액이 적지 않을 것으로 추정된다.

페이팔의 공동 창업자인 피터 틸은 센스SENS 연구재단의 므두셀라 프로젝트Methuselah Project 연구를 지원하고 있다. 므두셀라 프로젝트는 노화 분야의 저명한 연구자인 오브리 드 그레이Aubrey de Grey 박사가 주도하고 있다. 므두셀라는 성경에 기록된 최고령자로 969세까지 생존한 것으로 알려진 인물이다. 틸은 노화를 막고 세포를 재생할 수 있는 약물을 개발하는 것을 투자 조건으로 제시했다고 알려져 있다. 틸은 바이오 벤처기업에도 적극 투자하고 있다. 그가 2016년에 투자한 미국의 스타트업 유니티 바이오테크놀로지Unity Biotechnology는 노화를 일으키는 세포를 표적 삼아 파괴하는 신약을 만드는 목표를 가진 기업이다.

구글의 창업자인 세르게이 브린과 래리 페이지는 2013년 구글 산하에 바이오기업 칼리코Calico를 설립하고 인간 노화의 원인을 밝혀 수명을 늘리기 위한 연구를 진행하고 있다. 그들은 생명공학자와 인공지능 전문가를 영입해 암에 걸리지 않는다고 알려진 벌거숭이두더지쥐를 연구하고 있는 것으로 알려졌다.

메타의 마크 저커버그는 2016년 9월 배우자인 챈 저커버그Chan Zuckerberg와 함께 6억 달러(약 7,884억 원)를 투자해 챈 저커버그 바이오허브Chan Zuckerberg Biohub라는 비영리 연구소를 설립했다. 이곳에서는 인체 주요 기관의 세포를 지도로 만드는 휴먼셀아틀라스Human Cell Atlas 프로젝트를 진행하고 있다. 전염병 및 알츠하이머와 같은 난치병 퇴치에 대한 연구도 병행하고 있다. 2016년 9월 저커버그는 21세기 안에 질병 없는 세상을 만들겠다는 포부를 밝히며 향후 10년간 의학 연구에 30억 달러(약 4조 원)를 기부하겠다는 계획을 선언했다.

마이크로소프트의 공동 창업자인 폴 앨런Paul Allen은 2003년 앨런 뇌 과학 연구소Allen Institute for Brain Science와 2014년 앨런 세포 과학 연구소 The Allen Institute for Cell Science를 설립했다. 지금까지 앨런이 두 연구소에 투자하고 지원한 금액은 6억 달러를 상회한다고 알려져 있다. 그는 자신이 설립한 연구소에서 뇌와 세포의 모든 것을 알게 된다면 자연스럽게 노화를 막는 방법을 찾고 질병으로 고통 받는 사람도 없어질 것으로 기대하고 있다.

실리콘밸리의 선도자들은 왜 이토록 노화 방지 기술을 개발하는 데 거금을 투자하고 지원하는 것일까? 무엇보다 디지털 헬스케어 산업을 새로운 수익원으로 보고 있기 때문이다. 마이크로소프트는 2021년 3월 의료 영상 분석 기술을 가진 디지털 헬스케어 기업 뉘앙스 커뮤니케이션즈Nuance Communications를 19억 7,000만 달러(약 2조 6,000억 원)에 인수한다고 발표했다. 미국 병원 중 77퍼센트가 뉘앙스의 영상 분석 기술을 통해 환자 55만 명의 정보를 다루고 있어 활용성이 높다. 마이크로소프트는 자사의 블로그를 통해 뉘앙스의 인수 배경을 밝힌 바 있다. CEO인 사티아 나델라의 말을 인용해 '헬스케어 분야의 클라우드 사업 성장을 가속화하기 위한 시도'라는 점을 분명히 했다. 또한 같은 블로그에서 마이크로소프트는 디지털 헬스케어 분야에서 창출할 수 있는 매출의 규모를 약 500억 달러(약 65조 7,000억 원)로 추산한다고 언급했다. 이는 2022년 3분기 매출액인 494억 달러(약 64조 9,000억 원)에 육박하는 수준이다. 대형 IT기업의 1분기 매출액 수준의 추가 수익을 올릴 가능성이 있는 신규 시장으로 성장한 디지털 헬스케어 산업을 주시해야 하는 이유다.

네이버 vs. 카카오, 국내 헬스케어 시장의 대결 구도 🔍

헬스케어 시장에 적극적으로 뛰어든 국내 IT기업으로는 네이버와 카카오를 들 수 있다. 네이버는 유방암 진단을 위한 영상 분석 솔루션을 개발한 '루닛'에 100억 원을 투자했고, 카카오는 의료 분야 빅데이터 기업 '휴먼스케이프'에 150억 원을 투자했다.

헬스케어의 미래를 이끌어 가는 마이데이터 🔍

마이데이터는 IT기술이 생성한 건강과 의료에 관한 데이터를 활용해 맞춤형 서비스를 제공한다. 환자가 자신의 의료 데이터를 직접 관리할 수 있고, 의료 기관을 옮기더라도 과거 진료 기록을 쉽게 확인할 수 있다. 국내에서도 보건복지부가 마이데이터 사업인 '마이헬스웨이'의 도입 계획을 밝혔다.

CHAPTER 5

거리두기의 시행은 이동을 멈춰 버렸다. 더 편리하고 스마트한 이동수단을 준비하던 모빌리티 기업들도 '잠시 멈춤'을 택했다. 그리고 2022년 4월, 거리두기가 해제되었다. 다시 흐르기 시작한 이동의 시간, 그동안 모빌리티 산업은 무엇을 어떻게 준비했을까? 새롭게 진화 Evolution 된 이동경험의 미래를 엿볼 때다.

Evolution

모빌리티,
탈것의 진화에는
한계가 없다

돌아온 이동의 시간,
모빌리티의 과제

팬데믹이 누른 일시정지 버튼

도심 상공을 날아다니는 항공기인 UAMUrban Air Mobility을 타고 교통체증 없이 도심의 거점에 위치해 있는 모빌리티 허브까지 빠르게 이동한다. 허브에 도착해 자율주행으로 움직이는 목적 기반 모빌리티 차량인 PBVPurpose Built Vehicle로 갈아타고 최종 목적지까지 이동하는 동안 의료, 식사 등 원하는 서비스를 받는다. 2020년 1월에 열린 CES에서 현대자동차그룹이 발표한 〈2025 미래 모빌리티 전략〉의 한 단면이다. 현대자동차그룹은 다양한 이동수단을 결합하고 끊김 없는 이동의 자유를 제공함으로써 단순히 자동차를 만들고 판매하는 제조사를 넘어 스마트 모빌리티 솔루션 프로바이더Smart Mobility Solution Provider로 전환하겠다는 강력한 의지를 드러냈다. 특히 글로벌 모빌리티 기업 우버Uber와 공동 개발한 에어택시를 실물로 공개해 행사 기간 내내 많은 화제를 모았다.

같은 날, 글로벌 자동차 제조사인 토요타 역시 나무와 도로, 사람과 건물, 전기자동차와 플라잉카가 서로 연결된 도시인 우븐시티Woven City를 후지산 옆에 건설하겠다고 발표했다. 다양한 목적으로 사용될 수 있는 모빌리티 서비스 플랫폼인 e-팔레트e-Palettes가 도시 곳곳을 자유롭게 다닐 수 있는 자율주행 기반의 친환경 스마트시티다. 토요타는 모든 것이 계획되고 디지털화된 도시에서 로봇, 스마트홈, 인공지능 기반의 미래 기술과 서비스를 테스트하겠다고 밝혀 많은 사람의 이목을 집중시켰다.

이렇게 글로벌 기업들이 제시하는 도시의 모습과 구체적인 계획들은 공상과학 영화에서나 보던 미래로 지금 당장 이동할 수 있을 것 같은 기대를 품게 했다. 모빌리티 이야기로 떠들썩했던 2020년 초만 하더라도 10년 후 우리의 삶을 송두리째 바꿀 새로운 이동수단의 미래가 열리는 것처럼 보였다.

하지만 엔데믹이 성큼 다가온 지금, 많은 사람이 꿈꿔 왔던 이동 방식의 모습을 우리 주변에서 찾아보기는 쉽지 않다. 기술 개발, 인프라 확충, 사회적 합의 등 앞으로 해결해야 할 과제들이 아직 산적해 있지만 전 세계를 강타한 팬데믹으로 오히려 숨 고르기를 하고 있는 형세다. 실제로 2022년 2월 국토교통부는 국제 항공 여객이 코로나19 발생 이전

● 현대자동차그룹 미래 모빌리티 조망도

© Hyundai Motor Group

● 토요타 우븐시티 조망도

© Toyota Motor

인 2019년 대비 96.4퍼센트 감소했다고 밝혔다. 2021년 9월 서울시,
KT, 한국교통연구원이 함께 통신·교통·행정 빅데이터를 분석해 발표한

〈서울시 생활이동 데이터〉에 따르면 서울 인구의 이동량이 코로나 발생 이전 대비 18퍼센트 감소한 것으로 나타났다. 각국의 봉쇄정책과 자가 격리 의무화, 사회적 거리두기에 따른 재택근무와 온라인 수업의 활성화로 전 세계 인구가 이동을 잠시 멈춘 듯한 모습을 보이기도 했다. 그뿐만 아니라 예상치 못한 방식의 이동 행태도 등장했다. 사람의 이동이 줄어든 만큼 음식배달, 택배 등 사물의 이동이 크게 늘어났다. 또 비대면 및 비접촉의 기조 아래 대중교통보다 택시, 차량 공유보다 차량 구매에 대한 선호도가 더 높아졌다.

팬데믹으로 조정기를 거친 이동의 시간은 엔데믹과 함께 새로운 국면에 접어들 것으로 전망된다. 특히 2023년은 팬데믹으로 잠시 움츠렸던 이동의 수요가 다시 폭발적으로 증가하는 한 해가 될 것이다. 특히 사람과 사물의 이동을 서비스 수단으로 삼는 미래 모빌리티 시장의 주도권을 차지하기 위한 각 기업들 간의 경쟁이 어느 때보다 치열할 것으로 예상된다.

다시금 다가올 이동의 시간에 대비해 카카오모빌리티, 티맵모빌리티, 쏘카, 우버 등의 모빌리티 플랫폼 기업부터 현대자동차·기아, 테슬라, 토요타와 같은 완성차 제조사, 모빌리티 밸류체인 곳곳의 스타트업까지 다양한 기업이 이동의 경험을 촘촘하게 재창조하고 있다. 재창조된 미래 이동경험으로의 진화는 현실이 되고 있다.

세상 모든 탈것을 한곳에 모으다

서울에서 부산으로 여행을 떠나는 가족이 있다고 가정하자. 서울의 집에서 부산의 호텔까지 이동하는 동안 가족이 선택해야 하는 이동수단은 몇 개나 될까? 우선 집에서 나와 '택시'에 짐을 싣고 용산역으로 이동한다. 서울역에서 'KTX'를 타고 부산역으로 이동하고 부산역에서 '지하철'을 타고 예약해 놓은 숙소까지 이동한다. 부산 여행이라는 하나의 여정을 위해 일반적으로 3개의 이동수단을 이용한다.

택시나 KTX 이외에도 자차, 고속버스, 비행기를 이용할 수도 있다. 부산까지 가는 장거리 이동수단에 따라 목적지인 부산에서의 이동수단 역시 지하철, 시티투어 버스, 렌터카, 시내버스 등으로 달라진다. 이렇듯 A라는 지점에서 B라는 지점까지 이동할 때 어떤 이동수단이 더 쾌적하고 빠르고 저렴한지를 앱과 사용 후기를 통해 비교하며 선택한다.

비단 여행 같은 비정기적 이동 시에만 사용자들이 고민하는 것은 아니다. 출근길과 등굣길 같은 일상생활 속 이동에서도 끊임없이 고민이 이어진다. 시간과 날씨, 컨디션 등의 여러 복합 요소들을 고려해 집에서 지하철역까지 킥보드를 타고 갈지 걸어서 갈지, 집에서 회사까지 버스를 타고 갈지 지하철을 타고 갈지 고민한다. 시간에 쫓기는 상황이라면 비용을 더 지불하더라도 택시를 이용하는 방법을 고려하기도 한다. 매일같이 겪는 이동에 대한 고민들을 해결하기 위해 전체 여정을 통합해 끊김 없는 경험을 제공하려는 시도들이 활발하게 이뤄지고 있다.

이동경험 통합에 가장 적극적인 기업은 카카오모빌리티다. 콜택시 어플리케이션 카카오택시를 통해 택시라는 이동수단의 디지털 전환을 이끈 기업이다. 현재 카카오모빌리티는 택시 이외에도 여러 이동수단을 카카오T 앱으로 모아 통합 모빌리티 서비스로 진화하고 있다. 2021년 카카오T 내에서 기차 예매 서비스를 시작했고 2022년에도 다양한 파트너사와의 적극적인 제휴를 통해 전기바이크, 킥보드, 시외버스, 시티투어 버스, 항공 등 거의 모든 이동수단을 하나의 앱으로 통합하고 있다.

카카오모빌리티는 이동경험의 진화를 통해 단순히 하나의 앱에 모든 이동수단을 기계적으로 모아서 보여 주는 포털의 역할에만 머물지 않을 것으로 전망된다. 2022년 4월 카카오T 앱에 통합 검색 기능을 추가한 것이 대표적인 예다. 이용자가 먼저 목적지를 검색하면 앱에서 최적의 이동수단을 선택할 수 있도록 디자인돼 있다. 앞으로도 여러 이동수단 간의 연결, 예약, 결제 등 이동의 전 과정을 하나의 앱에서 한 번의 입력만으로 보여 줄 수 있도록 진화될 것으로 예상된다.

반면 티맵모빌리티는 자신들의 강점인 '내비게이션'에 집중하며 통합 이동 서비스로 진화하고 있다. 가장 먼저 추가된 이동수단은 킥보드다. 이용자는 다양한 브랜드의 킥보드앱을 일일이 설치하고 가입하지 않아도 된다. 티맵 앱 안에서 이용자 주변에 있는 다양한 브랜드의 공유 킥보드를 확인할 수 있고 대여와 결제까지 한 번에 해결할 수 있다. 이를 통해 내 차만으로는 채울 수 없었던 라스트 마일의 빈 영역을 채워가고 있다.

2022년 4월에는 또 다른 이동수단인 렌터카를 추가했다. 또 2개의 공항버스 업체를 인수하면서 항공기 이·착륙 정보와 연동되는 공항버

● 카카오T(왼쪽)와 티맵(오른쪽)의 통합 서비스 화면

출처: 카카오T, 티맵

스 좌석 예약 서비스를 연내에 출시할 것이라고 밝혔다. 내비게이션을 활용한 일상적 이동뿐만 아니라 다시금 활성화될 여행에서의 이동까지 통합 서비스의 범주에 넣겠다는 의지를 엿볼 수 있다.

차량 공유 서비스를 전국으로 확대한 쏘카의 다음 행선지도 통합 모빌리티 서비스로 향하고 있다. 2021년 12월, 창립 10주년을 맞아 진행한 미디어데이에서 쏘카는 향후 10년의 방향성으로 '스트리밍 모빌리

티'Streaming Mobility라는 비전을 제시했다. 이용자가 서비스를 이용하는 내내 버퍼링 없는 환경을 경험하도록 총체적으로 설계하겠다는 구상이다. 이를 위해 카셰어링, 전기자전거, 철도 등의 이동수단 서비스를 쏘카앱 내에서 경험할 수 있도록 통합·연결하는 원스톱 서비스를 제공하겠다고 밝혔다. 2021년 공유 전기자전거 일레클elecle과 온라인 주차 플랫폼 '모두의 주차장'을 인수하면서 적극적인 행보를 이어 가고 있다.

각 기업 서비스의 출발점은 다르지만, 하나의 앱에서 통합된 이동경험을 제공한다는 목표 아래 비슷한 방향으로 진화 중이다. 한편 '결제'라는 연결 고리를 기반으로 통합 서비스의 주도권을 차지하려는 기업도 등장했다. 교통카드를 보편적인 결제 수단으로 바꾼 티머니다. 티머니는 티머니Go를 통해 대중교통과 택시, 공유자전거 따릉이와 킥보드까지 다양한 이동수단을 하나로 묶는 통합 플랫폼을 구축하고 있다.

스타트업 휙고HwikGo 역시 캐시비를 운영하는 로카모빌리티LOCA Mobility와 협업해 공유킥보드, 공공자전거 같은 개인형 이동수단과 전국의 버스, 지하철 같은 대중교통을 연계해 할인을 받을 수 있는 통합 정산 플랫폼을 구축하겠다고 발표했다. 결제와 환승 과정에서 이동수단 간 연결을 이루고 이동 데이터들을 수집하는 만큼 결제 플랫폼이 통합 서비스로 진화할 수 있을지 기대된다.

전체 여정의 통합 설계는 국내에서의 이동 환경에 그치지 않는다. 소위 모빌리티 로밍Mobility Roaming 서비스를 활용하면 해외에서도 별개의 앱을 설치하지 않고도 기존에 사용하던 모빌리티 서비스앱의 도움을 받아 최종 목적지까지 손쉽게 이동할 수 있다.

카카오모빌리티는 통합 모빌리티 서비스의 글로벌 진출에 가장 적극적으로 나서고 있다. 2022년 5월 글로벌 모빌리티 중개 플랫폼인 스플리트Splyt와 제휴를 맺었다. 이후 카카오T 앱으로 동남아 7개국에서 현지 서비스를 이용할 수 있는 모빌리티 로밍 서비스를 시작한다고 발표했다. 이용자는 그랩Grab 등의 모빌리티 서비스앱을 설치하지 않아도 카카오T 앱만으로 현지 서비스를 이용할 수 있다.

티맵모빌리티 역시 우버와 긴밀하게 협업해 공항버스, 비행기와 현지 우버로 이어지는 원스톱 서비스를 티맵 앱을 통해 제공하겠다고 밝혔다. 여기에 환승 할인, 연계 추천 경로, 현지 기사와의 의사소통을 위한 번역 기능까지 더해지면서 국가를 넘나드는 이동경험의 통합이 점점 고도화될 것으로 전망된다.

모빌리티 시장이 통합 서비스로 진화하는 과정은 비단 우리나라에 국한되지 않는다. 대표적인 차량 호출 서비스인 우버는 슈퍼앱으로 진화하기 위해 속도를 내고 있다. 2022년 3월 우버는 택시업계와의 지난 한 갈등을 봉합하고 옐로캡Yellow Cab이라고 불리는 뉴욕시의 모든 택시 관련 서비스를 우버앱에 통합해 서비스한다고 발표했다. 2022년 여름에는 영국을 시작으로 기차, 버스, 렌터카, 비행기, 호텔 서비스를 우버앱에 추가함으로써 여행 중의 모든 이동수단을 경험할 수 있는 슈퍼앱으로 재탄생하겠다는 비전을 드러내기도 했다. 팬데믹의 끝이 보이고 전 세계 여행객들이 다시 움직이기 시작하려는 시점에 통합 서비스를 향한 우버의 움직임이 어떤 결실을 맺을지 주목할 만하다.

카라이프, 세차부터 주차까지 앱 하나로

팬데믹을 경험하며 전 세계 사람들은 개인 안전에 대한 관심이 높아졌다. 특히 젊은 세대를 중심으로 차에 대한 이용 행태가 달라지고 있다. 한국자동차산업협회의 발표에 따르면 2020년 상반기 2030세대의 차량 구매 대수는 18만여 대로 4년 만에 증가세로 돌아섰다고 한다. 차량을 이용할 때에도 비접촉 및 비대면 서비스를 선호하는 것으로 나타났다. 자동차 이용에 대한 인식 변화와 함께 운전자들이 전기차로 이동하는 속도까지 빨라지면서 주차, 정비, 충전, 세차와 같은 카라이프 서비스 역시 새로운 국면으로 접어들고 있다.

내비게이션 앱은 위치 정보를 기반으로 자연스럽게 카라이프 서비스들과 연계될 수 있는 가능성을 가지고 있다. 가장 많은 이용자 수를 확보하고 있는 티맵은 발빠르게 차량 관리 서비스를 앱에 추가하면서 단순한 내비게이션을 넘어 카라이프 포털로 진화하고 있다. 카카오내비도 방문형 세차, 정비 등의 마이카 서비스를 제공하고 있다. 카라이프 통합 서비스에서도 또 하나의 전쟁이 벌어지고 있는 양상이다. 그동안 별개로 제공되던 카라이프 서비스들이 내비게이션 앱에서 통합돼 서비스 탐색부터 결제까지 이뤄진다면 차량의 생애주기 내내 이용자를 락인Lock-in 시키는 킬러 서비스로 거듭날 것으로 전망된다.

● 티맵 '내 차 관리'(왼쪽)와 카카오내비 '마이카'(오른쪽) 서비스 화면

출처: 티맵, 카카오T

카라이프 서비스의 통합은 서비스가 실제로 제공되는 오프라인 공간에서도 확인할 수 있다. 특히 주차장을 차지하기 위한 모빌리티 플랫폼 기업 간 경쟁이 점점 뜨거워지고 있다. 주차장은 이동에 따른 거점의 역할뿐만 아니라 차량이 정차해 있는 동안 다양한 카라이프 서비스들을 연계할 수 있는 오프라인의 핵심 인프라로 주목받고 있다.

카카오모빌리티는 2020년 1월 1,600여 곳의 주차장 위탁 운영 사업을 시작했다. 2022년 3월부터 카카오T 발렛 예약 서비스를 론칭하는 등

주차장 중심의 서비스를 적극적으로 다각화하는 행보를 이어 가고 있다. 2021년 12월에는 400여 개의 주차장을 보유하고 있는 GS파크24, 2022년 6월에는 주차 시스템 소프트웨어 기술을 보유한 RS솔루션즈RS solutions를 인수해 충전, 세차, 정비뿐만 아니라 물류, 공간 콘텐츠 서비스의 테스트를 예고했다.

티맵모빌리티 역시 2021년 11월 직영 및 제휴 주차장 2,000여 개를 운영하는 나이스파크NicePark와 제휴를 맺고 내비게이션에 연계된 서비스를 주차장까지 확대하고 있다. 슈퍼앱 전략을 선언한 쏘카 또한 1,800여 개 제휴 주차장을 운영하는 모두의 주차장을 인수해 쏘카존 확대 및 멤버십 서비스 강화에 주차장을 적극적으로 활용하는 움직임을 보이고 있다.

주차장 기반의 통합 서비스 기업 중 휴맥스 모빌리티HUMAX Mobility와 잇차itcha도 주목할 만하다. 하이파킹HI PARKING과 AJ파크를 인수하며 국내 최대의 주차 인프라를 확보한 휴맥스는 차량정비 업체 카123CAR123과 카셰어링 서비스 카플랫비즈Carflat biz 등의 서비스들을 보유하고 있다. 향후 사업 간 시너지를 낼 수 있는 통합 서비스를 제공할 것으로 예상된다. 주차 대행 서비스 잇차로 빠르게 성장하고 있는 스타트업 마지막삼십분도 2022년 하반기에는 주차된 차량에 정비, 세차, 주유 등의 서비스를 제공하는 잇차 넥스트를 론칭할 계획을 세웠다. 대표적인 렌터카 기업인 롯데렌탈카도 2022년 8월 '2030 로드맵' 발표에서 그룹이 가지고 있는 백화점, 마트, 호텔, 시네마와 같은 오프라인 거점을 기반으로 차량 정비, 세차, 충전 등의 서비스가 통합된 슈퍼앱을 내년에 출시하겠다고 밝혔다.

한편 전기차가 점차 보급되면서 충전도 카라이프 서비스의 중심으로 부상했다. 주유하는 동안 세차를 제공했던 결합 서비스처럼 필연적으로 20~30분 이상 기다려야 하는 충전 시간에 다른 서비스들을 결합하려는 움직임이 보이고 있다. QR코드를 통해 별도의 회원가입 없이 간편하게 이용할 수 있는 카카오내비와 티맵의 전기차 충전 서비스 이외에도 오프라인 충전 공간을 활용한 현대자동차의 서비스를 주목할 만하다. 현대자동차가 국내 세차 전문기업 워시홀릭WASH HOLIC과 협업해 2021년 12월에 론칭한 EV파크는 100킬로와트급 급속 충전기로 충전하는 20~30분 동안 세차 서비스를 받을 수 있도록 디자인됐다. GS칼텍스 역시 충전, 세차, 정비, 편의점, 식음료 서비스 등을 결합한 에너지플러스 허브energy plus hub를 서초와 역삼에 잇달아 오픈하며 주유소를 넘어 새로운 공간 서비스를 제공하는 기업으로 진화를 꿈꾸고 있다.

미국에서도 충전을 중심으로 새로운 공간 경험을 만들고자 하는 시도가 활발하게 이뤄지고 있다. 북미에서 가장 많은 매장을 보유한 스타벅스와 세븐일레븐은 매장 내 주차장에 충전기를 설치해 충전과 쇼핑 경험을 통합하고 있다. 미국의 충전 서비스 기업인 일렉트리파이 아메리카Electrify America 역시 음료와 쇼핑 등의 서비스를 결합해 이용자가 머물고 싶을 만큼 안락한 공간으로 충전소를 탈바꿈하며 미래형 충전소의 모습을 제시했다. 전기차 제조사의 대표 주자인 테슬라도 미국 전역에

© Hyundai Motor Group

설치된 슈퍼차저Supercharger의 공간을 레스토랑 서비스, 드라이브인 극
장 등의 엔터테인먼트 공간으로 재탄생시킬 계획을 갖고 있다고 한다.
실제로 2022년 8월에는 독일의 슈퍼차저에 수영장을 개설하며 많은 화
제를 모았다. 새로운 공간 경험을 둘러싼 주도권 싸움은 앞으로도 치열
하게 펼쳐질 것이다.

　이러한 이동경험의 통합은 궁극적으로 모빌리티 기업을 데이터를 가
진 플랫폼으로 진화하도록 이끌고 한층 더 개인화된 서비스와 새로운
비즈니스 기회를 열어 줄 것이다. 모빌리티 플랫폼의 가치 척도가 될 앱
의 사용 빈도는 다양한 이동수단과 이동 서비스를 하나의 앱에 얼마나
매끄럽게 통합하는지에 달렸다. 주기적으로 입력하는 목적지와 이동 패

● 테슬라의 슈퍼차저 수영장

턴은 이용자를 이해하고 개인화된 서비스를 적절하게 제공하기 위한 기반 데이터다. 스마트폰 시대를 맞아 구글과 네이버가 검색 데이터를 기반으로 성장했듯 모빌리티 기업들은 황금알을 낳는 거위와도 같은 이동 데이터를 기반으로 새로운 기회를 포착해 성장할 수 있을 것이다.

동남아시아에서 생활 전반의 라이프 플랫폼으로 자리잡은 그랩처럼 국내에서는 카카오모빌리티와 티맵모빌리티가 점차 이동 서비스를 통합하며 이용자를 확보하고 있다. 또한 앱 내에 광고 플랫폼을 추가하면서 새로운 비즈니스 기회를 포착하기 위해 노력하고 있다. 다시 돌아올 이동의 시간을 맞아 시장을 지배할 모빌리티 플랫폼으로 진화하는 주인공의 자리는 촘촘히 재창조된 이동경험 통합 과정의 승자가 차지할 것이다.

데이터,
이동의 역사를 다시 쓰다

테슬라는 왜 세계에서 가장 비싼 자동차회사일까

2020년 7월, 자동차업계에 큰 사건이 하나 발생했다. 테슬라가 토요타를 제치고 전 세계 자동차 기업 중 시가총액 1위 기업에 등극한 것이다. 이날 테슬라는 시가총액 2,072억 달러(약 248조 400억 원)를 기록했다. 최근 10년 동안 큰 변화가 없었던 자동차 시장에 지각변동이 일어나는 순간이었다. 테슬라의 생산량은 2020년 1분기 10만 3,000대, 2021년 한 해 동안 93만 대로 토요타 생산량의 10분의 1에 불과하다. 과연 테슬라는 어떻게 세계에서 가장 비싼 자동차 회사가 될 수 있었을까?

메리츠증권의 김준성 연구위원은 2020년에 발간된 〈데이터 전쟁〉

Data War이라는 보고서에서 테슬라를 FAANGFacebook, Apple, Amazon, Nexflix, Google과 같은 데이터 기업으로 규정했다. 더불어 테슬라가 최초의 모빌리티 데이터 플랫폼 기업이기에 가능한 일이라고 설명했다. 스마트폰 시대에는 FAANG을 비롯한 데이터 기업들이 모바일 디바이스에서 발생하는 데이터를 기반으로 성장했다. 이제 기업들은 커넥티드카로 대변되는 스마트카 시대를 맞아 차량과 이동 데이터에 주목하고 있다. 더불어 자율주행 기술의 도입으로 모빌리티 데이터 플랫폼의 가치는 무한정 확대될 것으로 예상된다. 이노션Innocean의 데이터 커맨드 센터Data Command Center 역시 〈넥스트 모빌리티 프로젝트〉 보고서를 통해 자동차를 넘어 모빌리티로 변화하기 위한 기반으로 데이터를 강조했다. 이처럼 이동이라는 영역에서 발생하는 엄청난 양의 데이터와 이를 매개로 한 서비스의 연결이 자동차 산업과 우리의 이동경험을 송두리째 바꾸고 있다.

국내 자동차 업계를 살펴보면 테슬라가 자동차 기업 시가총액 1위에 오른 해였던 2020년 10월 현대자동차그룹이 국내 커넥티드카 서비스 누적 가입자 수 200만 명을 돌파했다고 발표했다. 또한 글로벌 시장에 출시하는 모든 차종에 커넥티드카 서비스를 기본으로 탑재하고, 2022년까지 글로벌 가입 고객 1,000만 명을 확보하겠다는 계획도 밝혔다. 커넥티드카를 통해 차량 데이터 기반의 서비스 확대에 주력할 뿐만 아니라 네트워크와 연결된 스마트 기기로서의 가능성을 주목하고 있다고 해석된다.

현대자동차그룹은 현대, 기아, 제네시스 차량 데이터 오픈 플랫폼을 순차적으로 내놓았다. 또한 커넥티드카에서 운행 및 제원 정보, 주행거리, 운전습관 등의 데이터를 수집한 후 가공을 거쳐 API 형식으로 제공함으로써 커넥티드카 생태계 조성에 총력을 기울이고 있다. 2021년 11월 개발자 컨퍼런스에서는 커넥티드 데이터Connected Data, 데이터 인텔리전스Data Intelligence, 모빌리티 맵Mobility Map을 기반으로 파트너사와 얼라이언스Alliance를 구축하고 새로운 비즈니스 기회를 적극적으로 모색하겠다는 청사진을 밝히기도 했다.

해외에서도 자동차 중심의 생태계 조성을 위한 차량 데이터 활용 사례가 늘어나고 있다. 삼사라Samsara와 같은 파트너사를 통해 차량 데이터를 오픈한 GM과 포드를 비롯해 포르쉐도 커넥티드카 서비스 개발을 위해 데이터컵Data Cup 행사를 매년 개최하고 있다. 모빌리티 서비스 간 경쟁이 치열해지고 있는 가운데 차량의 데이터라는 강력한 무기를 기반으로 시장의 주도권을 놓지 않으려는 완성차 제조사들의 움직임 또한 가속화되고 있다.

자동차 보험도 데이터를 기반으로 가장 실질적인 가치를 제공할 수 있는 카라이프 서비스 중 하나로 각광받고 있다. 과거에는 보험 상품이 주로 운전자의 나이, 과거 사고 이력 등을 통해 사고 확률을 추정하는 방식으로 운용됐다. 최근에는 데이터를 적극적으로 활용함에 따라 주행거리 데이터를 기반으로 자동차를 사용한 만큼 보험료를 내는 퍼마일Per Mile 보험이 등장했다. 또한 급감속, 급가속 등 개인의 운전습관을 반영한 BBI_{Behavior based Insurance}의 형태로 점차 고도화되고 있다.

개인의 운전습관과 보험사의 손해율 사이의 상관관계는 신뢰성을 확보하기 위한 복잡한 알고리즘이 반영돼 있다. 이를 가능케 하는 것이 바로 차량에서 발생하는 데이터다. 보험사 입장에서는 이용자의 실제 운전 여부를 확인하기가 매우 까다롭다. GPS 기반의 위치 데이터에만 의존하는 스마트폰 내비게이션의 이동 데이터는 해당 차량의 운전 여부를 알 수 없어 한계가 있을 수밖에 없다. 반면 차량 데이터는 실제 운행된 차량에서 발생한다. 브레이크, 핸들 등 차량 내 제어기에서 얻은 직접적인 데이터들을 활용하기 때문에 이용자의 운전습관을 보다 정교하게 파악할 수 있다. 이러한 데이터를 분석해 실제 사고율에 근접한 손해율을 설계할 수 있다고 한다.

현대자동차그룹 역시 데이터의 중요성을 인식하고 현대 디벨로퍼스 Hyundai Developers라는 플랫폼을 출범시켰다. 또한 모든 신차에 커넥티드카 서비스를 기본으로 탑재하고 플랫폼을 통해 차량의 데이터를 오픈해 파트너사들과 함께 적극적으로 보험 상품을 개발하고 있다. 2019년 최초로 현대해상과 안전운전특약이 포함된 UBI_{Usage Based Insurance} 상품을 출시했고, 2022년 5월에는 AXA손해보험, 한화손해보험 등을 파트너사로 추가하면서 데이터 연계 상품을 확장하고 있다. 또한 2022년 하반기까지 삼성화재, DB손해보험, 롯데손해보험, 하나손해보험 등의 보험사를 추가하겠다고 밝혔다. 2022년을 기점으로 차량 데이터를 활용한 커넥티드카 보험 상품은 한층 더 대중화될 것으로 예상된다.

데이터 기반의 자동차 보험은 점점 더 많은 차량에 설치되고 있는 카메라, 레이더, 라이다LiDar 등의 센서와 인공지능이 접목되면서 한 단계 더 진화할 것이다. 앞차와의 거리, 차선 유지 여부, 신호등 상태 등의 실제 사고의 귀책 여부를 파악할 수 있는 데이터가 추가된다면 손해율을 좀 더 정확하게 산정할 수 있다. 이는 곧 소비자에게 실질적인 혜택으로 이어진다. 실례로 국내 스타트업인 카비CARVI는 차량에 부착된 대시캠 Dash CAM을 통해 앞차와의 거리, 차선 이탈, 신호 위반 빈도, 칼치기 차선 변경, 불필요한 급가속 등 38가지 데이터를 수집해 안전 점수를 산출하는 알고리즘을 개발해 주목을 받고 있다.

자동차 보험 시장에서도 테슬라가 점차 두각을 드러내고 있다. 일론 머스크는 "우리는 자동차 데이터에 접근할 수 있고 그에 따라 고객의 위험 수준을 파악할 수 있어 합리적인 보험료 측정이 가능하다."라고 언급하며 보험 시장 진출에 대한 의지를 드러냈다. 실제로 테슬라는 2021년 10월 텍사스주를 시작으로 안전운전 점수에 따라 실시간으로 요금이 변경되는 보험을 출시했다. GM과 다임러, 포드 역시 독자적으로 보험을 출시하겠다는 계획을 발표했다. 자율주행 시대를 맞아 자동차는 영상 정보를 받아들이는 카메라와 같은 장치를 점차 기본 사양으로 채택하고 있다. 이러한 추세를 감안할 때 하드웨어와 데이터를 확보한 완성차 제조사의 보험 서비스 진출은 점점 가속화될 전망이다.

차량 데이터를 활용한 서비스의 고도화는 보험 상품 개발에만 그치지 않는다. 네트워크에 연결돼 있는 차량으로부터 주행거리뿐만 아니라

● 카비 안전운전점수

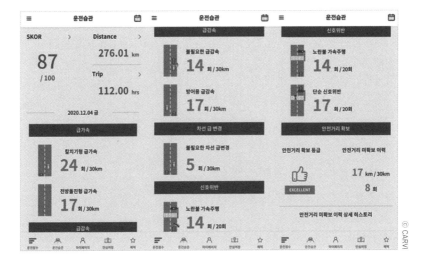

© CARVI

● 테슬라 안전운전점수

© Tesla

위치, 잔여 연료량, 목적지, 원격 제어 정보를 실시간으로 받아 차량 이용과 관련된 서비스를 고도화하는 사례가 점차 늘어나고 있다. 대표적인 차량 정비 앱 중에 하나인 마이클(구 마카롱)은 차량의 효율적인 관리를 위해 수기로 입력해야 했던 주행거리를 자동으로 업데이트되도록 연동함으로써 사용 편의성을 크게 증진시켰다. 전기차 충전 앱 '모두의 충전'과 같은 서비스 역시 차량의 잔여 충전량과 충전 상태 정보를 전기차로부터 가져와 개인 맞춤형 충전 서비스를 제공하고 있다. 차량의 도착 예정 시간과 목적지 정보를 분석해 주차를 대행해 주는 잇차, 원격 문 열림으로 비대면 출장 세차를 제공하는 인스타워시 등 다양한 카라이프 서비스가 차량 데이터를 활용해 한층 더 강화된 고객 경험을 제공하고 있다.

제조사들도 차량 데이터를 적극적으로 활용하고 있다. 기아는 마이기아MyKia 앱을 통해 카라이프 포털로 진화하고 있다. 누적 주행거리, 배터리 잔량, 경고등 상태, 타이어 공기압 상태, 운전습관 등의 정보를 실시간으로 제공하고 다양한 서비스를 연계해 운전자의 편의를 돕고 있다. 테슬라 역시 차량 정보 표출뿐만 아니라 정비 서비스, 액세서리 구매 등의 기능을 하나의 앱에서 제공하는 슈퍼앱을 지향한다. 특히 디지털 키와 충전 정보는 킬러 서비스가 될 것으로 보인다. 이용자들은 제조사가 제공하는 앱을 활용해 차량을 원격으로 제어하고 충전 상태를 확인할 수 있다. 앱의 사용 빈도가 빈번해짐에 따라 다른 서비스와의 접점 또한 늘어날 전망이다.

● 기아 '마이기아' 서비스 화면(왼쪽)과 테슬라 앱 서비스 화면(오른쪽)

출처: Kia, Tesla

2022년 4월 시장조사기관인 제이디파워J. D. Power가 발표한 자료에 따르면 전기차 소유자의 50퍼센트 이상이 운전 시간의 절반 이상을 제조사 앱을 사용하는 데 쓰는 것으로 나타났다. 주로 이용하는 서비스는 충전 상태 확인, 경로 설정, 배터리 프리컨디셔닝Pre-Conditioning 등이었다. 많은 운전자가 제조사에서 직접 제공하는 데이터를 더 신뢰하고 있음을 확인할 수 있다. 티맵과 카카오내비 같은 내비게이션 앱이 서비스 통합과 주차장 같은 인프라의 확보를 통해 카라이프 서비스의 주도권을 가져가고 있는 상황을 고려한다면 완성차 제조사가 차량 데이터라는 강력한 무기를 기반으로 제공하는 서비스들이 다크호스로 부상할지 주목할 만하다.

차량 공유와 같은 모빌리티 서비스도 차량 데이터를 활용해 한 단계 더 발전할 가능성이 있다. 현재 가장 핵심적인 역량을 가지고 있는 모빌리티 서비스 기업은 쏘카다. 쏘카는 차량 내 부착된 IoT(사물인터넷) 단말을 통해 수집된 데이터를 기반으로 운영 효율성의 제고와 동시에 차별화된 고객 서비스를 제공하고 있다. 차량의 자이로 센서Gyro Sensor와 가속도 센서로부터 수집되는 다양한 데이터를 통해 고객이 접수하지 않은 사고에 대해서도 발생 시점을 추정할 수 있는 충돌 감지 기능이 대표적이다. 이를 통해 사고 이력을 모른 채 차량을 대여해 억울한 고객의 피해를 예방할 수 있다.

사고 직후 실시간 응답이 없는 위급 상황에도 즉시 대응할 수 있다. 또한 차의 회전각 속도를 감지해 GPS보다 정확하게 주차 위치를 파악하거나 전조등을 끈 채로 운행하는 스텔스 차량을 감지하는 등 특화된 고객 서비스를 제공하고 있다.

2022년 3월에는 현대자동차그룹의 차량운용체계인 ccOS connected car Operating System의 파트너사로 참여했다. 이를 계기로 별개의 IoT 단말 설치 없이도 손쉽게 양질의 차량 데이터를 확보해 새로운 차원의 차량 공유 서비스를 제공할 수 있을 것으로 보인다.

교통 인프라도 데이터에 달렸다

개별 차량에서 발생되는 데이터와 카라이프 서비스가 연계되면서 이동 경험은 한 단계 더 진화 중이다. 더불어 다수의 차량에서 발생하는 데이터들이 연결되면서 이동경험에 새로운 가치를 더하고 있다. 차량 데이터의 집단 지성인 이동 데이터가 내비게이션을 한층 더 발전시키고 있는 것이다.

한때 구매 차량에 기본으로 탑재된 순정 내비게이션은 계륵과 같은 존재로 인식됐다. 스마트폰의 대중화 이후 카카오내비, 티맵 등의 스마트폰 내비게이션 앱이 실시간 정보를 무기로 빠르게 성장한 것이 그 배경에 있다. 이용자들은 직접 별도의 작업을 해야만 업데이트되는 순정 내비게이션을 불편하게 여기며 그 효용성에 의구심을 드러냈다. 하지만 무용지물에 불과하던 순정 내비게이션은 커넥티드카에서 발생되는 수많은 차량 데이터와 연결되면서 반전을 꾀하고 있다.

현대자동차·기아는 자사에서 생산한 차량 200만여 대에서 발생한 커넥티드카 데이터를 실시간 교통량에 반영함으로써 좀 더 정확한 경로 안내 서비스를 제공한다. 또한 POIPoint of Interest의 변화와 도로 네트워크, 지하주차장 지도까지 무선 소프트웨어 업데이트OTA, Over the Air를 통해 제공한다. 이를 통해 지도의 최신 정보와 디테일을 지속적으로 반영하고 있으며 '바보 디스플레이'라는 오명에서 벗어나고 있는 상황이다. 더불어 운행 중인 커넥티드카로부터 포트홀Pot Hole과 같은 파손된 도로 정보를 수집 및 분석해 주변 다른 차량의 내비게이션을 통해 알려 주는 기술을 연구하고 있다.

티맵은 도로 전방의 사고 징후를 포착해 뒤따르는 차량에 일제히 경고하는 V2XVehicle to Everything 기술을 탑재하고 있다. SKT는 2021년 한 해에만 약 275억 원의 교통사고 예방 효과를 볼 수 있었다고 밝혔다. 이렇듯 한층 더 정교해진 차량 데이터를 활용한 내비게이션 기술이 적용된다면 운전자의 안전과 교통 흐름에 도움이 되는 부가가치를 창출할 있을 것으로 예상된다.

2022년 4월 토요타도 350만 명의 개발자와 6억 5,000만 명의 사용자를 확보하고 있는 맵박스MapBox와 협업을 선언하며 지속적으로 업데이트되는 인카In-Car 내비게이션을 제공하겠다고 밝혔다. 또한 차량의 이동 데이터뿐만 아니라 영상 정보를 수집해 지도에 새로운 가치를 더하려는 움직임도 감지되고 있다.

지도 서비스 스타트업인 하이브맵퍼Hivemapper는 차량에 부착하는 대시캠에서 수집한 영상 정보와 스마트폰 앱의 정보를 결합해 크라우드 소스Crowd Source 기반의 지도를 구축하고 있다. 데이터 수집에 참여한 사용자들에게는 블록체인 기반의 가상자산인 토큰Token을 보상으로 부여해 크게 화제를 모았다.

엔비디아 역시 2022년 3월에 있었던 개발자 컨퍼런스 행사인 GTC에서 자율주행을 위한 드라이브맵DRIVE Map 플랫폼 구축을 위해 일반 차량에 부착돼 있는 카메라와 라이다, 레이더 등의 센서에서 수집되는 이미지 정보를 활용한다고 밝혔다. 이미지 기반의 고정밀 지도를 구축하고 지도의 최신 정보를 유지하기 위해 많은 비용과 노력을 들여야 한다는 점을 감안할 때 크라우드 소스 기반의 지도 제작이 대안으로 자리잡을 수 있을지 주목된다.

차량의 이동 데이터는 내비게이션의 고도화뿐만 아니라 새로운 서비스의 출현도 앞당기고 있다. 2021년 8월 티맵모빌리티는 전국 2,000만 티맵 내비게이션 사용자의 주행 데이터를 5분 단위로 분석해 실시간 인기 장소를 보여 주는 'T지금' 서비스를 출시했다. 이를 통해 대규모의 이동 데이터를 활용한 위치 기반 서비스의 새로운 가능성을 제시했다. 단순히 특정 위치의 정보와 함께 광고를 결합했던 기존의 지도 서비스보다 이용자층을 세밀하게 분류해 공략할 수 있다는 측면에서 새로운 비즈니스 모델로 성장하리라 예상된다.

교통 인프라의 개발 측면에서도 외부로부터 얻은 다양한 이동 데이터들이 지도와 결합되면서 좀 더 정교한 경로 탐색 같은 새로운 차원의 서비스들을 내놓고 있다. 2022년 3월 카카오내비와 티맵은 경찰청, 도로교통공단과 협업해 신호등 잔여 시간 정보를 내비게이션에 반영하겠다고 밝혔다. 서울시 역시 교차로 진입 권장 속도 및 도로 함몰 정보 등을 민간 내비게이션에 제공하겠다고 밝혔다.

카카오모빌리티와 네이버는 2022년을 디지털 트윈 실현의 원년으로 삼고 3차원 고정밀 지도 제작 경쟁에 뛰어들었다. 기존 SD맵Standard Definition Map보다 오차가 10~20센티미터 단위로 줄어드는 고정밀 지도는 안내를 차선 단위로 할 수 있고 지형의 고저와 커브의 곡률, 신호등과 표지판 정보 등 주변 환경 정보까지 3차원 입체로 구현해 보여 준다는 특징이 있다. 택시 예약 시 승·하차 지점의 정교한 위치를 안내하는 서비스처럼 다양한 영역에서 고도화된 서비스를 제공할 수 있을 것으로 예상된다.

영국의 데이터 기업 위조Wejo는 1,700만여 대의 커넥티드카 데이터를 활용해 다양한 연계 서비스들을 제공하고 있다. 2022년 6월에는 무브 2022Move 2022 컨퍼런스에서 자율주행차를 위한 데이터 플랫폼 AV-OSAutonomous Vehicle Operating System을 공개했다. 이를 통해 커넥티드카의 차량 데이터가 자율주행 플랫폼으로 진화할 수 있다는 가능성을 제시했다. 로보택시 같은 자율주행 기반 서비스에 필요한 교통 인프라도 차근차근 모습을 갖춰 가고 있다. 그 중심에 있는 모빌리티 데이터 플랫폼을 선점하기 위한 경쟁도 점점 치열해지고 있다.

현재 완성차 제조사들이 주도하고 있는 차량 이동 데이터와 내비게이션을 통한 이동경험의 진화가 교통 인프라와 결합된 3차원 고정밀 지도를 만나서 일으킬 시너지가 기대된다. 자율주행을 통한 새로운 모빌리티 서비스가 발현하면 세상은 몰라보게 달라질 것이다. 이는 이동 데이터 관련 업계의 궁극적인 목표이기도 하다.

지금까지 이런 이동경험은 없었다

이동의 엔드게임, 자율주행

앞서 플랫폼을 통해 이동수단을 통합하려는 모빌리티 서비스 기업들의 움직임, 차량 데이터를 중심으로 이동경험을 연결 및 확장하려는 완성차 제조사들의 움직임에 대해서 살펴봤다. 이동경험의 재창조는 엔데믹 시대를 맞아 이미 우리가 마주하고 있는 이동경험의 진화라고 볼 수 있다. 그리고 그 경험의 끝자락에서 차원이 다른 이동의 미래가 우리를 기다리고 있다.

미래 모빌리티를 상상하면 많은 사람이 자율주행을 떠올리곤 한다. 자율주행을 활용하면 운전자가 차를 운전할 필요가 없어지므로 이동 중에도 차량의 공간을 다양하게 활용할 수 있다. 우리의 삶을 가장 크게 바꿀 미래의 기술이자 사회의 전반적인 모습을 송두리째 바꾸는 혁신의 출발점인 셈이다. 특히 이동수단을 운영하는 과정에서 발생하는 인건비를 비롯해 교통사고, 교통체증, 주차 등과 같은 사회적 비용이 대폭 줄어들 것으로 예상된다. 현재까지 기술적으로는 상당 부분 진전을 이루고 있지만 여전히 V2X와 같은 인프라 구축과 사회적 합의 등 자율주행 상용화를 위해 풀어야 할 숙제가 산적해 있다.

카카오모빌리티는 자율주행과 관련해 가장 적극적인 모습을 보이고 있다. 2021년 9월에는 자율주행 얼라이언스 프로그램을 출범했고, 2022년 2월 NEMO 2022Next Mobility 2022 행사에서 자율주행에 대한 구체적인 청사진을 제시하기도 했다. 또한 2022년부터 3차원 고정밀 지도 제작을 적극적으로 추진 중이다. 여기에 필요한 디지털 트윈 기술과 배차 및 라우팅Routing 등의 빅데이터 기반 알고리즘도 개발하고 있다. 이 알고리즘은 자율주행 상용화를 앞당기는 필수 자산이다.

한편 카카오모빌리티는 자율주행 생태계를 주도적으로 구축하기 위해 파트너사들과 협력하고 있다. 실례로 오토노머스에이투지Autonomous a2z, 토르드라이브Thor Drive 등 파트너사들의 자율주행 솔루션과 차량을 또 하나의 이동수단 서비스로 통합해 카카오T 플랫폼 내에서 제공하겠다는 계획을 밝혔다. 2020년 12월에는 오토노머스에이투지와 함께 세종시에서 유상 자율주행 서비스를 선보였고, 2021년 12월부터 판교에서 자율주행 택시 1대를 시범 운영하고 있다. 2022년 5월에는 국토교통

● 카카오모빌리티 자율주행 서비스 실증

부 자율주행 모빌리티 서비스 사업 공모에서 오토노머스에이투지와 구성한 컨소시엄 사업자로 선정됐다. 카카오모빌리티의 자율주행 서비스 지역은 점점 확대될 것으로 예상된다.

서울 상암 지역에서도 자율주행 스타트업 포티투닷42dot이 운영하는 자율주행 택시 3대가 유상으로 서비스되고 있다. 이 자율주행 택시는 2022년 말까지는 30대로 늘어날 예정이다. 서울시에서도 기술 발전의 흐름에 보조를 맞추고 있다. 2022년 4월 서울시는 자율주행차 전담 조직을 신설해 5년간 총 1,487억 원의 예산을 투입하기로 했다. 2026년까지 서울을 전국 5대 자율주행 선도 도시로 만들겠다는 강력한 의지의 결

● 포티투닷 자율주행 운송 서비스

과다. 이처럼 자율주행이 가능한 이동수단과 서비스 지역은 공격적으로 늘어날 것이라 예상된다. 현대자동차도 2022년 6월부터 라이다, 레이더 등 자율주행에 필요한 센서들이 장착된 아이오닉5를 활용해 서울의 시범운행 지구인 강남에서 아이엠택시i.m Taxi와 로보라이드Robo Ride 서비스를 시작했다. 아직은 안전요원Safety Driver이 탑승해야 하고 1~2대 정도만 운행하는 수준에 불과하다. 하지만 자율주행 시장을 선점하기 위한 다양한 참가자들의 경쟁은 점점 치열해질 전망이다.

해외에서도 자율주행 로보택시의 상용화 경쟁은 치열하다. 미국의 자율주행 선두 업체인 크루즈Cruise는 다년간의 시범운행 끝에 캘리포니아 자동차국으로부터 안전요원이 탑승하지 않는 무인 자율주행 택시 사

● 현대자동차의 자율주행 차량

© Jinmobility

업 허가를 받았다. 2022년 6월부터는 샌프란시스코에서 유상으로 서비스를 제공하고 있다. 차량을 온전히 자신만의 공간으로 이용할 수 있다는 측면에서 자율주행 서비스의 지불 가치가 얼마나 될지 이목을 집중시키고 있다.

현대자동차와 앱티브Aptiv의 합작 투자로 탄생한 자율주행 전문기업 모셔널Motional 또한 LA 도심 공공도로에서 본격적으로 로보택시 시험주행을 진행하고 있다. 테슬라도 2022년 4월 기가텍사스Giga Texas의 오픈 행사로 열린 사이버로데오Cyber Rodeo에서 핸들과 페달이 없는 미래지향형 디자인의 로보택시를 2024년에 출시하겠다고 밝혀 기대감을 모았다. 애플도 2025년 애플카 출시에 맞춰 로보택시와 같은 공유 서비스를 킬러 서비스로 제공할 것으로 예상된다. 향후 2~3년 내 로보택시 서비스를 우리 주변에서 보게 될 것이다.

물류에 주목하는 모빌리티 플랫폼들

2020년 코로나19와 함께 찾아온 팬데믹은 우리 일상의 많은 부분을 바꿔 놓았다. 그동안 사람들은 식사와 쇼핑 등을 위해 이동이라는 행위를 직접 수행해야 했다. 이제는 사물의 이동으로 패러다임이 바뀌고 있다. 물류가 모빌리티의 한 축으로 자리잡으며 그 중요성을 점점 키워 가고 있기 때문이다. 이에 따라 온·오프라인 커머스 업체들의 모빌리티 플랫폼이 아직 디지털화의 손길이 닿지 않은 물류 이동 과정에 집중적으로 진입할 것이라 예상된다.

카카오모빌리티는 종합 이동 플랫폼을 꿈꾸고 있다. 사물의 이동과 관련해서도 가장 적극적인 행보를 보이고 있다. NEMO 2022 행사에서는 자율주행과 더불어 물류 산업을 중요한 한 축으로 부각시키며 산업 전반에 대한 청사진을 밝혔다. 또한 물류 산업 내 여러 파트너들과 협력 관계를 구축하고 투자를 통해 다양한 가능성을 모색하고 있다. 카카오모빌리티의 대표적인 협업 파트너는 GS리테일이다. 2021년 12월에 650억 원 규모의 투자가 이뤄졌으며 이후 카카오모빌리티의 군집주행 기술과 카카오내비 기반의 운송관리시스템Transportation Management System, TMS을 시범 적용하는 등 GS리테일의 물류 인프라와의 협업을 적극 추

진하고 있다.

한편 카카오모빌리티는 중소상공인을 겨냥한 B2B 물류사업 진출도 가시화하고 있다. 2022년 2월에는 라스트 마일 물류 스타트업인 오늘의 픽업과 엠지플레잉을 흡수합병하고 2021년 7월에는 카카오T 퀵 서비스를 개시, 2022년 6월에는 카카오T 도보배송 서비스를 오픈하면서 물류 플랫폼으로서 본격적인 행보를 이어 가고 있다. 2022년 3월에는 자율주행 로봇 스타트업인 뉴빌리티NEUBILITY, 전기이륜차 제조사인 대동 모빌리티와 잇달아 제휴를 맺으면서 라스트 마일 배송 플랫폼으로서의 존재감을 더욱 키워가고 있다.

B2B용 AI 솔루션을 확보하고 있는 카카오엔터프라이즈도 2022년 5월 'LaaS ON 2022' 컨퍼런스에서 화물 업체와 물류센터를 연결하는 물류 플랫폼인 카카오i LaaSLogistics-as-a-Service의 출시를 예고했다. 모빌리티 분야에서 독보적인 지배력을 갖춘 카카오의 IT 역량이 물류의 디지털 전환에서도 성공을 거둘지 물류업계의 이목이 집중되고 있다.

티맵모빌리티 역시 물류 산업의 미래 가능성에 주목하며 신사업을 개척하고 있다. 그중에서도 지도 기반의 물류 서비스 구축에 필요한 다중 경유지 기능 및 운송관리시스템 등을 API 형태로 제공 중이다. 또한 2021년 12월에는 화물차 높이와 중량 제한을 감안해 최적의 경로를 안내하는 화물차 전용 내비게이션을 출시했고 5개월 만에 이용고객 5만 명을 돌파하는 등 높은 호응을 얻었다. 2021년 5월에는 온라인 배차 시스템을 보유한 와이엘피YLP를 700억 원에 인수한다고 발표했다. 이로써 티맵모빌리티는 물류창고에서 거점까지를 의미하는 미들마일Middle Mile 에 속한 기업과 운송기사를 연결하는 온라인 배차 시스템을 갖추게 됐다. 모빌리티 시장에 이어 로지스틱Logistic 시장을 차지하기 위한 카카오모빌리티와 티맵모빌리티의 경쟁은 더욱더 치열해질 것으로 전망된다.

소비자들이 사물의 이동을 직접적으로 실감할 수 있는 서비스는 쿠팡의 로켓배송과 마켓컬리의 새벽배송일 것이다. 이들로부터 시작된 물류의 혁명은 팬데믹으로 사물의 이동이 폭발적으로 증가하면서 전선을 점점 넓히고 있다. 또한 배민 커넥트와 쿠팡 플렉스처럼 일반 사람들도 도보나 자전거, 일반차량을 이용해 배송 서비스에 참여할 수 있게 되면서 모빌리티 이동경험의 진화와 유사한 흐름을 보이고 있다. 물건을 배송받는 최종 소비자의 경험뿐만 아니라 배송하는 사람의 이동경험을 아우르는 과정의 디지털 전환이 얼마나 매끄럽게 이뤄지는지가 핵심이다. 기존 물류 관련 기업들이 저마다 속도를 내는 가운데 사람의 이동과 관련된 많은 경험치를 확보한 모빌리티 플랫폼 기업들의 시장 진입이 어떤 결과를 낳을지 주목된다.

먹고 자고 즐기는 모든 순간의 자동차

자율주행과 물류의 디지털 전환에 따르는 미래 이동경험의 마지막 퍼즐은 공간으로서의 자동차다. 미래의 자동차는 자율주행 기술을 장착하고 디지털 플랫폼으로 관리되는 형태로 진화를 예고하고 있다. 또한 단순한 이동수단을 넘어 서비스가 이동하는 공간, 서비스를 받기 위한 공간으로 거듭날 것이다. 이에 따라 완성차 제조사를 중심으로 자동차의 공간을 새롭게 재창조하려는 시도가 계속 이뤄지고 있다. 그 시작을 알리는 자동차의 형태가 바로 목적 기반 모빌리티인 PBV다.

2022년 기아는 CEO 인베스터 데이CEO Investor day를 통해 전용 PBV 모델과 함께 사업모델에 특화된 맞춤형 솔루션과 서비스를 제공해 글로벌 1위 PBV 제조사로 거듭나겠다고 선언했다. 연장선상에서 2022년 4월 첫 번째 PBV인 니로 플러스를 공개했다. 니로 플러스는 1세대 니로 EV를 기반으로 개발된 파생상품이다. 전고와 전장을 늘리고 실내 내장 구조를 슬림화한 설계를 택했다. 무엇보다 택시에 맞춘 차별화된 공간성 확보가 특징이다. 타다, 아이엠택시 같은 프리미엄 택시 서비스들이 대형 승합차 기반의 특화된 공간과 IT 기술의 접목으로 높은 인기를 끌고 있다는 점을 감안한 결과로 해석된다. 또한 택시 운행에 필요한 디지털 운행기록계DTG와 앱미터기, 전기차 전용 내비게이션이 결합된 올인원

● 기아의 니로 플러스

● EV9 실내 스케치

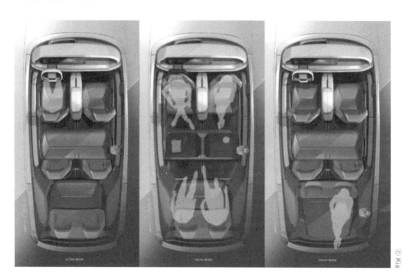

디스플레이가 적용돼 있다. 자동차를 서비스 공간으로서 접근한 기아의 전략이 상당 부분 유효하리라 판단된다. 기아는 택시뿐만 아니라 쿠팡과 함께 물류 및 유통 배송에 최적화된 PBV를, 카카오모빌리티와 함께 자율주행 서비스를 위한 PBV를 협의 중이다. 자동차의 공간으로서의 역할이 점점 중요해지고 있음을 짐작할 수 있다.

해외 완성차 제조사들도 차량호출 서비스와 라스트 마일 배송 서비스에 최적화된 PBV를 선보이고 있다. 토요타와 메르세데스 벤츠는 운전석을 없앤 자율주행 기반의 승객 운송 PBV를 공개한 바 있다. 어라이벌Arrival과 리비안Rivian과 같은 전기차 스타트업은 배송에 최적화된 공간 구성을 갖춘 PBV를 제작해 UPS, 아마존과 같은 물류기업에 공급할 계획이라고 밝혔다.

자동차가 서비스 공간으로 진화하는 모습은 LG전자가 콘셉트로 내놓은 LG 옴니팟에서도 엿볼 수 있다. CES 2022와 카카오모빌리티의 NEMO 2022 행사에서 선보인 LG 옴니팟은 자율주행 기반의 이동수단을 넘어 사무실 또는 주거공간의 확장을 콘셉트로 잡았다. 특히 박스형 구조는 차내에서 엔터테인먼트를 즐기거나 휴식을 취하기 쉽도록 구성됐고, 대형 OLED 디스플레이와 스타일러, 냉장고 등의 가전을 배치해 눈길을 끌었다. 또 LG전자는 2022년 6월 카카오모빌리티와 미래 모빌리티 연구개발을 위한 업무협약을 체결했다. 향후 자율주행 서비스에 옴니팟과 같은 서비스 공간을 포함할 것으로 기대된다. 현대자동차도 2022년 5월 대용량 배터리가 바닥에 평평하게 깔리는 전기차 플랫폼을

● 토요타 e-팔레트

© Toyota

● LG 옴니팟

© LG

활용한 온돌방 콘셉트의 특허를 공개했다. 또 담요가 안전벨트 기능을 겸하도록 디자인한 부분이 흥미롭다. 이러한 특허 기술을 활용하면 자율주행으로 이동하는 동안 탑승자가 온돌에 누워 온전히 휴식을 취할 수 있다.

이렇듯 자율주행, 사물의 이동, 서비스 공간으로서의 자동차는 각기 다른 방식으로 일상생활 속 영역으로 조금씩 확장되고 있다. 이러한 변화들과 맞닿아 있는 지점에서 우리의 이동은 송두리째 바뀔 가능성이 높다. 자율주행은 자동차의 운전석을 없애 더 많은 공간을 선사할 것이다. 또 집이나 회사에서만 가능했던 활동들을 차량으로 이동하는 동안 차별화된 나만의 공간에서 소화할 수도 있다. 그동안 버스, 지하철, 택시 안에서 스마트폰만 보며 의미 없는 이동의 시간을 보냈다면 이제는 이동의 시간 동안 운동이나 업무와 같은 활동을 자유롭게 할 수 있는 시대가 펼쳐질 것이다.

일상적으로 일어나는 이동뿐만 아니라 여행을 하는 과정에 일어나는 이동의 모습도 바뀔 것이다. 숙박을 하거나 기차를 타는 대신 자율주행차를 이용한다면 잠도 자고 영화도 보며 이동할 수 있다. 무엇보다 독립된 공간에서 자유롭게 더 많은 시간을 보낼 수 있다. 이용자들이 자동차에서 보내는 시간을 발 빠르게 분석해 서비스화한다면 기업들도 새로운 비즈니스 기회를 얻게 될 것이다.

스마트폰이라는 디바이스가 등장하면서 엄청난 수의 모바일 어플리케이션과 서비스가 함께 등장한 것처럼 자동차라는 디바이스 역시 다양

© Hyundai Motor Group

한 서비스와 비즈니스를 탄생시키는 거대한 플랫폼이 될 가능성이 높다. 국내 기업 중에서는 대표적으로 카카오모빌리티가 모빌리티에 최적화된 온·오프라인 통합 마케팅 플랫폼을 구축한다고 밝혔다. 광고대행사인 이노션 역시 2022년 6월 미래 사업 전략을 발표하면서 과거에는 단순한 이동수단에 불과했던 자동차가 미래에는 콘텐츠 소비 공간으로 진화하면서 다양한 비즈니스 기회를 창출할 것이라 내다봤다.

사물의 이동 또한 자동차라는 플랫폼에 새로운 가치를 더해 줄 거라 전망된다. 운전자가 차량으로 이동하는 중에 다양한 서비스를 제공받는 것을 넘어 직접 음식점을 찾아 이동하지 않아도 이용자가 있는 곳까지 서비스를 제공하는 차량이 찾아오는 상상도 해볼 수 있다. 자율주행 스

● 포티투닷의 움직이는 레스토랑

타트업 포티투닷이 공개한 미래 자율주행의 비전에서 그러한 예상도를 그려 볼 수 있다. 포티투닷은 움직이는 레스토랑이라는 개념을 내세워 차량이 움직이는 동안 요리를 하고 이용자는 자신이 원하는 장소에서 따끈따끈한 음식을 배달받는 미래의 모습을 그리고 있다. 소비자가 애써 찾아가 줄을 서야 했던 맛집이 집 앞으로 오고, 이동의 시간을 아껴 편히 식사를 즐길 수 있는 새로운 차원의 경험을 상상해 볼 수 있다.

카카오모빌리티도 NEMO 2022에서 '서비스의 이동'이라는 비전을 제시했다. 이용자가 직접 찾아가지 않아도 카카오T를 통해 사무실, 카페, 피트니스센터, 영화관을 이용자가 원하는 장소로 부를 수 있다고 설명한다. 자유로운 공간 구성이 가능한 자율주행 자동차, 그리고 이를 관리 및 관제할 수 있는 디지털 플랫폼이 더해진다면 충분히 가능한 시나리오다.

　미래의 자동차는 우리에게 이동 중에 또는 이동하지 않아도 서비스를 받을 수 있는 새로운 세상을 열어 줄 것이다. 새로운 세상에서 서비스를 제공하는 이동 플랫폼의 주인공이 될 기회는 완성차 제조사, 모빌리티 서비스 기업, 모빌리티 솔루션 기업 모두에게 열려 있다. 이동의 수요가 폭발적으로 증가하리라 예상되는 2023년을 앞두고 많은 기업이 이동경험을 새롭게 설계하고 진화를 꿈꾸는 이유이기도 하다. 통합과 연결을 통해 고도화된 이동경험, 자율주행과 물류의 디지털 전환, 공간으로서의 자동차의 '진화'는 사람과 사물의 이동, 그리고 서비스의 이동 측면에서 새로운 가치가 더해진 미래를 그리고 있다.

모바일
인사이트

모든 이동수단을 하나의 앱으로! '카라이프 통합'의 시대 🔍

카카오모빌리티는 카카오T앱 내에서 기차, 전기바이크, 킥보드, 시외버스, 시
티투어 버스, 비행기 등 거의 모든 이동수단 예약 서비스를 통합하고 있다. 티
맵모빌리티는 공유 킥보드, 렌터카, 공항버스 예약 서비스를 제공한다. 쏘카의
다음 목표도 통합 모빌리티 서비스에 있다. 카셰어링, 전기자전거, 철도 등의
이동수단 서비스를 원스톱으로 연결하고자 한다.

자율주행 시장을 선점하기 위한 수단, 로보택시 🔍

이동경험 진화의 최정점에는 자율주행이 있다. 무궁무진한 가능성을 품은 자
율주행 시장을 선점하기 위해 모빌리티 기업들이 택한 사업은 '택시'다. 카카오
모빌리티, 스타트업 포티투닷, 현대자동차 등이 자율주행 로보택시 사업에 뛰
어들면서 경쟁이 점점 치열해질 전망이다.

CHAPTER 6

가수 싸이의 칠성사이다 광고를 본 적이 있는가? 싸이 옆에서 웃고 있는 그 '사람'은 사실 디지털 휴먼이다. 이처럼 우리는 언젠가부터 인간 같지만 인간은 아닌 존재들과 공존하는 신인류 New human로 거듭나기 시작했다. 하지만 일상에 자리잡기 시작한 로봇과 디지털 휴먼을 불편하게 여기는 이들이 많다. 더 인간답게 상호작용하는 기술로 이 불편함을 해소하려는 기업들의 전략을 살펴보자.

New human

휴먼 인터랙션, 로봇·디지털 휴먼과 공존하는 신인류

인간을 향하는 기술, 특이점을 넘다

로봇과 디지털 휴먼은 위협인가 기회인가

다음 2가지 일상을 살펴보자.

1. 아침 9시. 그는 자신의 일터인 김포의 한 베이커리로 출근한다. 출근과 동시에 밀려드는 손님들에게 빵과 음료를 가져다주며 쉴 새 없이 일하는 그는 특히 아이들과 일일이 눈을 맞추며 친절히 응대한다. 바쁜 하루를 보내고 저녁 9시가 돼서야 못 챙겼던 밥도 먹고 휴식을 취하며 유유히 퇴근한다.

2. 171센티미터, 52킬로그램, 혈액형 O형, MBTI는 ENFP. 이른바

재기발랄한 활동가형인 그녀는 활발하고 호기심 많은 성격이다. 최근 관심사는 패션, 세계여행, 그리고 에코라이프라고 밝히는 그녀는 무려 13만 명의 팔로워를 자랑하는 영원한 22살이다.

평범해 보이는 두 인물의 공통점은 과연 무엇일까? 첫 번째 인물은 종업원을 대신해 베이커리에서 일하고 있는 서빙 로봇 '딜리', 두 번째 인물은 디지털 휴먼Digital human으로 불리는 가상 인플루언서 '로지'다. 로봇이 식당을 돌아다니고, 실재의 인물이 아닌 가상 디지털 휴먼이 현실에서 활동하는 세상. 기술의 진화는 인간을 도와주기도 혹은 인간을 대체할 수도 있는 존재를 탄생시켰다. 어느덧 우리는 인간의 본질적인 역할을 대신하려는 기술의 특이점이 깨어나는 시대에 살고 있다.

CES 2022 유레카 파크CES 2022 Eureka Park에 등장한 로봇 아메카Ameca와 마주한 사람들이 술렁였다. 영국의 엔지니어드 아츠Engineered Arts에서 개발한 아메카는 진짜 사람 같은 표정으로 대화를 이어 나갔다. 눈썹과 눈꺼풀을 움직이며 자연스럽게 눈을 깜빡거리고 사람들과 대화를 하지 않을 때는 스트레칭을 하며 관객들의 웃음을 자아냈다. 과연 무엇이 아메카를 진짜 사람과 구분하기 힘들게 만들었을까?

지금 우리는 눈앞의 존재가 로봇인지 실재하는 사람인지 혹은 컴퓨터 그래픽인지 구분하기 힘든 시대를 살고 있다. 가끔은 기술 발전이 인간의 삶을 편하게 만드는 데 그치지 않고 인간 본연의 영역까지 모두 빼앗아 가지는 않을지 두려움을 느끼기도 한다. 로봇 기술은 편리성과 효

● 인간형 로봇 '아메카'

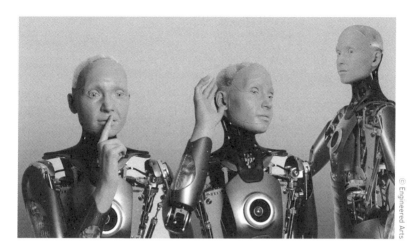

율성을 높여 줄 뿐만 아니라 인간의 물리적 노동력을 대신하는 미래 기술의 대표적인 예다. 하지만 인간과 똑같은 외관을 가진 디지털 휴먼의 등장은 점점 우려의 목소리를 낳고 있다.

과연 기술은 정말로 인간을 대체할 것인가, 아니면 조력자로서 공존할 것인가? 아이러니하게도 로봇이나 디지털 휴먼 기술이 가질 수 있는 최고의 가치는 '사람다움'으로 향한다. 로봇이나 디지털 휴먼은 청소기나 식기세척기처럼 단일 업무를 수행하는 전자제품과 달리 사람처럼 움직이고 손도 쓸 수 있다. 머지않아 사람과 다를 바 없는 외관에 음성까지 갖춰 사람의 역할을 대신하리라 예측된다. 휴먼 인터랙션Human Interaction, 즉 사람과의 진일보한 상호작용이 가능한 존재를 탄생시키는 것이 새롭게 등장한 기술의 진정한 가치라 할 수 있다.

인간과 함께 웃고 떠들 수 있는 기술

휴먼 인터랙션을 활용한 로봇과 디지털 휴먼 기술이 기존 산업에 미치는 영향은 적지 않다. 팬데믹으로 급격한 변화를 맞이하고 있는 상황에서 이들 기술은 일반 가전제품에서 전통적인 대면 서비스에 이르기까지 기존 비즈니스 구조와 서비스를 재창조할 수 있는 대안으로 급부상하고 있다. 로봇과 디지털 휴먼이라는 객체는 인간과의 상호 교류가 필연적이라 할 수 있다. 그런 만큼 존재의 의미부터 다시 정의해 보고 로봇은 로봇답게, 디지털 휴먼은 디지털 휴먼의 특성에 맞게 인간과의 상호작용을 할 수 있도록 설정해야 한다.

가장 많이 활용되고 있는 예가 식당에서 음식을 전달해 주는 서빙 로봇이다. 서빙 로봇은 이동의 기능과 그에 따른 안전 확보가 최우선 과제다. 이를 해결하기 위해 로봇 개발자들은 매장 내 최적 동선 검토, 고객 접객에 필요한 화면 활용 시나리오, 긴급 상황 발생에 따른 메시지 전달 방식 등을 고려해야 한다. 또한 로봇 캐릭터 설정 유무, 발화 음성, 표정 등 사람과의 상호작용에 필요한 모든 요소를 구현하는 기술 개발에 집중해야 한다.

로봇과 달리 디지털 휴먼은 인간의 외관과 형상을 그대로 구현한 이미지 형태를 띤다. 저마다 고유한 특성을 가진 사람의 미묘한 차이를 이

● 다양한 표정을 짓는 무인 로봇카페 비트의 서비스 로봇

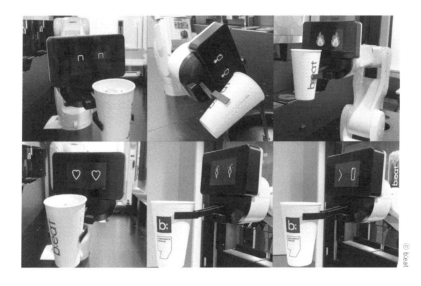

© b:eat

미지로 표현하는 만큼 높은 난이도의 기술이 필요하다. 따라서 감정별 다채로운 표정, 자연스러운 제스처, 돌발 상황 대응 등 각각의 상황과 목적에 부합하는 인터랙션이 해결 과제다.

사람과의 대화에 알맞은 자연스러운 표정과 제스처를 통해 상호작용의 질을 높일 수 있다면 디지털 휴먼의 호감도는 높아질 것이다. 하지만 사람과의 유사성을 어느 정도 확보한 디지털 휴먼이라도 어색한 모습이 있다면 거부감을 주기 쉽다. 이른바 '불쾌한 골짜기'Uncanny Valley 현상이다.

앞서 소개한 로봇 아메카는 17개의 모터로 구동되는 얼굴 표정과 머

● 도쿄대에서 개발한 로봇 손가락

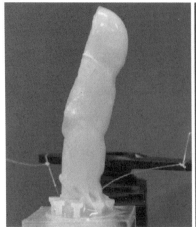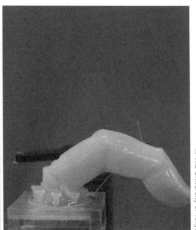

© The University of Tokyo

신러닝으로 학습한 감정 인식 등을 통해 완벽하진 않아도 사람과 유사한 형태로 만들어졌다. 하지만 아직까지는 기술적 한계로 사람처럼 느껴지지 않는다. 사람들이 느끼는 불편한 감정을 사라지게 하려면 더욱 사실적인 사람의 모습을 재연할 수 있는 기술을 개발해야 할 것이다.

로봇과 디지털 휴먼을 위한 기술적 도전은 사람의 표정 및 감정 표현 연구를 넘어 감각의 상호작용 영역까지 확대되고 있다. 2022년 6월 일본 도쿄대 연구진이 개발한 로봇 손가락이 대표적인 예다. 이 로봇 손가락에는 사람의 피부와 유사한 인공 피부가 덧씌워져 있다. 대면 접촉 촉각 피부라 불리는 기술 덕분에 손가락을 구부리면 관절 부위에 주름이 잡힐 뿐만 아니라 실제 피부처럼 탄력도 느낄 수 있다. 연구팀에 따르면 로봇 손가락의 피부에 상처가 생겼을 때 콜라겐 붕대를 사용해 치유도 할 수 있다고 한다.

이러한 인공 피부 기술을 서비스 로봇이나 인간형 로봇에 적용한다면 사람과 기계가 한층 더 가깝게 소통하는 차세대 휴먼 인터랙션의 미래가 펼쳐질 것이다. 로봇과 디지털 휴먼이라는 새로운 기술, 그리고 인간의 한계를 뛰어넘는 기술의 도전이야말로 불쾌한 골짜기를 넘어 인간과 기계가 공존하기 위한 시작점이라고 할 수 있다.

1인 1로봇 시대의
서막이 열렸다

일상으로 스며든 서비스 로봇들

《모바일 미래보고서》 시리즈는 지난 2~3년 전부터 지속적으로 로봇 기술에 관심을 가져 왔다. 그동안 모바일 제품 및 서비스와 연계한 미래의 가능성 수준에서 로봇 분야를 인식했다면 이제는 가상현실, 증강현실 등 미래 기술과 결합해 메타버스 영역에서도 활용할 수 있는 중요한 기술 중 하나로 주목하고 있다. 특히 로봇 기술은 인간의 한계를 극복하고 사물의 이동을 가능하게 하며 가상과 현실의 경계를 허무는 매개체로 활용할 수 있다. 미래 산업의 중요한 역할을 담당하는 현재 진행형 기술이라고 할 수 있다.

로봇 혁신이 이루어지고 있는 생생한 현장을 한번 살펴보자. '띵동!' 손님이 키오스크를 통해 주문을 하자 모니터 화면에 주문 접수 알림이 뜬다. 주방 안에서는 하얀색 로봇 팔이 움직이기 시작한다. 사람보다 조금 느린 속도로 바구니 손잡이를 들어 올려 반죽 옷을 입은 닭고기를 튀김기에 넣는다. 기름의 온도를 확인하고 튀김이 뭉치지 않도록 수시로 바구니를 흔들어 주는 섬세함까지 갖췄다. 로봇팔은 정확히 9분 30초 후 작업을 멈추고 바구니를 들어 올린다. 다시 한번 치킨에 묻은 튀김 부스러기들을 탈탈 털고 완성된 치킨을 포장지에 담아 고객에게 전달한다. 탁월한 로봇 기술을 뜻하는 로보아르떼Robo Arete가 운영하는 '롸버트 치킨' 매장에서는 이처럼 주문부터 튀김까지 자동 조리 솔루션으로 주방 인력을 대체하고 있다.

국제로봇협회IFR에서는 로봇을 '의도하는 작업을 수행하기 위해 어느 정도의 자율성을 가지고 그 환경 내에서 동작하는, 3축 이상으로 프로그램 가능한 구동 기구'로 정의한다. 또한 산업용 로봇과 서비스 로봇, 2가지로 로봇을 구분한다. 지금까지 로봇 시장의 성장을 이끈 것은 주로 제조 공장이나 물류 공정과 같은 곳에서 쓰이는 산업용 로봇이다. 이러한 로봇들은 노동자의 육체적 노동을 대체하고 제조 공정을 자동화시킴으로써 제조의 효율성을 높이는 데 크게 기여한다.

세계 최대의 온라인 커머스 기업인 아마존도 물류 센터에 로봇을 적극적으로 도입한 대표적인 기업이다. 아마존은 로봇 덕분에 비용을 20퍼센트 절감하고 순환 속도를 3배 증가시켰으며 공간 활용도를 50퍼센트

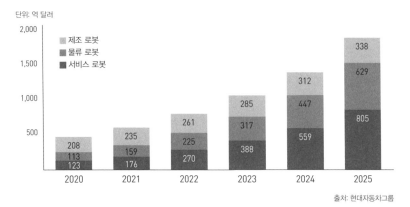

단위: 억 달러

출처: 현대자동차그룹

이상 향상시키는 효과를 거뒀다고 발표했다. 이처럼 산업용 로봇의 도입에 따른 기대 효과는 아주 명확하다.

　일반인들은 산업용 로봇의 확산보다는 서빙 로봇, 방역 로봇, 소셜 로봇 등과 같은 서비스 로봇을 통해 일상생활의 혜택을 누릴 수 있다. 서비스 로봇의 시장 규모 역시 매년 폭발적으로 성장하고 있다. 2025년 이후에는 산업용 로봇 시장의 규모에 맞먹는 수준으로 성장할 것으로 예상된다(도표 6-1).

　실제로 불과 2~3년 사이 식당에서 음식 서빙, 그릇 수거를 담당하는 서빙 로봇의 수가 증가하고 있다. 클라우드, 5G의 도입 등 기술 트렌드의 변화도 주효했지만 코로나19라는 특수 상황이 변화의 흐름을 주도하는 형세다. 팬데믹 이후 소비자들이 비대면 서비스를 선호하는 경향에 발맞춰 일상생활에서 반드시 필요한 물리적인 업무를 사람 대신 로봇이

● 삼성서울병원에서 도입 예정인 회진·물류 이송·소셜 방역 로봇

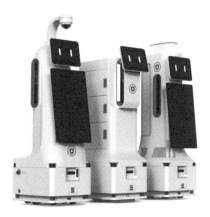

수행하는 경우도 늘어나고 있다.

특히 호텔이나 병원처럼 불특정 다수의 사람 간 접촉이 빈번하게 일어나는 곳을 중심으로 서비스 로봇 도입이 더욱 가속화됐다. 호텔 투숙객에게 생수나 수건을 전달하는 배송 로봇부터 건물 내 소독 업무를 담당하는 방역 로봇까지 종류도 점차 확대되고 있다.

로봇이 의료진과 함께 회진을 돌고 바이러스 방역도 담당하는 첨단 지능형 병원도 대표적인 사례다. 삼성서울병원에서는 진료 기구 및 의약품을 배송하는 물류 이송 로봇, 전면 디스플레이를 통해 각종 검사 결과를 한눈에 보여 주는 회진 로봇, 그리고 평소에는 병원 방문객에게 길 안내를 하며 공기 중 바이러스를 제거하는 소셜 방역 로봇 등을 도입해 로봇 통합 관제 센터를 구축하는 등 서비스 로봇 도입을 본격적으로 계

획 중이다.

서비스 로봇은 호텔, 병원, 식당, 공사 현장 등 다양한 곳에서 활동하며 일상의 영역으로 빠르게 들어오고 있다. 이제 많은 사람이 이전에는 경험하지 못했던 로봇과 사람 사이의 커뮤니케이션이라는 새로운 형태의 인터랙션 경험을 마주할 것이다. 그중에서도 특히 MZ세대는 비대면 서비스와 로봇과의 상호작용에 일찍부터 노출된 소비자층이다. 미래의 핵심 소비자로 부상할 MZ세대와 함께 서비스 로봇의 활용 영역 또한 점차 넓어질 것이다.

식음료업계에서 가장 두드러진 변화의 바람을 확인할 수 있다. 식음료 매장의 운영 방식은 크게 음식 조리 및 음료 제조를 담당하는 주방 운영과 음식 서빙, 배달을 포함하는 고객 서비스 영역으로 나눌 수 있다. 두 영역의 공통 분모는 인력과 인건비다. 매장을 운영하는 사업주 입장에서도 가장 신경 쓰는 부분이기도 하다.

특히 팬데믹을 거치며 물가 상승, 인건비 상승, 노동력 부족이라는 거대한 장벽 앞에서 많은 중소상인들은 더 이상 기존 방식으로는 생존을 장담할 수 없다고 하소연한다. 불필요한 기존 시스템을 개선하고 대체 요소들을 따져 효율적인 매장 운영 시스템의 재창조가 불가피한 상황이다. 대안 중 하나가 바로 로봇의 도입이다. 이제 서비스 로봇의 도입을 더 이상 마케팅 도구 수준에서 생각하는 시대는 지났다. 인건비와 로봇 운영비를 비교해 좀 더 효용성이 높은 쪽을 선택해야 하는 단계까지 왔다는 점에서 서비스 로봇의 대중화는 먼 미래라고 볼 수 없다.

국내에서도 사람을 대신해 음식 조리나 음료 제조를 돕는 로봇이 등장하고 있다. 로봇이 취급하는 음식의 종류도 커피, 치킨, 피자, 햄버거 등과 같이 다양하다. 대표적으로 치킨을 튀기는 로봇을 만든 '로보아르떼', 바리스타 로봇과 아이스크림 로봇을 만든 '라운지랩', 무인 로봇 카페 '비트' 등이 서비스 로봇 시장을 주도하고 있다.

또한 서비스 로봇은 주방 운영의 효율화뿐만 아니라 음식의 맛에 직접 관여하는 수준까지 발전했다. 2022년 3월 미국의 대형 멕시칸 음식 체인인 치폴레Chipolet 는 미소 로보틱스Miso Robotics와 제휴해 조리 로봇 치피Chippy를 테스트하겠다는 계획을 발표했다. 치피는 토르티야 칩을 만드는 것은 물론 반죽용 옥수수 가루, 물, 해바라기유, 소금, 라임주스 등을 이용해 레시피를 정확히 재현하도록 프로그램된 로봇이다. 치폴레는 치피가 제조한 토르티야 칩에 대해 종업원과 고객의 피드백을 받은 후 미국 전역으로 확대 도입할 계획을 세우고 있다.

로봇 자동화 기술은 주방을 넘어 식당 운영 전체에까지 관여하는 수준으로 발전하고 있다. 대표적으로 서빙과 배달의 영역까지 서비스 로봇이 활용된다. 특히 매장 내에서 소비자에게 음식을 서빙하는 서빙 로봇이 서비스 로봇의 대중화에 한몫하고 있다. 배달의민족, KT, LG전자 등 많은 업체들도 서비스 로봇에 각별히 공을 들이는 중이다.

서빙 로봇 개발과 제조를 전문으로 하는 스타트업 베어 로보틱스Bear Robotics 는 서빙 로봇의 성장을 견인하고 있는 업체다. 실리콘밸리에 본사를 두고 있으며 소프트뱅크를 비롯해 여러 투자자들로부터 2022년

© Bear Robotics

총 1,000억 원 규모의 시리즈 B 투자를 유치하며 주목을 받았다. 이들
이 만든 대표적인 로봇은 서빙 로봇의 선두주자로 평가받는 '서비'Servi
다. 서비는 라이다 센서와 카메라를 장착하고 있다. 레이저를 통해 사물
간 거리와 물성을 탐지할 수 있는 라이다 센서 덕분에 최적의 동선으로
안전하게 음식을 서빙할 수 있는 100퍼센트 자율주행 기능과 여러 대의
로봇 운영을 지원하는 멀티 로봇 모드, 그리고 음식 서빙 후 자동 복귀
기능 등을 훌륭하게 소화할 수 있다.

　서빙 로봇 시장의 확대를 가능하게 한 가장 큰 요인은 가격 경쟁력이
다. 로봇의 수요가 많아지고 생산량이 늘어나면 로봇 제조 원가 자체가
낮아질 수밖에 없다. 로봇 구매 방식의 변화도 한 요인이다. 일시불 구

매 방식 이외에도 할부, 렌털 등 구독형 서비스의 등장으로 선택의 폭이 다양해지면서 자영업자의 부담이 대폭 줄어들었다. 로봇의 설치, 유지, 보수를 월 이용료 100만 원 이하 수준에서 해결할 수 있을 만큼 가격 경쟁력을 갖춘 상태다. 즉 종업원 한 사람의 시급보다 저렴한 수준으로 운영이 가능하다.

2022년 연초 기준 국내에 도입된 서빙 로봇의 수는 3,000여 대에 달하는 것으로 파악된다. 로봇업계에서는 향후 2~3년 내에 10만 대 이상 보급될 것으로 예측하고 있다. 키오스크 주문부터 음식 제조, 서빙, 자율배달까지 담당할 수 있는 서비스 로봇은 전통적인 매장 운영 방식의 재창조를 위해 앞으로도 꾸준히 성장하리라 예측된다.

우리 집에는 똑똑한 로봇이 산다

현대자동차그룹 정의선 회장은 CES 2022에서 "매일 휴대폰을 들고 다니는 것처럼 언젠가는 사람들이 로봇을 데리고 다니게 될 것"이라고 내다봤다. 1990년대 1인 1PC 시대와 2000년대 1인 1스마트폰 시대를 지나 1인 1로봇의 시대가 도래할 것이라는 예측이다. 로봇업계에서는 1인 1로봇 시대로 도약하는 과정의 중간 단계를 가정용 로봇이 주도할 것이라고 예측한다. 이미 많은 기업에서 가정용 로봇 시장을 선점하기 위해 스마트 스피커, 스마트 가전 등 스마트홈 자동화 솔루션에 필요한 제품을 내놓으며 시장에 단계적으로 진입하고 있다.

가정용 로봇 시장의 치열한 경쟁 속에서 온라인 커머스의 최대 강자인 아마존도 본격적인 도전장을 내밀었다. 2021년 9월에는 아마존 최초의 가정용 로봇 아스트로Astro를 공개했으며 2022년 8월에는 미국 로봇 청소기 시장의 75퍼센트를 점유하는 아이로봇iRobot을 인수하겠다고 밝히며 가정용 로봇 시장의 입지를 강화하고 있다. 아스트로는 인공지능 서비스 알렉사를 탑재해 집안 모니터링, 가족 간 커뮤니케이션, 멀티미디어 콘텐츠 재생과 같은 다양한 작업을 수행한다. 무게는 9킬로그램 정도 되며 몸체 상단에 있는 10인치짜리 디스플레이를 통해 표정을 만들어 내거나 메시지를 표시할 수도 있다. 하지만 2022년 상반기까지도 실제로 판매가 이뤄지지는 않았다. 현재 정식 판매 전 제한된 사용자들에게 베타테스트를 진행 중인 것으로 알려졌으며 다양한 평가들이 확인되고 있다.

아스트로는 무엇보다 인공지능 어시스턴트 플랫폼 알렉사를 활용한다는 점에서 주목을 받았다. 실제로 아스트로는 자율주행을 통해 집 안 공간을 스스로 파악하며 다양한 역할을 수행할 수 있는 것으로 파악된다. 예를 들어 물 따르기, 리모컨 갖다 주기처럼 자잘한 집안일을 수행할 뿐만 아니라 집 안 구조를 식별하는 능력이 뛰어나 기대 이상의 장애물 회피 능력을 갖추고 있다고 한다. 또한 가족 구성원의 얼굴을 구분할 수 있어 알렉사의 개인별 맞춤 서비스를 제공하고 미등록 이용자에게 경고용 알람을 울리는 등 사생활 보호 기능도 갖추고 있다고 한다.

아마존에서는 홈 보안 솔루션 링 프로텍트 프로Ring Protect Pro, 노인 케어 솔루션 알렉사 투게더Alex Together 등 자신들이 보유한 고유 서비스와의 다양한 결합을 지속적으로 시도하고 있다. 이는 아스트로를 가정용 로봇으로 확실히 포지셔닝한 후 시장 테스트와 제품 개선 활동을 거쳐 더 나은 로봇을 만들기 위한 준비 단계로 예상된다.

아스트로가 제공하는 다양한 서비스에도 불구하고 여러 단점도 지적되고 있다. 기본적으로 기존 스마트 스피커와 기능이 중복돼 실제 활용도가 낮다는 점이다. 아스트로만의 전용 서비스에 대한 고민이 필요한 지점이다. 999달러(약 130만 원)라는 초기 판매 가격에 대해서도 부정적 의견이 많다. 이는 비단 아스트로만의 문제가 아니라 가정용 로봇이 가지는 한계다. 집이라는 제한된 공간에서 활용하는 로봇의 특성상 공간 이동의 제약, 기존 스마트 스피커 및 가전제품과의 역할 분담은 반드시 해결해야 할 과제다. 무엇보다 제품의 궁극적인 가치가 무엇인지 정의하지 못한다면 가정용 로봇의 미래가 그리 밝다고 할 수는 없을 것이다.

● 다이슨에서 연구 중인 로봇손 활용 사례

© Dyson

가정용 로봇의 기본적인 제약을 해결하는 과제가 남아 있지만, 가전 업체들로서는 절대 포기할 수 없는 미래 사업 영역임에는 틀림없다. 현재 가전업계에서 주도권을 쥐고 있는 업체들이 미래에 대한 비전 없이 손을 놓고 있는다면 신생 로봇 업체들에게 가전 시장마저 그대로 빼앗길지 모를 일이다. 그런 점을 고려할 때 가정용 로봇 분야 진출을 선언한 다이슨의 행보에 가전업계의 눈이 쏠리고 있다.

다이슨은 그동안 청소기, 선풍기, 헤어드라이어 등 전통적인 제품들과는 차별화된 제품으로 가전 시장의 혁신을 이끈 대표적인 가전 업체다. 2022년 5월 국제로봇 학술대회ICRA 2022에서는 로봇 프로젝트의 일부를 공개하며 전 세계의 주목을 받았다. 그들은 로봇손으로 바닥에 떨어진 인형을 줍거나 그릇을 집어서 선반에 정리하고, 소파를 입체적으로 스캔해 주변을 청소하는 등의 집안일과 기타 노동을 수행할 수 있는 자율 장치 개발을 위해 많은 연구를 진행 중이라고 설명했다.

전기차 사업 포기 후 로봇 관련 개발자들을 대거 채용하고 투자를 진행해 온 것으로 알려진 다이슨은 아직 구체적인 내용을 공개하지 않아 기대감을 더욱 키우고 있다. 다이슨이 출시할 로봇 제품은 2022년 하반기나 2023년 이후에 확인할 수 있을 것으로 예상된다. 늘 새로운 콘셉트의 제품을 내놓으며 세상을 놀라게 했던 다이슨이기에 다시 한번 기대감을 갖게 된다.

가정용 로봇 분야 외에 꾸준히 거론되는 로봇 분야 중 하나가 바로 휴먼 케어 로봇이다. 반려 로봇, 소셜 로봇, 돌봄 로봇으로 대표되는 휴먼 케어 로봇 분야는 사실 아주 오래전부터 다양한 시도가 이뤄졌다. 스마트 스피커와 같은 역할을 하는 기기들은 전부터 존재했지만 이보다는 로봇을 통해 제공되는 휴먼 인터랙션에 대한 기대감이 큰 상황이다. 무엇보다 고령 사회로의 진입을 눈앞에 둔 시점에서 로봇 기술의 힘으로 노인층의 건강과 안정을 해결하려는 시도들이 계속 이어지고 있다. 2022년 5월 미국 뉴욕주에서는 800여 독거노인 가구에게 반려 로봇을 제공하는 프로그램을 시작한다고 발표했다. 각 노인들에게는 엘리큐 ElliQ라는 반려 로봇이 제공된다. 엘리큐는 터치스크린 태블릿과 함께 얼굴의 형상을 한 램프로 구성돼 있다. 마치 사람의 얼굴처럼 생긴 램프는 대화 상대를 마주하면 불을 밝히거나 회전할 수 있다.

국내의 여러 자치구에서도 이미 반려 로봇, 즉 휴먼 케어 로봇을 매개로 한 맞춤 돌봄 사업을 진행하고 있다. 주로 인형 모습을 하고 있는 반려 로봇들은 다정한 말투로 고령인들에게 약 복용 시간과 운동 시간을 알려 주거나 자치구 혹은 보호자의 긴급 메시지를 전달하는 등 일상생

활에 필요한 도움을 준다. 더불어 정서 건강, 인지 건강 등을 관리해 주며 정서적 지지를 돕는 역할을 담당한다.

　일반적인 로봇이 생산성과 효율성을 높이는 데 초점을 맞추고 있는 반면, 휴먼 케어 로봇은 사람과 상호작용을 통해 삶의 질을 높이고 마음을 움직이는 인터페이스를 제공하는 데 초점을 둔다. 이러한 특성 덕분에 팬데믹 이후 공허해진 사람들의 마음을 얻으며 더욱 주목받고 있다. 호감을 주는 외형 디자인과 자연스러운 로봇의 움직임, 그리고 인간과의 상호작용이라는 기본 조건을 만족시키면서 얼굴 인식, 목소리 기억, 딥러닝 등과 같은 인공지능 기술이 접목되어 발전할 휴먼 케어 로봇의 미래가 더욱 기대된다.

● 남양주시에서 제공하는 반려 로봇 '효돌'

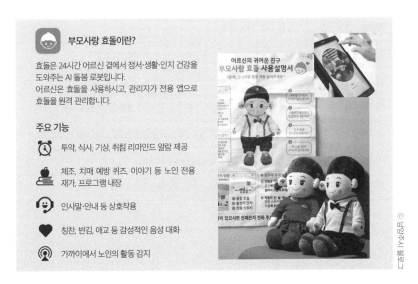

로봇 전장에서 맞붙는 기업들

많은 기업이 본격적인 사업 진입과 연구개발 사이에서 고민을 마치고 로봇 사업을 미래 신사업 동력으로 선언했다. 각 기업은 자신들이 가진 강점을 활용해 다양한 로봇 사업의 전개 방향과 접근법을 제시했다(도표 6-2).

삼성전자는 2022년 주주총회에서 로봇 비즈니스를 차세대 미래 먹거리로 낙점하고 총 80조 원을 쏟아붓겠다고 공개적으로 선언하는 등 공격적인 투자를 약속했다. 그동안 연구개발 수준에 머무르던 로봇 사업팀도 로봇 사업부로 격상하고 연구개발 중이던 인체 보조형 로봇 젬

도표 6-2 기업별 로봇 사업 전략 방향

기업명	로봇 사업 전략 방향
삼성전자	인체 보조형 로봇 본격 상용화 추진, 로봇 사업부 격상
LG전자	안내, 방역, 서빙 등 다양한 형태의 상업용 로봇 적극 전개
현대자동차	모빌리티 및 차세대 웨어러블 로봇 등 미래 로봇 분야 적극 투자
네이버	네이버가 보유한 인공지능 기술 요소를 결합한 로봇 플랫폼 개발 집중
우아한 형제들(배민)	중소상인 대상 서빙, 배달 로봇 사업 확대
SKT, KT, LGU+	5G 인프라 연계한 로봇 서비스 플랫폼 집중

출처: 각 사

스GEMS의 상용화를 진행했다. 삼성전자는 이미 다양한 전시회를 통해 로봇 청소기, 가정용 로봇, 인체 보조형 로봇 등 다양한 형태의 로봇 연구를 보여 줬다. 그런 만큼 본격적인 로봇 연구 행보에 대해 많은 관심을 받고 있다. 특히 삼성전자는 스마트싱스Smarthings라는 확고한 가정용 IoT 플랫폼을 보유한 만큼 이를 로봇 사업과 어떻게 연결시키느냐에 미래 로봇 사업의 차별화 전략이 달려 있을 것이다.

　LG전자는 삼성전자보다 한발 앞서 본격적인 로봇 사업을 시작했다. 2018년 'LG 클로이'라는 대표 로봇 브랜드를 론칭하며 라인업을 확대해 온 LG전자는 특히 서빙 로봇, 가이드 로봇, 의료용 로봇 등 사용처와 목표가 명확한 특화 모델을 지속적으로 개발하고 있다(도표 6-3). 2022년 4월에는 잔디깎기 로봇까지 출시하는 등 국내를 넘어 글로벌 시장 진출을 예고했다. 실제로 LG전자의 로봇 사업 센터는 비즈니스솔루션BS 사

도표 6-3 LG전자 클로이 로봇 라인업

제품명	특징	출시
LG 클로이 셰프봇	레스토랑에서 단순 반복적인 조리 가능	2019년 11월
LG 클로이 서브봇	자율주행과 장애물 회피가 가능한 물건 전달	2020년 7월
LG 클로이 바리스타봇	국내 최초 로봇 브루잉 마스터 자격증 획득	2021년 1월
LG 클로이 가이드봇	방문객 안내, 도슨트 등 안내	2021년 9월
LG 클로이 UV-C봇	비대면 방역 살균 로봇	2022년 4월
LG 잔디깎기로봇	전원 주택, 펜션 등 국내 잔디 환경 최적화 기능	2022년 4월
LG 캐리봇	실내외 통합 배송 로봇	미정

출처: LG 전자

업본부로 이관돼 사업화 측면에서도 유의미한 결과물을 내고 있다고 해도 과언이 아니다.

현대자동차 역시 로봇 분야에서 가장 적극적인 행보를 보이고 있다. 2021년 6월, 미국의 로봇 전문 기업인 보스턴 다이내믹스Boston Dynamics를 인수하며 로봇 기술을 미래 모빌리티 사업과 시너지를 낼 수 있는 핵심 분야로 삼고 있다. CES 2022에서는 인간의 이동성 한계를 극복하고 지능형 로봇을 통해 인간의 편의성 제공 등 자신들만의 로보틱스 비전을 제시하기도 했다. 또한 보스턴 다이내믹스에서 개발한 2족 로봇 스폿Spot과 물류 특화 로봇 스트레치Stretch를 본격적인 사업 전개에 활용하고 있다. 그 밖에 상반신 보조 웨어러블 로봇 벡스VEX, 하반신 보조 웨어러블 로봇 첵스CEX, 의료용 웨어러블 로봇 멕스MEX 등을 차례로 개발

● 테슬라봇 기술 개념도

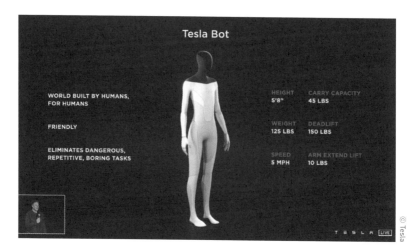

하며 차세대 웨어러블 로봇 개발에도 박차를 가하고 있다.

테슬라에도 전 세계의 관심이 쏠리고 있다. 그동안 테슬라가 자율주행 전기차 생산을 통해 인공지능 기술, 배터리 기술, 칩 설계 능력 등의 역량을 쌓은 만큼 2021년에 발표한 인간형 로봇 테슬라봇Teslabot에 대한 궁금증과 기대는 한층 커지고 있다.

일론 머스크는 테슬라봇을 테슬라에서 개발하고 있는 가장 중요한 제품이라고 소개했다. 인간의 노동을 보완하고 새로운 경제 혁명을 일으키기에 충분하다는 설명도 덧붙였다. 우선 테슬라봇은 평균적인 성인의 체형에 총 20킬로그램의 짐을 옮길 수 있고 최대 시속 8킬로미터의 속도로 이동할 수 있다. 또 40여 개의 전기구동기를 내장해 인간과 유사한 손동작까지 구현한다. 테슬라 차량에서 사용된 오토파일럿용 카메라와 자율주행용 컴퓨터도 내장하고 있다. 이를 통해 테슬라 전기차의 역량을 고스란히 이식한 인간형 로봇이 탄생할 것으로 예상된다. 테슬라가 자신들만의 강점을 살려 로봇 분야로 진출을 시도한 것처럼 다른 기업들도 많은 도전을 시도할 것으로 보인다.

로봇'만' 개발해서는 안 되는 이유

로봇 기술의 발전과 더불어 중요한 질문 하나가 대두되고 있다. '과연 우리 사회는 로봇 시대를 맞이할 준비가 됐는가?' 로봇은 물리적 실체를 가진 존재다. 지금도 산업 현장과 서비스 현장에서 로봇이 활용되고 있지만 앞으로는 더 많은 공간에 등장해 사람들과 접촉하며 살아갈 것이다. 로봇과 사람이 함께 생활해야 한다면 로봇의 이동과 사람의 안전 확보라는 문제를 해결해야만 한다. 로봇 기술을 개발하는 기업들이나 우리 사회는 과연 어떤 준비를 하고 있는지 확인이 필요한 시점이다.

로봇 시대를 맞아 사회 곳곳에서 인프라 준비가 한창인 가운데 국내에서는 네이버의 행보가 눈에 띈다. 특히 판교에 위치한 네이버의 신사옥 '네이버 1784'는 로봇 개발 역량을 직접 확인할 수 있는 테스트 베드Test Bed다. 이곳은 최첨단 기술을 집약한 테크 컨버전스Tech Convergence 빌딩으로 많은 관심을 받았다. 세계 최초의 로봇 친화형 빌딩으로 이목을 끈 이 빌딩은 건물 설계 단계에서부터 로봇의 이동을 고려했다고 한다.

로봇이 건물 내에서 이동할 때 수평 이동은 큰 문제가 되지 않지만 수직 이동, 즉 층간 이동이라면 해결해야 할 과제가 많다. 엘리베이터 시스템과의 연계, 사람과의 충돌 방지 등 다양한 상황을 예측해야 하는 영역이기 때문이다. 네이버 1784에서는 이 같은 문제를 해결하기 위해 로봇 전용 엘리베이터 로보포트Roboport를 도입했다. 지하 2층에서 옥상까지 이동할 수 있는 로보포트를 별도로 구축함으로써 로봇이 훨씬 원활하게 건물 내에서 층간 이동을 할 수 있다.

설비 측면에서도 로봇 운영을 배려한 부분이 눈에 띈다. 출입문, 이동 통로, 난간, 경사, 바닥 마감, 충전 공간 등의 공간 설계뿐만 아니라 로봇 이동에 필요한 센서를 구축하고 센서 인식의 방해 요소를 최소화했다. 네트워크 인프라 측면에서도 건물 내 5G 특화망 '이음 5G'를 구축해 클라우드와 로봇 사이의 통신시간 지연을 최소화하는 등 로봇 운용을 적극 지원하고 있다. 로봇 친화적 인프라를 갖춘 덕분에 네이버 1784에서는 사내 카페에 음료 주문을 하면 로봇이 업무 공간으로 배달해 주는 것도 가능하다.

이러한 인프라는 건물 내부를 벗어나 외부에서도 그대로 적용될 수 있다. 네이버 1784가 공개되고 많은 주목을 받던 시기에 tvN에서 방영한 예능 프로그램 〈뜻밖의 여정〉에는 로봇 서브Serve가 등장해 화제가 됐다. 하지만 로봇의 편의성보다는 해결해야 할 과제가 아직 많이 남았음을 보여 주는 장면이었다.

프로그램의 출연진들이 LA에서 커피를 주문한 에피소드를 영상에 담

● 네이버 1784 사옥 로봇 기술 적용 개념도

© Naver Labs

있는데, 그 장면들 중에 배달 로봇 서브가 등장했다. 서브가 울퉁불퉁한 인도를 힘들게 넘어오는 동안 커피는 넘쳐 버렸고 출연진들은 엉망이 된 커피를 마셔야 했다. 이처럼 배달 로봇은 도로 위를 이동해야 하는 특성상 이동의 용이성도 확보해야 하지만 음식을 안전하게 배달하는 기능도 반드시 갖춰야 한다.

물론 로봇이 주행하는 환경까지 로봇 업체에서 해결하는 것을 불가

● tvN 〈뜻밖의 여정〉에 등장한 배달 로봇

능하다. 때로는 예상치 못한 장애물로 배달 서비스 품질이 저하될 수도
있을 것이다. 안전하게 로봇이 이동할 수 있는 로봇 친화적인 인프라 공
간에 대한 지속적인 관심과 연구가 필요해 보인다.

 예를 들어 자동차가 주로 이용하는 도로망에 자전거 전용 도로를 별
도로 추가해 자전거 이용자들이 안전한 주행을 할 수 있는 것처럼 미래
에는 도시 곳곳에 로봇 이동 전용 도로가 깔릴지도 모른다. 로봇 친화적
환경을 만들고 공공 인프라를 미리 확대하는 것이야말로 로봇 시대의
도래를 대비해 우리 사회가 할 수 있는 일일 것이다.

인간의, 인간을 위한, 인간에 의한 디지털 휴먼

유아인 아닙니다, '무아인'입니다

"저게 유아인이 아니라고?" 온라인 패션 플랫폼 무신사의 광고 모델로 등장한 배우 유아인을 보며 그의 패션 감각에 감탄하던 영미 씨는 깜짝 놀라 소리쳤다. 유아인이 분명한데 화면에 등장한 그는 자신이 유아인이 아니라고 했다. 영미 씨는 이게 어떻게 된 일인지 궁금했다.

화면에 등장한 주인공은 무신사와 시각 특수 효과 전문 업체가 함께 제작한 디지털 휴먼 '무아인'이다. 무신사의 브랜드 모델로 선정된 디지털 휴먼 무아인은 시간과 공간의 구애를 받지 않고 온라인 가상현실 전시실인 버추얼 쇼룸Virtual Showroom에서 다양한 패션 카테고리를 선보일

● 무신사에서 제작한 디지털 휴먼 '무아인'

무신사 × 무아인

예정이다. 현실과 가상의 경계를 뛰어넘은 새로운 콘텐츠가 등장하고 있는 현장이다.

2021년에는 로지라는 디지털 휴먼이 등장해 8개 이상의 광고 모델로 출연하며 화제가 됐다. 로지는 인스타그램이나 유튜브와 같은 소셜미디어에서도 보통 사람처럼 일상을 공개하며 사람들의 이목을 집중시켰다. 이처럼 버추얼 인플루언서Virtual Influencer 콘셉트의 매력적인 디지털 휴먼 캐릭터가 가상 인간이라는 존재를 강조하며 사람들에게 신선한 충격을 줬다. 그리고 이제는 로지뿐 아니라 루시, 와이티, 류이드 등 디지털 휴먼의 수가 급증했다. 가상 아이돌 그룹의 한 멤버는 실제 생방송 뉴스에 출연하여 인터뷰를 하기도 했다. 디지털 휴먼은 더 이상 일회성 화제에 머무르지 않고 대형 연예 기획사와 계약을 맺고 온라인 콘텐츠, 광고, 뮤직비디오, 게임, 영화, 드라마를 비롯한 엔터테인먼트 분야까지 활동 영역을 넓히며 엔터테이너의 역할까지 소화하고 있다.

이러한 디지털 휴먼 제작 분야에 크래프톤, 넷마블, 엔씨소프트 등 대형 게임 업체까지 뛰어들며 적극적인 행보를 보이고 있다. 피부의 솜털이나 잔머리까지 극사실적으로 표현하는 하이퍼리얼리즘 제작 기술을 적용한 크래프톤의 디지털 휴먼 '애나', 복합적인 인격체를 지향하는 넷마블의 디지털 휴먼 '리나'는 연예 기획사와 전속 계약을 맺고 활발한 활동을 예고하고 있다.

주요 게임 업체들은 자신들이 보유한 컴퓨터 그래픽스 기술 역량과 게임 제작으로 축적된 스토리텔링 역량을 결합한다면 디지털 휴먼 제작을 통해 최고의 시너지를 낼 수 있다고 판단하고 있다. 작게는 게임 캐릭터 도입부터 개인용 아바타 제작, 콘텐츠 제작, IP 사업 진출까지 다방면에서 재미있는 시도들이 가능한 만큼 게임 업체들의 관심은 당연한 수순이다.

대면 서비스 영역에서도 디지털 휴먼에 대한 관심이 높아지고 있다. 이러한 관심의 요인으로 팬데믹을 빼놓을 수 없다. 전 세계적인 감염병 전파로 대면 서비스가 급격히 축소됐다. 사람과의 접촉을 가급적 줄이기 위한 고육지책의 일환이다. 기업들도 이를 해결하기 위한 기술적 방안에 큰 관심을 가지기 시작했다.

금융, 유통, 교육, 각종 상담 업무 등 전통 서비스 산업에서도 사람과

● 국민은행에 배치된 AI 은행원

출처: 딥브레인 AI

의 대면을 줄이되 서비스를 차질 없이 제공하기 위한 방안으로 디지털 휴먼이 떠오르고 있다. 대면 서비스의 필요성 자체가 줄어든 것이 아니다. 하지만 몇몇 기업을 중심으로 사람이 수행했던 일부 대면 서비스의 영역에서 AI 은행원, AI 매장 안내원, AI 교육 강사 등과 같은 디지털 휴먼을 활용하려는 시도를 하고 있다.

국민은행과 신한은행은 매장 내의 키오스크나 디지털 데스크 형태의 기기를 통해 실재가 아닌 가상의 AI 은행원을 배치하고 있다. 이들은 기존의 순번 발행기 역할을 대신하며 추가로 지점 정보나 ATM 사용 정보 등과 같은 단순 정보를 전달하는 역할을 한다. 아직까지는 시범적으로 운영하는 단계다. 궁극적으로는 지점 내 은행원 역할을 대신해 대출 업무나 금융 상품 상담과 같은 대면 금융 서비스까지 확장하는 것이 목표라고 한다.

교육 산업도 디지털 휴먼의 활용처로 새롭게 떠오르고 있다. 현재 다양한 기업에서 디지털 휴먼에게 선생님 역할을 부여하는 시도가 이뤄지고 있다. '빨간펜 선생님'이라는 방문 교사 서비스로 유명한 교원은 일찍부터 스타트업 발굴과 투자를 지원하며 새로운 전략을 구상하고 있다. 2022년 3월에는 아이캔두AiCANDO라는 디지털 휴먼을 AI 강사로 활용한 교육 서비스를 출시했다.

교원을 비롯한 초등용 교육 업체들은 교사가 방문할 수 없는 상황 속에서 온라인 콘텐츠 개발에 주력하며 최고의 시너지를 낼 수 있는 기술로 디지털 휴먼에 관심을 갖기 시작했다. 학생들이 일방적으로 시청하고 수동적으로 학습 진도를 따라가야 하는 온라인 콘텐츠의 한계를 극복하기 위한 노력이라고 할 수 있다. 무엇보다 디지털 휴먼을 활용한 AI 강사는 양방향 교육을 제공한다. 학생들의 학습 현황에 대한 실시간 모니터링이나 피드백 교환도 가능하다.

교육업계 입장에서도 비즈니스 모델 재창조라는 측면에서 디지털 휴먼의 도입은 긍정적이다. 강사 의존도가 높은 교육업의 특성상 스타 강사를 디지털 휴먼으로 직접 제작하거나 양질의 온라인 콘텐츠를 개발해 AI 강사를 통해 교육시킨다면 강사 초빙에 드는 시간과 비용을 효율적으로 관리할 수 있다.

유통 및 온라인 커머스 분야도 **빼놓을** 수 없다. 예를 들어 식품 코너

에서 일반 점원이 매장을 방문하는 수백, 수천 명에게 온종일 제품에 대해 일일이 설명하고 홍보한다고 생각해 보자. 한 직원이 모든 제품의 정보를 상세하게 알기 어렵고 손님들마다 요구 사항이 달라 동일한 수준의 서비스를 제공하기도 쉽지 않다. 만약 각 코너마다 디지털 휴먼 점원을 배치해 손님의 요구에 대응한다면 인건비를 줄이는 것은 물론 소비자 입장에서도 좀 더 정확하고 상세한 정보를 안내받을 수 있다.

보다폰Vodafone, SK-II 등 다양한 브랜드에서는 유니크UneeQ라는 업체와 파트너십을 맺어 매장 내 점원의 역할을 대신하는 디지털 휴먼을 시범 도입했다. 온라인 스토어에도 활용할 수 있다. 디지털 휴먼이 온라인 점원으로 활동하며 상품을 소개하고 소비자에게 도움을 주는 역할을 수행한다면 전통적인 매장과 온라인 커머스 환경에서의 점원의 역할을 재고하는 계기가 될 것이다. 앞으로 디지털 휴먼이 본격적으로 도입됐을 때 리테일 산업이 어떻게 변화할지 기대된다.

미래를 알고 싶다면 디지털 휴먼을 보라

상냥한 안내원이 매장 입구에서부터 미소를 담아 반갑게 인사를 하며 손님을 맞이한다. "환영합니다. 김민아 고객님. 무엇을 도와드릴까요? 혹시 찾으시는 제품이나 매장이 있나요? 아! 디지털 전자제품 구매를 원하시는군요. 원하시는 제품은 본관 11층에 위치하고 있습니다. 또 궁금하신 게 있나요? 그럼 즐거운 쇼핑 되세요. 감사합니다."

디지털 휴먼이 제공하는 매장 정보는 기능적으로 안내 데스크의 키오스크와 다를 게 없다. 하지만 사용자 경험 측면에서는 실제 사람과 이야기하는 것 같은 색다른 경험을 제공한다. 텍스트의 한계를 뛰어넘어 표정과 음성을 갖춘 휴먼 인터랙션이야말로 디지털 휴먼을 이루는 핵심 요소다. 사실 디지털 휴먼을 제작하기 위해 필요한 기술들을 단순히 나열하기에는 그 폭이 너무 넓다. 딥러닝, 컴퓨터 비전, 음성 합성, 챗봇 등에 이르기까지 다양한 기술 요소가 필요하다. 무엇보다 해당 기술들을 얼마나 유기적으로 연결해 하나의 시스템으로 구축할 수 있는지, 그리고 인간과 시스템 간 상호작용을 얼마나 자연스럽게 구현할 수 있는지가 디지털 휴먼 제작의 핵심이다.

딥브레인 AIDeepbrain AI는 디지털 휴먼 제작 분야의 선두주자라 할 만하다. 가장 대표적인 사례로 2022년 20대 대통령 선거 당시 AI 윤석열을 제작해 많은 주목을 받았다. 그동안 AI 앵커 김주하, AI 아나운서 이지혜 등 다양한 제작 경험을 바탕으로 2021년 9월 2,000억 원 규모의 기업 가치를 인정받아 500억 원 투자를 받는 등 차세대 유니콘의 자리에 도전하고 있는 AI 휴먼 제작 서비스 업체다. 특히 디지털 휴먼의 딱딱하고 인공적인 느낌을 주지 않는 기술을 실현하기 위해 노력하고 있다. 대화 중이거나 대기 모드에서도 단순히 정지 상태로 서 있지 않고 손을 움직이거나 고개를 끄덕거리거나 옷매무새를 정리하는 식의 자연스러운 제스처를 취함으로써 사용자들이 느끼는 거부감을 최소화하도록 제작한다고 한다.

무엇보다 사업 초기의 챗봇 사업 경험과 영상 합성, 음성 합성의 역량을 총집결해 실제 시장에 적용할 수 있는 비즈니스 모델을 만들었다는 점에서 주목할 만하다. 이미 딥브레인 AI가 제공 중인 서비스형 소프트웨어 AI 스튜디오AI Studio는 가입 기업 3만 개를 돌파하며 미래 사업의 가능성을 확인했다. 2022년 6월에는 디지털 휴먼으로 제작된 부모님이 사후에도 자녀들과 소통할 수 있도록 전용 쇼룸을 제공하는 리메모리re;momory라는 개인용 서비스를 론칭해 사업 영역을 확장하고 있다. 고인을 디지털 휴먼으로 복원해 상업적으로 이용한다는 측면에서 AI 윤리 문제가 대두되고 있지만 디지털 휴먼의 가능성을 확대하고 유의미한 가치를 제공하는 시도라는 면에서 의미 있는 시도라 할 수 있다.

● 딥브레인AI가 론칭한 고인 복원 서비스 '리메모리'

Process

리메모리 AI 휴먼 제작과정

리메모리의 AI 휴먼은 각 분야의 전문가들이 모여
2달간의 과정을 거쳐 제작됩니다.
사랑하는 너를 만났다, 다시 만난다.

인터뷰   촬영   AI 생성

출처: 리메모리 홈페이지

2016년 설립된 소울 머신Soul machine은 디지털 휴먼 분야에서 초창기부터 역량을 쌓은 최선두 업체라고 할 수 있다. 소울 머신은 휴먼 OSHuman OS 플랫폼이라 불리는 AI 플랫폼을 통해 감정을 인식하는 디지털 브레인의 영역과 적절한 표정, 시선, 제스처 영역을 생성하는 영역 등 인간의 감정 인식과 상호작용의 처리 방식을 집중적으로 연구하고 있다. 이뿐만 아니라 로봇, 메타버스 등 다양한 영역에서도 기술적 토대를 준비하고 있다.

소울 머신은 2022년 6월 신규 엔터테인먼트 사업부서를 마련하겠다고 발표하며 독창적이고 고도화된 경험 제공을 통해 엔터테인먼트 사업을 재정의하겠다는 포부도 밝혔다. 세계적인 골프선수 잭 니클라우스

● 소울 머신이 구현한 잭 니클라우스의 디지털 휴먼 '디지털 잭'

© Soul machine

Jack Nicklaus의 디지털 휴먼인 디지털 잭Digital Jack이 대표적이다. 디지털 잭은 니콜라우스가 전성기를 누리던 38세의 모습으로 구현됐으며 디지털 공간에서 팬들과도 소통하고 있다. 소울 머신은 더 많은 유명 인사, 운동선수, 엔터테이너의 디지털 휴먼을 극현실에 가깝게 구현해 가상공간에서 활동하며 새로운 팬 문화를 형성하는 독창적인 플랫폼 사업을 펼쳐 나갈 것으로 예상된다.

개인 소비자에게 제공하는 상용화 제품 측면에서 가장 준비가 잘된 업체로 신디시아Synthesia가 있다. 신디시아는 홈페이지를 통해 디지털 휴먼 제작 과정, 구독 서비스 소개, 서비스 활용 예시를 소개하며 디지털 휴먼 콘텐츠를 손쉽게 제작할 수 있도록 지원하고 있다. 이 외에도

● 신디시아 제작툴을 이용한 디지털 휴먼 제작 프로세스

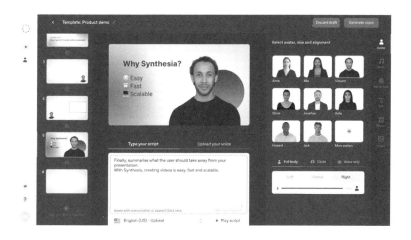

1. 원하는 내용을 텍스트로 입력

2. 원하는 디지털 휴먼 캐릭터를 선택

3. 콘텐츠에 적합한 영상 템플릿을 선택

4. 최종 완성된 디지털 휴먼 콘텐츠 출력

출처: 신디시아 홈페이지

유니크, 아워원Hour one, 그리고 국내 기업인 마인즈랩MINDs Lab, 타입캐스트typecast 등 디지털 휴먼 제작 기술을 가진 다양한 업체들이 시장에서 경쟁 중이다.

　디지털 휴먼 제작 업체는 대부분 신디시아처럼 디지털 휴먼 콘텐츠를 쉽게 만들 수 있는 제작 툴을 제공하고 고객들에게 사용료를 받는 형태로 구독형 비즈니스 모델을 구축하고 있다. 이용자들은 비디오 편집 프로그램을 다루듯 회사에서 제공하는 프로세스를 따라 몇 가지 작업만 하면 된다. 우선 디지털 휴먼 중 원하는 캐릭터를 선택하고 영상에 필요한 내용을 텍스트로 입력한다. 그러면 음성과 영상을 합성한 디지털 휴먼 콘텐츠 제작이 완료된다. 규모가 큰 기업이라면 자신들이 원하는 디지털 휴먼의 모델을 직접 요청해 만들 수도 있다. 중소기업이나 자영업자라면 제작 업체에서 제공하는 모델을 사용하는 대신 저비용으로 디지털 휴먼 콘텐츠를 손쉽게 얻을 수 있다는 면에서 활용도가 매우 높을 것으로 예상된다.

챗봇 메시지는 그만! 디지털 휴먼 상담원이 뜬다

"진정한 의미의 디지털 휴먼은 사람의 외형을 닮고 고정된 화면 속에 존재하는 정도를 넘어서 '나'와 소통할 수 있고, 나의 표정을 읽고 반응하며 나를 기억하고 인터랙션할 수 있는 대상"이라고 엔씨소프트의 이제희 최고연구책임자는 말했다. 사람의 외형을 비슷하게 구현하고 어색하지 않은 정도로 말하는 수준에서 한 단계 더 나아가 사람을 이해하고 깊게 인터랙션할 수 있는 단계로 넘어가야 한다는 의미다. 지속적인 기술 개발은 물론 디지털 휴먼 서비스를 최적화해 구현할 수 있는 하드웨어 제품의 등장도 필수다.

향후 이러한 조건에 부합하고 실현 가능성도 높은 하드웨어 제품인 대형 키오스크와 디지털 휴먼 서비스를 결합하려는 시도가 이어질 것으로 예상된다. 새롭게 등장한 키오스크 기기인 프로토Proto를 보면 휴먼 인터랙션의 가까운 미래를 엿볼 수 있다. 우선 75인치의 투명 디스플레이를 탑재하고 있다. 홀로그램 기술을 구현하기 위해 개발한 기기인 만큼 디스플레이 뒤에 물리적인 빈 공간을 확보해 입체감을 배가시켜 준다. 이를 통해 어느 각도에서 보더라도 실제 사람과 유사한 형태로 보여 기존 키오스크보다 한 단계 업그레이드된 몰입감과 현장감을 제공한다.

프로토와 같은 키오스크가 의류 매장에 비치된 상황을 상상해 보자. 고객이 다가가면 화면 속 점원이 자연스럽게 반응하고 옷을 추천해 준다. 화면 속 점원은 고객이 없는 시간에는 딴짓을 하기도 하고 노래를 흥얼거리기도 한다. 실제로 미국의 유명 토크 쇼 〈엘런 드제너러스 쇼〉에서 진행자인 엘런 드제너러스가 기프트숍에 비치된 프로토 화면에 등장하는 내용을 공개해 화제가 되기도 했다. 엘런은 대형 화면을 통해 자신이 바로 옆에 있는 것처럼 실시간으로 손님들과 소통하는 모습을 연출했다.

만약 엘런처럼 프로토를 통해 실제 인물을 중계하는 것을 넘어 자체

제작한 디지털 휴먼 캐릭터를 탑재해 구현한다면 사람의 역할을 대체할 수 있을 것이다. 디지털 휴먼의 장점은 매장에서 오랫동안 서 있으며 일해도 지치거나 힘든 기색 없이 손님을 응대할 수 있다는 점이다. 업무 효율성은 물론 고객과의 소통의 질까지 높일 수 있는 디지털 휴먼 특화 기기의 개발이 앞으로도 계속될 수밖에 없는 이유다.

디지털 휴먼 서비스는 궁극적으로 디지털 어시스턴트의 역할을 담당하며 현재의 챗봇 서비스를 대체할 것이다. 현재까지 챗봇 서비스가 제공하는 경험은 대화에 머물러 있다. 하지만 앞으로 디지털 휴먼이 제공하는 경험은 사람과 유사한 시선, 표정, 제스처 등을 통해 좀 더 감정적으로 몰입할 수 있는 경험으로 진화할 것이다. 특히 사람의 표정을 인지해 미묘한 감정과 의도를 이해하고 특정 행동을 이끌어 낼 수 있는 수준까지 기술의 발전이 예상된다. 이에 따라 '서비스로서의 디지털 휴먼' Digital Human as a Service, 즉 디지털 휴먼이 필요한 곳에 대여하고 서비스 구독료를 받는 챗봇 비즈니스 모델의 차세대 형태가 등장할 것이다.

디지털 휴먼은 챗봇이라는 단순한 형태에 머물지 않고 더욱 확장될 가능성이 크다. 온·오프라인의 경계를 넘어 활용할 수 있다는 가능성 때문이다. 엔터테인먼트 업계에 등장한 디지털 휴먼이 오프라인에서 동일한 아이덴티티를 유지하며 활동하는 것이 좋은 예다. 예를 들어 오프라인 매장에서 활용되는 디지털 휴먼 점원이 온라인 커머스 매장에서도 동일하게 브랜드 홍보대사로 활동할 수 있다. 키오스크 속 AI 은행원이 은행 지점뿐만 아니라 온라인 은행에서도 동일하게 업무를 수행할 수도 있다.

생산 제조업에서 공장 시뮬레이션용으로 많이 활용하는 디지털 트윈 기술을 디지털 휴먼 기술과 접목하면 현장의 상황이 사람에게 어떤 영향을 끼치는지를 좀 더 생생하게 예측할 수 있을 것이다. 디지털 트윈 휴먼Digital Twin Human이 우리의 일상생활을 미리 경험하고 더 나은 미래를 열어 주는 핵심 기술이 될 것이다.

실제로 BMW는 엔비디아의 옴니버스Omniverse 플랫폼을 활용한 가상 공장을 구축해 라인의 최적화, 워크플로우 개선을 위해 노력하고 있다. 실제 공장의 워크플로우뿐만 아니라 직원의 움직임을 학습한 디지털 휴먼을 배치함으로써 실제 사람에게 미치는 영향을 예측하는 방식이다.

● **BMW-엔비디아 가상 공장의 디지털 휴먼**

© NVIDIA

이를 조금 더 확장하면 디지털 휴먼 서비스를 온·오프라인 서비스뿐만 아니라 가상세계, 메타버스에서도 활용할 수 있다. 디지털 휴먼 기술은 더 이상 호기심이나 흥미 수준에 머물지 않고 실제 경제 효과를 창출하는 단계로 성장하고 있다.

로봇시대의 인프라, '네이버 1784'에 다 있다 　🔍

'네이버 1784'는 말 그대로 로봇 시대의 리허설 무대다. 최첨단 기술이 집약된 이 빌딩은 로봇의 이동을 고려해 설계됐다. 로봇과 함께할 다음 시대에 로봇 친화적인 인프라에 대한 인사이트를 얻을 수 있는 공간이다.

사람이 사라진다, 디지털 휴먼이 찾아온다 　🔍

AI 은행원, AI 매장 안내원, AI 교육 강사…. 코로나19는 대면 서비스 영역에서 디지털 휴먼의 필요성을 일깨우는 계기가 되었다. 곧 디지털 휴먼이 은행이나 식당의 키오스크 안에서 반갑게 인사하는 모습을 마주하게 될 것이다.

CHAPTER 7

2022년 8월, 한국 최초의 달 궤도 탐사선 '다누리'가 우주로 향했다. 다누리는 민간 기업인 스페이스X의 우주 발사체 팰컨9에 실려 발사됐다. 국가 주도 공공 영역으로 여겨졌던 우주 산업은 이제 민간 기업이 선도하는 분야로 변환 Transform 중이다. 바야흐로 '뉴 스페이스' 시대, 기업들은 어떤 미래를 그리고 있을까? 6G 네트워크부터 우주 관광까지, 기업들의 청사진을 낱낱이 살펴 본다.

스페이스 테크,
'뉴 스페이스'를
찾아 떠나다

지구를 딛고
우주로 향하는 기업들

수많은 비즈니스 기회가 우주에 숨어 있다

메타버스는 가상현실을 통해 물리적 공간의 한계를 뛰어넘었다. 이제 또 하나의 물리적 한계를 극복하려는 시도에 전 세계가 관심을 집중하고 있다. 바로 우리가 밟고 살아가는 삶의 터전, 지구다. 각국의 정부는 물론, 수많은 첨단 기업도 스페이스 테크라 불리는 기술을 활용한 사업에 심혈을 기울이고 있다.

스페이스 테크는 인류의 삶을 다양한 측면에서 변화시킬 것이다. 예를 들어 과거에는 대륙간 인터넷 연결을 위해 지상 기지국이나 값비싼 해저 통신 케이블을 설치했다. 하지만 지구를 둘러싼 우주공간에 수많은 인공위성이 배치되면서 지구 어느 곳에서나 제약 없이 초고속 위성 인터넷을 사용할 수 있게 됐다. 또한 실시간 위성사진을 이용해 전국 고속도로의 교통량, 태평양을 가로지르는 화물선 항로, 산불이나 불법 벌목 등과 같이 지구 곳곳에서 일어나는 일을 모니터링할 수 있다.

로켓 개발이나 위성 데이터 분석 같은 분야의 발전 덕분에 우주 산업의 전체 규모도 매년 성장하고 있다. 글로벌 투자 은행 모건 스탠리의 2019년도 보고서에서는 2020년 3,500만 달러(약 420조 원) 규모였던 우주 산업의 시장 규모가 2040년 1조 1,000억 달러(약 1,300조 원) 규모로 성장할 것으로 전망했다(도표 7-1). 메릴린치도 2017년 〈우주 2.0〉 보고서에서 우주 산업 시장이 2045년까지 무려 2조 7,000억 달러(약 3,200조 원) 규모로 성장할 것으로 예측했다.

지금까지의 우주 산업은 냉전시대의 우주 개발 경쟁을 배경으로 나사나 미 공군과 같은 정부의 지원에만 의존했었다. 하지만 냉전 종식 이후 우주 산업에 상업화의 바람이 불기 시작하면서 이전과는 다른 방식으로 급격한 성장세를 보였다. 무엇보다 스페이스X를 비롯한 여러 우주 스타트업 기업들이 등장해 로켓의 발사 비용을 획기적으로 낮추면서 탄력을 받았다. 또한 각국에서 쏘아 올린 인공위성 덕분에 인터넷, TV, 위성사진 촬영 등 각종 서비스들이 발전하면서 우주 산업은 무궁무진한 기회를 창출하는 미래 산업으로 자리잡아 가고 있다.

한편 모건 스탠리는 미래 우주 산업을 위성 TV, 위성 인터넷, 위성 라디오, 지상 장비, 비 위성 관련 산업, 그리고 2차 파생 산업 등으로 분

도표 7-1 우주 산업 섹터별 성장률 전망

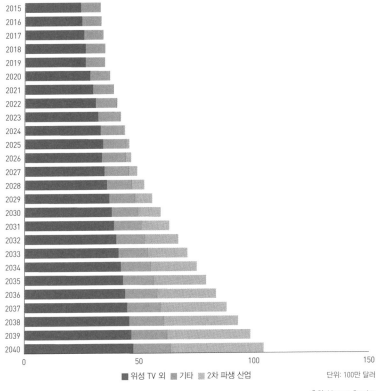

■ 위성 TV 외 ■ 기타 ■ 2차 파생 산업

단위: 100만 달러

출처: Morgan Stanley

류했다. 그중 2차 파생 산업 분야는 2040년까지 전체 산업에서 37퍼센
트를 차지하며 가장 빠른 성장세를 보일 것으로 내다봤다. 2차 파생 산
업 분야에는 앞서 5챕터의 모빌리티 분야에서 언급한 커넥티드카, 자율
주행차가 포함된다. 실제로 개별 차량을 통신 위성과 직접 연결할 수 있
는 차량용 위성 안테나가 활발하게 개발되고 있다. 이 외에도 클라우드

도표 7-2 전 세계 우주 기업에 투자된 자금 현황

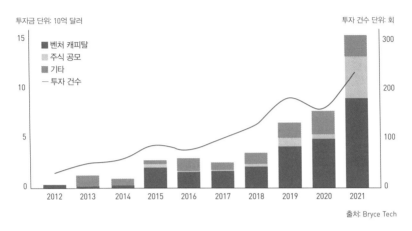

출처: Bryce Tech

서비스, 인공지능, 3D 프린팅, 사이버 보안 등도 2차 파생 산업에 해당된다.

　스타링크Starlink 서비스 같은 위성 인터넷 분야와 위성 TV, 위성 라디오 분야 또한 빠르게 성장할 것으로 예상된다. 2029년까지 지구의 저궤도를 도는 위성의 개수는 5만 개 이상으로 늘어날 전망이다. 달과 화성 개발 사업이나 태양계 탐사 등과 같은 비위성 관련 분야도 꾸준히 성장 중이다. 미국과 러시아 같은 우주 산업의 전통적인 강자는 물론 우주 산업의 떠오르는 강자 중국 등 각국 정부에서도 지속적으로 투자를 이어가고 있는 시점이다.

　전 세계 기업들도 우주 산업에 대한 투자를 확대하고 있다. 미국의 컨설팅 회사 브라이스 테크Bryce Tech에 따르면 2021년 한 해 동안 전 세계 우주 기업에 역대 최고액인 150억 달러(약 18조 6,000억 원)가 투자됐다고 한다(도표 7-2). 전년도 투자액이었던 77억 달러(약 9조 5,000억 원)의 2배에 가까운 액수다.

우주 산업과 관련된 여러 스타트업의 활약이 두드러지면서 벤처 캐피털에서도 공격적인 투자 행보를 보였다. 2021년 총 90억 달러(약 11조 1,000억 원)에 달하는 투자가 이뤄졌다. 이는 전년 대비 80퍼센트나 성장한 액수다. 스페이스X가 18억 달러(약 2조 2,000억 원)로 가장 많은 투자를 유치했고, 원웹One Web도 15억 달러(약 1조 8,000억 원)를 유치했다.

투자액 규모로 투자자들을 분류하면 벤처 캐피털, 공공기관, 시드 및 증여, 기업 인수 순으로 나타났다. 2021년 기준 우주 산업에 투자한 전체 투자 기관의 수는 596개로 집계됐다. 이 중 미국 소재의 기관이 46퍼센트에 달했다. 다음으로 중국, 일본, 영국 순이었다. 특히 세라핌 캐피털Seraphim Capital과 테크스타 Techstars는 각각 16개 우주 기업에 투자하면서 가장 활발한 투자 활동을 보였다. 우주 산업에 대한 시장의 기대가 증폭되고 있는 만큼 핵심 기업들에 대한 투자자들의 경쟁적 투자가 이어질 것으로 예상된다.

CES 2022에서는 '스페이스 테크'라는 카테고리가 새롭게 등장했다. CES 주관사인 CTAConsumer Technology Association의 스티브 코닉Steve Koenig 부회장도 오늘날 전 세계에서 가장 뜨거운 관심을 보이는 분야로 스페이스 테크를 꼽았다. 우주 왕복선을 제작하는 시에라 스페이스Sierra Space를 비롯해 다양한 기업에서도 위성을 활용한 일기 예보 시스템, 위성 관제 시스템, 위성 인터넷 서비스 등을 선보였다. 정부 기관과 관련 없는 민간 기업들이 우주 산업에 적극적으로 진출하고 있다는 점에서 앞으로의 변화가 기대된다.

올드 스페이스에서 뉴 스페이스로

2020년 11월 15일 스페이스X는 나사의 유인 우주선 임무를 공식적으로 수행한 첫 스타트업이 됐다. 4명의 우주 비행사를 유인 우주선 크루 드래곤Crew Dragon에 실어 우주 정거장에 올려 보내는 임무였다. 스타트업으로서 스페이스X가 나사의 첫 공식 우주 사업을 수주하는 과정은 결코 순탄치 않았다. 나사는 오래전부터 보잉, 록히드 마틴, 노스롭 그루먼, ULA와 같은 파트너 기업에게만 로켓 부품의 수의 계약 기회를 줬다. 2014년 스페이스X는 이를 문제 삼아 미 공군을 고소했다. 결국 스페이스X가 승소해 우주 사업을 경쟁 입찰 형태로 바꿈으로써 나사의 프로젝트에 스타트업이 참여할 수 있는 길을 열었다.

스타트업이 우주 산업에 등장하면서 2가지 중요한 변화가 일어났다. 첫 번째, 사업 비용의 절감이다. 기존 우주 산업 관련 기업들은 그동안 미 정부의 든든한 지원 아래 비용 걱정 없이 사업의 성공에만 몰두해 왔다. 태생적으로 천문학적인 비용이 발생할 수밖에 없는 구조였던 것이다. 그런 배경 속에 스페이스X가 등장해 우주 개발 비용 경쟁을 촉발했다. 스페이스X의 등장 이후 화물 1킬로그램을 우주 공간으로 보내는 데

들어가는 비용이 획기적으로 낮아지기 시작했다.

예를 들어 애틀러스VAtlas V는 록히드 마틴이 미 공군을 위해 개발한 대표적인 우주 발사체로, 2015년 당시 1회 발사 비용이 1억 6,000만 달러(약 2,100억 원)에 달했다. 이 로켓의 화물 중량이 최대 8.1톤인 점을 고려하면 1킬로그램당 약 1만 9,700달러(약 2,500만 원)의 비용이 들어간 셈이다. 그러나 2020년 미 국제전략문제연구소CSIS의 조사에 따르면 스페이스X의 팰컨9Falcon 9의 발사 비용은 회당 9,500만 달러(약 1,244억 원)다. 1킬로그램당 발사 비용을 1,500달러(180만 원)까지 줄인 것이다.

스페이스X는 어떻게 비용을 절감한 것일까? 무엇보다 로켓의 재사용이 주효했다. 실제로 로켓과 관련된 총 비용 중 로켓 부품의 비용이 80퍼센트를 차지한다. 이처럼 로켓은 엄청난 돈이 들어가는 최첨단 기술의 집약체지만 그동안 한 번 쓰고 나면 버려야만 하는 1회용 발사체에 지나지 않았다. 스페이스X가 이러한 생각을 뒤집은 것이다. 그들은 로켓을 회수하는 방식을 택했다. 한 번 발사한 로켓을 바다에 떨어뜨리는 방식을 버리고, 원형 그대로 다시 지구에 착지시킬 수 있는 재사용 로켓을 개발한 것이다.

두 번째, 스페이스X의 성공 이후로 다양한 우주 스타트업 기업들이 약진하기 시작했다. 2021년 제프 베이조스는 아마존의 CEO 자리에서 물러나면서 로켓 개발과 우주 관광 산업을 중심으로 하는 스페이스 테크 기업 블루 오리진Blue Origin에 집중할 것이라고 발표했다. 또한 리처드 브랜슨이 이끄는 버진 그룹에서도 우주 관광 사업 회사인 버진 갤럭틱

Virgin Galactic을 설립했다. 이 외에도 스파이어 글로벌Spire Global, 플래닛 랩스Planet Labs, 트림블Trimble처럼 실시간 위성 사진, GPS 데이터, 통신 데이터 등을 활용해 다양한 데이터 분석 서비스를 제공하는 기업들도 생겨났다. 또한 아스트라 스페이스Astra Space, 로켓 랩Rocket Lab과 같은 로켓 스타트업들도 주목을 받기 시작했다.

이러한 변화들은 오랫동안 우주 사업에서 성과를 달성한 기존 기업 들에게 위기로 인식되고 있다. 대표적으로 로켓 발사체 개발 기업인 ULA는 나사와의 오랜 신뢰 관계를 바탕으로 여러 사업을 수주해 왔다. 하지만 개발 비용 절감에 실패하고 스페이스X 같은 여러 스타트업과의 입찰 경쟁에서도 서서히 밀려나는 모습을 보이고 있다. 미 정부의 사업 파트너라는 자리를 더 이상 보장할 수 없는 상황이다. 보잉에서 생산 중 인 유인 우주선 CST−100도 가격 경쟁력 면에서 스페이스X에 뒤처진다 는 평가를 받고 있다.

우주 산업 관련 스타트업의 등장 이후, 패러다임이 전반적으로 이동 하고 있음을 곳곳에서 확인할 수 있다. 기존의 우주 산업은 보통 나사와 같은 정부 기구가 국가적 목표를 실현하기 위한 사업을 발표하면 전문 연구 기관이나 대기업이 국가 계획에 따른 연구 개발이나 생산 과정에 참여하는 방식으로 이뤄진다. 국가가 주도하는 사업일수록 목표나 성과 의 규모는 거대할 수밖에 없다. 대부분 장기 프로젝트로 진행되는 덕분 에 비용 절감도 쉽지 않아 고비용의 사업으로 인식된다. 또한 국가적으 로 많은 관심을 받는 프로젝트인 만큼 위험을 최대한 회피하고 안전과 신뢰성에 더 집중하는 등 굉장히 보수적인 성격을 띤다.

반면 스타트업이 우주 산업을 주도하기 시작하면서 국가적 목표보다 상업적 목표에 더 집중하는 경향이 나타나고 있다. 민간 기업이 참여하는 만큼 인공위성 GPS 산업, 위성 인터넷 사업, 우주 관광처럼 수익을 직접적으로 발생시킬 수 있는 분야가 주를 이룬다. 하나의 프로젝트를 위한 개발 기간도 국가 주도 사업에 비해 상대적으로 짧다. 사업 추진을 위한 자금도 정부보다 민간 투자에 집중돼 있다. 따라서 비용 절감이라는 목표 아래 리스크를 감수하더라도 안정보다는 혁신, 장기 프로젝트보다는 단기 프로젝트를 추구해 사업성을 확보하려는 성격이 짙다.

이러한 우주 산업의 패러다임 변화에 발맞춰 우주 관련 산업에 진출하는 민간 기업의 수는 더 늘어날 것이다. 기존의 전통적인 우주 산업을 '올드 스페이스'로, 스타트업이 혁신을 주도하고 있는 산업을 '뉴 스페이스'로 부르는 현장의 분위기가 오늘날 우주 산업의 현주소를 잘 설명해 준다. 지금 우리는 우주 산업에 상업화의 바람이 불어 수익 구조가 다각화되고 비용 절감을 이루는 뉴 스페이스 혁명의 한가운데에 서 있다.

대우주 시대를 여는 6G 네트워크

2019년 5G가 처음 상용화된 이후, 관련 업계에서는 다음 세대 통신 기술인 6G를 준비하기 위한 움직임을 보이고 있다. 5G의 주요 특징은 초저지연, 초고속, 초연결이었다. 하지만 이전까지의 모바일 통신과 마찬

도표 7-3 5G와 6G의 각 특징과 성능 비교

5G		6G
전송 속도 1Tbps	⇨	전송 속도 20 Gbps [초성능]
100Ghz 대역 이하	⇨	100Ghz 대역 이상 활용 [초광대역]
지연 시간 1ms	⇨	지연 시간 0.1ms [초저지연]
고도 지상 120m 이하	⇨	고도 지상 10km 이하 통신용 인공위성 활용 [초공간]
코어망에 AI 기술 적용	⇨	코어망과 무선 구간에 AI 적용 가능 [초지능]

가지로 유선 네트워크나 지상의 무선 기지국을 통해서만 서비스돼 음영 지역이 많았다. 하지만 6G부터는 초성능, 초저지연, 초광대역, 초공간, 초지능을 주요 특징으로 삼는다(도표 7-3). 이 중 초공간 서비스를 실현 하기 위해서는 지구 저궤도 영역을 돌고 있는 인공위성의 역할이 중요 하다. 처음으로 인공위성을 적극 활용하는 만큼 지구 어느 곳에서도 공 간의 제약 없이 초고속 인터넷을 이용할 수 있게 된다.

6G의 특징인 초저지연 기술을 구현해 내면 통신 지연 속도가 5G 대 비 10분의 1인 0.1밀리세컨드(0.0001초)로 줄어든다. 인간이 인지할 수 있는 최저 지연 속도가 100밀리세컨드(0.1초)라는 것을 감안하면 인간이 체감할 수 있는 영역을 뛰어넘어 다양한 분야에서 기여할 수 있을 것으 로 기대된다. 예를 들어 자율주행차의 안정성, 정밀한 공정 관리 등에도 획기적인 변화를 불러일으킬 것이다. 또한 인공지능과 머신러닝 데이터 를 실시간으로 로컬 영역에서 서버로 전송하거나(초지능), 주파수 대역을

최소 500메가헤르츠에서 최대 10기가헤르츠까지 다양하게 활용할 수 있게 된다(초광대역).

　6G 통신의 등장과 함께 2022년 기준 위성 통신 분야 1위 기업인 스페이스X가 많은 주목을 받았다. 《모바일 미래보고서 2022》에도 언급했듯이 스페이스X는 2029년까지 스타링크라는 위성 인터넷 사업을 통해 4만 2,000대의 저궤도 인공위성을 발사할 계획이다. 이 계획이 성공하면 지구 어느 곳에서나 최대 1기가비피에스Gbps 속도로 초고속 인터넷을 이용할 수 있다. 유선 인터넷망이 설치되지 않던 산간 지방이나 도서 지역, 또는 사막과 같은 지역에서도 초고속 인터넷 서비스를 이용할 수 있는 시대가 눈앞으로 다가오고 있다. 스타링크는 2022년 6월 기준 북

미 지역과 일부 유럽 지역에서 서비스 중으로, 이미 가입자 수가 40만 명을 돌파했다. 해당 서비스를 이용하려면 지름 60센티미터 정도의 원형 안테나를 구입해 설치해야 한다. 일반인들도 쉽게 설치할 수 있으며 비용은 600달러 수준이다. 또 추가로 월 이용료 99달러를 납부해야 한다.

한편 2021년 스페이스X의 스타링크 위성이 전 세계적으로 이름을 알린 사건이 있었다. 바로 러시아의 우크라이나 침공이다. 당시 우크라이나의 통신망과 여러 방송 시설이 러시아의 공격으로 파괴되자 스페이스X에서는 스타링크 위성 인터넷 1만 5,000대를 우크라이나에 지원했다. 이에 러시아의 푸틴 대통령이 스타링크 위성에 대한 공격 명령을 내리면서 첫 우주 전쟁의 가능성도 점쳐졌다. 하지만 러시아가 우주 공간에서 수만 대의 스타링크 위성을 일일이 찾아 파괴하기란 결코 쉽지 않을 것으로 판단된다.

인공위성의 수가 늘어난 만큼 구분하는 기준도 다양하다. 먼저 인공위성을 구분할 때 지구로부터 떨어진 거리에 따라 보통 3단계로 나눈다. 각 단계는 3만 6,000킬로미터 이상 떨어져 있는 GEO Geosyn-Chronous Orbit(정지궤도) 위성, 8,000킬로미터 이상 떨어져 있는 MEO Medium Earth Orbit(중궤도) 위성, 그리고 1,000킬로미터 이상 떨어져 있는 LEO Low Earth Orbit(저궤도) 위성이다.

정지궤도 위성은 멀리 떨어져 있는 만큼 통신 지연 속도 Latency가 700밀리세컨드까지 길어지는 단점이 있다. 하지만 단 3대의 위성만으

● 정지궤도, 중궤도, 저궤도 위성의 비교

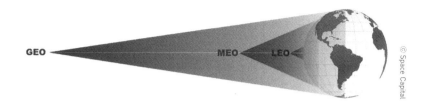

로도 지구 전체 면적을 커버할 수 있다. 저궤도 위성은 상대적으로 지구와 가깝기 때문에 통신 지연 시간이 50밀리세컨드 정도로 짧고 대역폭을 높일 수 있어 초고속 인터넷에 적합하다. 일반적으로 통신 지연 시간이 60밀리세컨드 미만이면 인터넷 동영상이나 온라인 게임 등을 충분히 쾌적하게 즐길 수 있다. 그러나 지구 전체 영역을 커버하기 위해서는 수만 개의 위성이 필요하다는 단점이 있다. 수만 개의 위성을 모두 쏘아 올리기 위해 위성 자체를 작고 가볍게 만드는 것도 중요한 과제다.

또한 인공위성을 무게로 구분할 때는 500킬로그램 이하면 소형 위성, 1톤 이상이면 대형 위성으로 나눈다. 한국의 기후 관측 위성인 천리안 2B처럼 정지궤도에 오르는 위성들은 많게는 3톤 이상에 달하기도 한다. 반면 스타링크 위성은 한 대의 무게가 227킬로그램으로 소형 위성에 해당한다. 소형 위성은 주로 인공지능 기술을 활용해 지구에서 실시간으로 관제한다. 또한 위성 별자리 시스템으로 불리는 운용 방식으로 관제하기 위해서는 동일한 설계의 위성을 수천 대에서 수만 대까지 대량 생산해야 하고 여러 대의 인공위성을 동시에 군집 운용해야 한다.

● 저궤도 영역에 설치된 수만 개의 인공위성

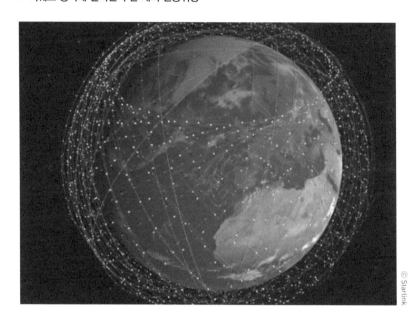

© Starlink

스타링크 외에도 현재 많은 기업에서 위성 인터넷 서비스를 제공하고 있다. 1985년에 설립된 룩셈부르크의 에스이에스ses는 MEO 위성과 GEO 위성을 이용해 위성 인터넷과 TV서비스를 제공하고 있는 대표적인 기업이다. 2021년에 2조 4,000억 원의 매출을 달성했으며 2023년에는 전송 용량 10.5테라비피에스Tbps의 인터넷을 제공할 예정이다. 이는 100메가비피에스 속도로 10만 명의 이용자들에게 서비스를 제공할수 있는 속도다(도표 7-4).

2012년 영국에서 설립된 원웹은 2022년 초까지 총 428개의 위성을

도표 7-4 위성 인터넷 주요 기업의 서비스 스펙(2023년 기준)

	특징	지연 시간(ms)	전송량(Tbps)	다운로드 속도(Mbps)
스타링크	LEO 위성	30~45	75.3	100~300
에스이에스SES	MEO, GEO위성	150MEO 700GEO	10.5	6~500
비아샛Viasat	GEO 위성	700	4.0	20~100
원웹OneWeb	LEO 위성	50~100	5.5	50~200
에코스타Echostar	GEO 위성	724	0.8	20~100

출처: 미래에셋

쏘아 올렸다. 한때 파산 위기를 맞았으나 인도의 다국적 기업인 바티 엔터프라이스Bharti Enterprises와 영국 정부의 지원으로 회생에 성공했다. 일본의 소프트뱅크Softbanks와 한국의 한화 시스템도 투자에 참여했다. 하지만 러시아의 소유즈Soyuz 로켓을 주로 이용했던 관계로 위성 발사에 제동이 걸린 상태다.

이러한 위성 인터넷은 항공, 선박, 그리고 자율주행자동차와 같은 모빌리티 분야와 함께 시너지 효과를 일으킬 것으로 기대된다. 델타 항공Delta Aitlines과 하와이안 항공Hawaiian Airlines이 스타링크와 위성 인터넷 서비스 공급을 추진하고 있고, 수년 뒤에는 대부분의 항공기 안에서도 초고속 인터넷을 저렴하게 이용할 수 있을 것이다. 또한 2022년 7월, 스페이스X는 월 5,000달러의 비용을 지불하면 선박에서 사용할 수 있는 전용 위성 인터넷 서비스를 출시했다. 그동안 값비싼 위성 전화를 유일한 통신 수단으로 활용했던 화물선, 유조선, 여객선, 원양 어선 등에서도 용량의 제한 없이 초고속 인터넷을 이용할 수 있는 길이 열린 것이다.

현재 LTE나 5G 통신을 활용한 커넥티드카나 UAM(도심항공교통)은 해당 통신 기술의 커버리지 영역을 벗어나면 자율주행이나 내비게이션의 기능을 이용할 수 없다. 하지만 위성 기반의 6G 통신을 활용하면 어느 곳에서든 지역의 제한 없이 서비스를 제공받을 수 있다. 운전자뿐만 아니라 자율주행 데이터를 수집해야 하는 완성차 업체에서도 도심 지역, 산악 지역, 도서 지역 등 전체 도로 환경을 아우르는 주행 데이터를 수집할 수 있다.

하지만 위성 인터넷 사업은 몇 가지 어려움을 겪고 있다. 2022년을 기준으로 스페이스X는 2,000기가 넘는 위성을 발사했지만 250기 이상, 즉 12퍼센트가 넘는 위성이 궤도를 이탈해 지구 대기권으로 추락하거나 고장 난 채로 궤도를 돌고 있는 것으로 파악된다.

위성 간 충돌의 위험도 문제로 지적된다. 2021년 4월 스타링크 위성과 원웹 위성이 불과 58미터 차이로 비껴가면서 미 우주군에서 적색 경보를 발령하기도 했다. 만약 두 위성이 충돌했다면 수백 개의 파편이 발생해 다른 위성들과 연쇄적으로 충돌하면서 인터넷망이 마비됐을지도 모른다.

나중에 밝혀진 바에 따르면 스페이스X에서 인공지능 충돌 방지 시스템을 비활성화했기 때문이라고 하는데 그 구체적인 원인은 드러나지 않았다. 앞으로 지구에서 쏘아 올리는 저궤도 위성의 숫자가 급증한다면 위성 간 충돌 위험이 심각한 문제로 불거질 것이다. 하지만 현재까지 인공위성 관련 기업들에게 제재를 가하거나 예방 조치를 취하도록 강제하는 국제적 단체가 전무한 실정이다.

또 2022년 5월에는 우크라이나군이 작전 지휘를 위해 이용하는 비아샛Viasat의 위성이 러시아 해커의 공격을 받기도 했다. 해당 공격으로 우크라이나뿐만 아니라 주변 지역 인터넷 이용자들과 인근 풍력 발전시설까지 피해를 입었다.

2021년 일론 머스크는 MWC Mobile World Congress의 기조연설을 통해 스타링크를 구축하기까지 총 34조 원 규모의 투자가 필요하지만 시스템이 완전히 구축되면 연간 34조 원의 수익을 일으킬 수 있다고 밝혔다. 머스크가 연설을 통해 언급한 인공위성의 수익 창출 가능성도 인상적이지만 그가 MWC에 기조연설자로 참여했다는 사실에 더욱 주목해야 한다. 통상 통신과 단말기 관련 기업이 주를 이루는 행사에 머스크가 참여할 수 있었던 것은 스페이스X 또한 미래의 주요 통신 기업으로 성장할 잠재력이 충분하다는 기대 때문이다. 여전히 위성 인터넷은 해결해야할 기술적 어려움이 많이 남아 있지만 동시에 큰 기회를 잡을 수 있는 시장임을 확인할 수 있다.

스타트업의 대반란, 나사를 사로잡다

우주 비즈니스의 스타트를 끊은 스페이스X

2018년 스페이스X는 세계에서 가장 강력한 추진력을 지닌 로켓 팰컨 헤비Falcon Heavy를 우주로 쏘아 올렸다. 로켓에는 스타맨이라는 마네킹 우주인을 운전석에 태운 빨간색 테슬라 스포츠카가 실려 있었다. 팰컨 헤비와 함께 우주로 날아간 스포츠카와 스타맨은 성공적으로 지구 중력권을 벗어나 현재 태양계 안에서 지구 궤도와 화성 궤도 주변을 공전하고 있다. 일반적으로 첫 시험 발사를 하는 로켓에는 적재량을 가늠하기 위해 화물 대신 콘크리트 덩어리를 싣는다. 스페이스X는 이러한 통념을 깨고 1,305킬로그램짜리 로드스터 스포츠카와 스타맨을 로켓에 실은

● 우주공간으로 쏘아 올려진 테슬라의 스포츠카와 스타맨

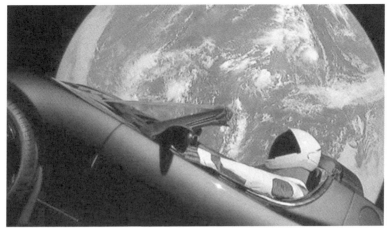

© SpaceX

것이다.

팰컨 헤비는 수백 개의 인공위성을 동시에 쏘아 올리거나 ISS에 대량의 우주 화물을 운송하는 등 다양한 우주 임무를 위해 개발된 로켓이다. 스페이스X의 우주 사업 목표를 달성하는 과정의 시험 무대이기도 했던 첫 임무에 성공할 확률은 50퍼센트에 불과했다. 하지만 목표로 삼았던 궤도 진입에 성공하는 것은 물론 보조 로켓 2대 기도 원형을 보존한 채 플로리다주 해안에 위치한 착륙점으로 안전하게 귀환했다. 이는 스페이스X의 수많은 로켓 발사 시험의 결과이기도 하다.

2013년 첫 발사에 성공한 팰컨9은 적재량이 23톤에 달했다. 이후 적재량을 더욱 향상시키도록 로켓을 설계했고 팰컨 헤비는 64톤의 화물을

실을 수 있게 됐다. 출력 면에서도 이전까지 가장 강력한 로켓이었던 ULA의 '델타4 헤비'를 2배 이상 능가한다. 무엇보다 스페이스X에서 중점을 둔 것은 로켓 발사체의 재사용 가능 여부였다. 2013년 팰컨9의 첫 발사 이후 2022년 5월까지 총 151회 발사를 거듭하는 동안 로켓을 재활용한 횟수는 무려 91회에 달한다. 이를 통해 로켓의 강력함보다 재사용이 발사 비용을 대폭 절감할 수 있다는 것을 증명했다.

이러한 배경을 바탕으로 스페이스X는 나사의 주요 임무도 함께 맡고 있다. 2021년 말까지 총 5번의 유인 우주선 발사에 성공해 총 18명의 우주비행사들을 우주로 보내기도 했으며 ISS 화물 수송 임무도 수차례 수행했다. 2021년에는 달착륙선 사업자 선정에서 블루 오리진과 미국의 방산 기업을 제치고 독점으로 선정됐다. 하지만 스페이스X는 나사의 임무보다 자신들만의 우주 사업에 더 큰 역점을 두고 있다. 수만 개의 인공위성을 이용해 지구 전역에 인터넷을 공급하는 스타링크, 자사 로켓의 여유 공간에 타 기업의 소형 위성들을 싣고 공동으로 발사하는 라이드 셰어Rideshare, 그리고 우주 여객 사업 등이 대표적이다.

일론 머스크는 무엇보다 2029년까지 화성에 사람이 정착할 수 있는 환경을 조성하여 궁극적으로 인간의 삶을 다행성화Multi-planetary하겠다는 뜻을 내비쳤다. 이러한 목표 아래 화성으로 가기 위한 우주선인 스타십Starship을 한창 개발 중이다. 이 우주선은 지구에서 화성까지 80일에서 최대 150일 내로 도착할 수 있도록 설계됐다. 최대 120명의 인원이 탑승할 수 있으며 객실은 물론 별도의 식당과 편의시설까지 갖추고

● 화성 이주를 위해 개발되고 있는 스타십의 15번째 테스트 모델 SN15

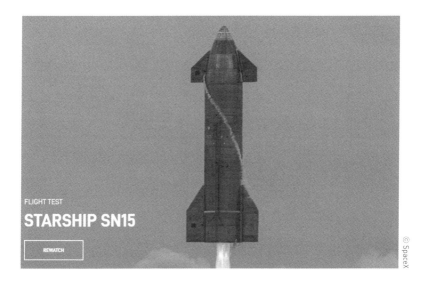

있다.

스페이스X의 사업이 순탄한 과정만 밟아 온 것은 아니다. 2021년 12월, 머스크는 직원들에게 파산 가능성을 경고했다. 스타십 우주선의 개발과 스페이스X의 주 수입원인 스타링크 사업에 필수 부품이라 할 수 있는 랩터 엔진의 개발이 늦어진 것이 이유였다. 스타링크 사업을 위해 수만 대의 위성 안테나 제작 계획을 갖고 있던 스페이스X로서는 랩터 엔진의 개발이 지연될수록 엄청난 손실을 감수할 수밖에 없었다.

인공위성의 과도한 도입에 따른 우주 공간 독점에 대한 비판도 무시할 수 없다. 스페이스X에 대해 우려의 목소리를 내는 사람들은 규제나 국가의 동의 없이 국경을 넘어 전 지구를 대상으로 너무나 많은 인공위성을 띠우고 있다는 점을 지적한다. 우주 쓰레기 문제, 위성 간 충돌, 밤 하늘의 시각 공해 등 우주 개발에 따른 여러 문제들이 발생하기 때문이다. 머스크는 이러한 지적에 대해 우주는 충분히 넓고 인공위성은 매우 작을 뿐만 아니라 자신들이 다른 위성 사업자들의 진입을 막고 있지 않다고 답했다.

내부 직원 간의 불미스러운 사건도 한몫했다. 스페이스X의 한 정규직 엔지니어가 동료에게 성적 접촉을 당해 이를 회사에 보고했으나 회사에서는 어떤 대책도 내놓지 않았고, 심지어 가해자와 같은 부서에서 계속 일을 해야 했다고 주장했다. 또 다른 한 인턴은 상사가 집요하게 사생활을 캐묻자 이를 회사에 보고했지만 오히려 인사 보복 조치를 당했다며 회사를 상대로 소송을 제기했다.

각종 논란에도 불구하고 스페이스X는 우주 산업의 상업화를 가속화하며 뉴 스페이스 시대의 개막을 알린 첫 기업으로 평가받고 있다. 로켓을 재활용해 발사 비용을 획기적으로 줄임으로써 위성 인터넷 사업의 수익성을 확보하거나 나사의 주요 임무를 타사 대비 낮은 비용으로 수주하는 등 거침없는 행보를 이어 가고 있다.

현재 비상장 기업인 스페이스X는 머스크가 전체 주식의 54퍼센트를 보유하고 있고 78퍼센트의 의결권을 갖고 있다. 2022년 스페이스X의 기업 가치는 약 1,250억 달러(약 162조 원) 정도로 평가받고 있으며 평가액은 해를 거듭하며 빠르게 상승하고 있다. 모건 스탠리는 머스크가 자산 1조 달러 이상을 보유한 역사상 첫 조만장자가 될 수 있다고 전망했다.

지구별 사람들의 새로운 관광지, 우주

2021년은 우주 관광의 해로 기록될 것이다. 한 해 동안 8회의 민간 유료 우주 관광이 진행됐고, 총 28명의 민간인이 우주를 다녀왔다. 제프 베이조스가 이끄는 블루 오리진은 3회에 걸쳐 총 14명, 버진 그룹의 버진 갤럭틱은 2회에 걸쳐 6명, 스페이스X가 1회에 4명, 그리고 러시아 소유즈 우주선이 2회에 4명을 우주로 보냈고 모두 큰 사고 없이 임무를 완수했다.

우주 관련 기업 중 관광 분야에 가장 적극적인 기업은 블루 오리진이다. 블루 오리진은 스페이스X보다 2년 앞선 2000년에 설립됐지만 로켓의 출력이나 제어와 같은 기술력은 아직 스페이스X에 미치지 못한다는 평가를 받고 있다. 하지만 현재까지 가장 많은 민간인 관광객을 우주로 보냈다.

블루 오리진의 첫 발사에는 베이조스가 직접 우주선에 탑승하면서 전 세계의 주목을 받았다. 당시 우주선은 불과 몇 분 만에 지구와 우주의 경계로 불리는 고도 100킬로미터 높이까지 상승했다. 우주선에 탑승한 관광객들은 약 3분 동안 무중력 상태를 경험한 뒤 다시 지구로 돌아왔다. 블루 오리진은 현재도 관광 희망자들을 수시로 받고 있다. 정확한 티켓 가격은 공개하지 않았지만 2021년까지 우주 관광만으로 1억 달러 이상의 매출을 올렸다고 밝혔다.

또한 블루 오리진은 자사의 로켓 기술을 활용할 수 있는 다른 사업들도 동시에 준비하고 있다. 그중 하나가 나사의 달착륙선이다. 2021년

● 버진 갤럭틱의 우주선 분리 장면

블루 오리진은 달착륙선 경쟁 입찰에 참여했지만 스페이스X에게 기회를 뺏기는 바람에 고배를 마셨다. 나중에 블루 오리진은 나사에서 기존 약속과는 다르게 스페이스X와 단독 계약을 맺었다는 것을 문제 삼아 나사를 고소하기도 했다.

버진 갤럭틱은 조금 다른 방식의 우주 관광을 모색하고 있다. 스페이스X나 블루 오리진과 같이 지상에서부터 로켓을 쏘아 올리는 방식이 아니라 비행기 형태의 모선에 우주선을 싣고 지상에서 이륙하는 방식이다. 모선이 일정 고도에 도달하면 우주선이 분리되고 로켓이 작동하며 다시 고도 90킬로미터까지 올라간다. 블루 오리진과 마찬가지로 몇 분간 무중력 체험을 할 수 있다. 2022년까지 저스틴 비버, 레오나르도 디카

프리오를 포함해 700명 이상이 예약 대기 중이며, 티켓 가격은 45만 달러(약 5억 4,000만 원)에 달한다. 팬데믹을 겪으면서 한동안 티켓 판매가 중지됐다가 2022년 2월부터 재개됐다. 또 버진 그룹에서는 2017년에 소형 인공위성 발사 서비스 기업인 버진 오비트Virgin Orbit를 설립해 나사의 소형 위성을 자사의 로켓을 통해 궤도에 올려놓는 임무를 수행하고 있다.

우주 여행 산업은 아직 걸음마 단계지만 스페이스X나 블루 오리진 같은 기업을 통해 우주선의 안전성과 발사 비용의 절감을 통한 수익성이 확보됐다는 것을 확인할 수 있다. 오비탈 어셈블리Orbital Assembly라는 기업에서는 2027년 개장을 목표로 최초의 단독 우주 호텔을 계획하고 있다. 또 액시엄 스페이스Axiom Space라는 기업은 ISS에 연결할 수 있는 민간인용 호화 숙박 시설인 액시엄 스테이션을 기획하는 등 앞으로도 많은 발전을 예고하고 있다. 앞으로의 우주 산업이 더욱 기대되는 시점이다.

스타트업들의 우주 금광 채굴 대작전

지구에서 쏘아 올린 수많은 위성 덕분에 위성 데이터를 활용한 파생 산업이 등장해 함께 발전하고 있다. 대표적인 기업이 인공위성을 이용한 다양한 분석 서비스를 제공하는 SaaS Space as a Service(서비스로서의 소프트웨어) 기업 스파이어 글로벌이다.

이 기업에서 제공하는 해상 데이터 분석 서비스를 이용하면 지구 곳곳의 바다 위를 이동하고 있는 여러 선박들의 이름과 고유 식별 정보 MMSI, 이동 방향, 항로, 속도 등을 실시간으로 파악할 수 있다. 이를 활용해 각 선박은 항해 지역의 기상 정보를 전달받거나 항로를 변경하고 선박 간 충돌을 피하는 데 활용할 수 있다. 불법 조업 중인 어선을 단속하거나 사고를 당한 선적의 위치를 파악하고 구조하는 데도 활용할 수 있다.

그뿐만 아니라 실시간 대기 정보를 수집해 지구 전역의 일기예보 정보를 제공하는 기후 데이터 분석 서비스, 비행 중인 여러 항공기들의 위치를 추적하고 운항 경로를 결정하는 데 도움을 주는 항공 데이터 분석 서비스도 제공하고 있다. 2022년 6월 기준으로 스파이어 글로벌에서 자체 운영하는 인공위성은 165개에 이르며 위성들로부터 하루 평균 2,500만 건의 메시지 데이터를 받고 있다.

플래닛 랩스도 유사한 위성 모니터링 서비스를 제공하고 있다. 이 기업의 농업 데이터 분석 서비스를 이용하면 육안으로 일일이 관리하기 어려운 초대형 농장에서도 농작물이 병충해를 입고 있는지는 물론 전반적인 건강 상태를 실시간으로 모니터링해 생산성을 향상할 수 있다. 가뭄 모니터링 서비스를 이용하면 주요 댐의 저수량이나 사막화가 진행 중인 지역을 조사할 수 있고 불법 벌목이 이뤄지고 있는 지역도 손쉽게 찾아낼 수 있다. 지질 탐사 서비스를 이용하면 지진, 화산 활동, 산사태 등의 자연 재해 상황도 실시간으로 파악할 수 있다.

로켓 랩은 소형 위성의 제조와 발사에 특화돼 있는 기업이다. 또한 스

● 실시간으로 농장 상황을 분석할 수 있는 플래닛 랩스의 위성사진

NORTH PLATTE, NEBRASKA

JULY 2019   AUGUST   SEPTEMBER

© Planet Labs

페이스X와 같이 회수용 로켓을 활용해 발사 비용을 줄이기 위해 노력하고 있다. 낙하 중인 로켓을 헬기를 이용해 공중에서 낚아챈다는 점이 특징이다. 실제로 2022년 자사의 일렉트론 로켓의 발사 후 2단계 추진 로켓과 분리된 1단계 추진 로켓이 태평양 상공에 떨어지도록 유도해 회수하는 데 성공했다. 이 외에도 각종 위성 부품이나 지상 관제 소프트웨어 솔루션을 개발 및 제공하고 있다.

국내 스페이스 테크 스타트업 중에서는 쎄트렉아이Satrec Initiative가 위성 제작 기술로 주목받고 있다. 이 기업에서 출시한 위성은 0.3~1미터 크기의 지상 물체까지 촬영할 수 있는 고해상도 위성과 넓은 영역을 한 번에 촬영할 수 있는 저해상도 위성으로 나뉜다. 위성에서 촬영한 사진

을 지구의 기지국과 송수신할 수 있는 안테나 및 무선 통신 기술, 이를 지상에서 관제할 수 있는 관련 소프트웨어 기술도 확보하고 있다.

한화에어로스페이스와 한국항공우주산업과 같은 기업들도 한국형 발사체나 각종 로켓 부품, 시험 설비, 정지궤도 위성, 다목적 위성 등 다양한 스페이스 테크 분야에서 사업을 지속하고 있다. 주로 과학기술정보통신부 산하 기관인 한국항공우주연구원KARI의 주도하에 국가 사업 위주로 임무를 수행하고 있다. 2022년 6월에는 저궤도 위성 발사용 로켓인 누리호 발사에도 성공했다. 8월에는 한국의 첫 달 탐사선 다누리가 스페이스X의 로켓에 실려 우주로 발사됐다. 다누리에는 BTS의 노래와 뮤직비디오 동영상이 저장되어 있어서 이를 세계 최초로 우주 인터넷을 통해 지구로 전송할 계획이다. 하지만 아직까지 국내 기업들은 국가 주도 사업에 의존하는 올드 스페이스 기업들이 대부분이다. 앞으로는 민간 영역의 서비스를 제공하는 뉴 스페이스 기업들도 등장할 것으로 기대된다.

한때 레이시온 테크놀로지스, 록히드 마틴, 노스롭 그루먼, 제너럴 다이내믹스처럼 나사나 미 공군 또는 각국의 정부로부터 투자를 받아 임무를 수행하는 군수 기업들을 대표적인 우주 산업 기업으로 꼽았다. 점차 우주 산업의 상업화가 가속화되고 다양한 관련 서비스들이 발전하면서 기존 군수 기업들의 성과를 뛰어넘는 스타트업 기업들이 새롭게 등장하고 있다. 위성 인터넷, 우주 관광, 위성 모니터링, 위성 제작 및 발사와 관련된 기업뿐만 아니라 우주 쓰레기 제거, 우주 자원 채굴 등

우주를 무대로 한 다양한 형태의 기업들이 뉴 스페이스 시대의 흐름을
이끌어 가고 있다.

뉴 스페이스 시대가
가져올 미래

달과 화성을 선점하라

스페이스 테크 시장에 참여하고 있는 기업이나 국가들은 어떤 목표를 가지고 있을까? 크게 민간과 국가 목표로 나눠 볼 수 있다. 우선 민간 분야의 목표는 대부분 인공위성을 통한 인터넷과 TV 영상 송출 사업, GPS 위치 정보 사업, 위성 사진을 이용한 기후 예측처럼 당장 수익을 낼 수 있는 사업에 집중돼 있다. 2020년 기준, 전 세계 항공 우주 사업 분야의 서비스 수익 비중은 위성 TV가 26.92퍼센트, GPS 서비스가 24.88퍼센트, 위성 통신이 7.16퍼센트로 구성돼 있다. 이 중 위성 통신 관련 수익 비중이 가장 빠르게 성장할 것으로 기대된다. 또한 위성 통신

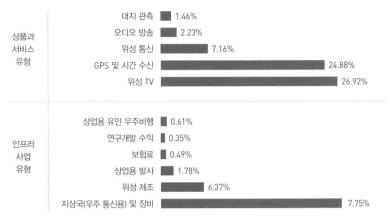

출처: 《상계》(중국 비즈니스 매거진)

관련 서비스를 구축하기 위한 지상국 장비나 위성 제조 같은 인프라 사업에도 많은 투자가 이루어지고 있다(도표 7-5).

국가 분야의 목표는 장기적이고 큰 규모의 투자가 필요한 부분에 집중돼 있다. 주로 수익성보다는 인류의 장기적인 이익을 위해 나사 주도하에 추진되는 우주 망원경, 달 궤도 정거장, 소행성 탐사, 화성 탐사 등의 우주 관련 산업들이다. 대표적인 예로, 2021년 12월 25일에 발사된 제임스 웹 우주 망원경James Webb Space Telescope은 무려 25년 전부터 기획, 개발, 테스트의 과정을 거쳐 총 100억 달러(약 13조 원) 이상의 비용이 투입됐다. 수차례 개발이 지연되고 예산 고갈로 좌초 위기를 여러 번 겪었지만 나사의 과감한 투자 덕분에 2022년 7월부터 새로운 우주의 사진을 보내오고 있다.

나사가 다음으로 중점을 두고 있는 두는 사업은 아르테미스 계획 Artemis Program이라 불리는 달 탐사 사업이다. 아폴로 11호 성공 이후로 50여 년 만에 달에 유인 우주선을 착륙시키고 달 궤도에 우주 정거장인 루나 게이트웨이Lunar Orbital Platform-Gateway의 건설을 목표로 삼고 있다. 2022년 5월 기준으로 미국, 영국, 호주, 한국을 포함해 총 13개 국가가 참여한 프로젝트다. 2026년까지 2명의 우주 비행사를 태운 우주선을 달에 보내 6일간 체류할 계획이라고 한다.

나사의 마지막 주요 사업은 화성 탐사 사업이다. 나사는 그동안 꾸준히 화성에 탐사선을 보내 왔다. 2012년 큐리오시티Curiosity, 2018년 인사이트Insight를 비롯해 2020년에는 퍼서비어런스Perseverance가 화성의 지표에 도착했다. 특히 퍼서비어런스는 화성 지표면의 위성 지도를 만들고 바람소리를 녹음하거나 내부 지진파를 감지하는 등 여러 방면에서 활약하고 있다.

우주 산업에 참여하는 민간 기업과 국가의 목표는 수익화를 기준으로 쉽게 구분할 수 있다. 먼저 국가에서 미래의 비전을 제시하고 우주 관련 기술 분야에 꾸준한 투자가 이뤄지도록 주도하면, 민간 분야에서는 수익과 투자로 큰 현금 흐름을 만들어냄으로써 우주 산업의 발전을 이뤄 낸다. 이처럼 지금까지는 우주 산업이 국가 주도의 분야로 성장했다. 하지만 앞으로는 민간 주도의 우주 산업이 새롭게 등장해 이전과는 다른 발전 양상을 보이리라 기대된다.

스페이스 테크의 등에 업힌 IT기술들

우주 산업의 발전은 스페이스 관련 스타트업, 로켓 관련 기업, 통신 기업뿐만 아니라 전통적인 기술과 산업에도 긍정적인 시너지를 일으킬 것이다. 그중에서도 클라우드와 3D프린팅, 그리고 인공지능 분야에 대한 기대가 크다.

2020년 마이크로소프트는 위성 인터넷 관련 서비스 애저 스페이스Azure Space 전략을 발표했다. 지구 어느 곳에서나 위성을 통해 클라우드 환경에 연결할 수 있게 지원하고 인공위성들이 서로 충돌하지 않고 자기 위치를 유지할 수 있도록 관제해 주며 각종 우주 데이터를 분석해 주는 등의 서비스를 제공할 계획이다.

애저 스페이스 전략의 핵심 서비스 중 하나는 컨테이너 크기의 소형 데이터 센터인 MDCModular Data Center다. 일반적인 데이터 센터는 건물 안에 설치되는 반면 MDC는 콘테이너 트럭에 연결해 어디든 이동할 수 있다. 또한 스타링크의 위성 인터넷 서비스와 연결되기 때문에 일반 유선 인터넷망이 닿기 어려운 지역에도 클라우드 서비스를 제공할 수 있도록 설계됐다. 이를 통해 이동식 지휘 본부, 재난 지역의 원조, 군사 임무 등에 폭넓게 활용될 수 있다.

애저 오비탈Azure Orbital은 GSaaSGround Station as a Service(서비스로서의 지상국) 서비스의 일종으로 애저의 클라우드 서비스를 이용한다. 그 덕분에 인터넷 위성 수만 개가 지구상 서로 다른 위치에 있어도 실시간으로 통신과 제어를 할 수 있다. 아마존 웹서비스에서도 그라운드 스테이션

● 컨테이너 사이즈의 애저 모듈러 데이터 센터

서비스Ground Staion Service라는 위성 인터넷 관련 서비스를 출시했다. 그
라운드 스테이션 서비스 또한 애저 오비탈과 유사한 위성 관제 서비스
를 지원한다.

　　3D 프린팅 기술도 우주 산업에서 새롭게 떠오르는 분야다. 무엇보다
3D프린팅은 우주선과 인공위성의 제작 방식에 획기적인 변화를 이끌었
다. 이전까지는 우주선이나 인공위성을 제작하기 위해 부품별로 금형을
따로 만들어야 했기 때문에 제작 비용과 시간 면에서 매우 비효율적이
었다. 개발 도중에 디자인을 수정하기도 쉽지 않았다. 그러나 3D 프린
팅 기술을 도입하면서부터 부품 제작과 디자인 변경 과정이 매우 손 쉬
워졌다. 비용은 절감하면서 작업 시간도 앞당길 수 있게 된 것이다.

소재의 제약도 적어서 금속, 플라스틱, 세라믹, 바이오 소재를 모두 사용할 수 있다. 척박한 우주 환경에서 사용할 수 있는 고경도 제품들도 충분히 만들어 낼 수 있다. 이러한 장점들 덕분에 이미 많은 우주 관련 기업들이 3D프린팅을 적용하기 시작했다. 덩달아 3D 산업도 빠르게 발전하는 결과를 불러 왔다. 기존 강자인 스트라타시스Stratasys, 3D 시스템스3D Systems와 같이 3D프린터 기술에 특화된 기업뿐만 아니라 조메트리Xometry와 같이 고객이 디자인한 제품을 인터넷으로 주문하면 손쉽게 받아 볼 수 있는 플랫폼 제공 기업들도 등장했다. 시장조사기업인 베리파이드 마켓 리서치Verified Market Research에 따르면 3D프린팅 시장의 규모는 2020년 1조 7,000억 원에서 2028년 10조 원 규모로 성장할 것으로 예상했다.

인공지능 기술도 우주 산업 분야에 기여할 것으로 기대된다. 그중에서도 지구 저궤도 영역을 돌고 있는 인공위성의 자율 항법 시스템에 인공지능 기술이 많이 적용되고 있다. 지구 주위를 돌고 있는 수만 개의 위성 간 최적의 이동 경로를 계산하거나 타사의 인공위성 및 우주 쓰레기와의 충돌을 피하고 각각 위성의 수명을 관리하는 것처럼 사람이 일일이 담당할 수 없는 위성 제어 분야에서 많이 쓰이고 있다. 또한 위성들이 촬영한 수십만 장의 위성사진을 실시간으로 분석하거나, 무인 화성 탐사 우주선의 항법을 제어하거나, 우주를 유영하는 우주인들의 미션 수행을 보조할 때도 인공지능 기술이 폭넓게 활용되고 있다.

이 외에도 자율주행차 기업, 통신 기업, 인터넷 기업, 반도체 기업 등 많은 빅테크 기업들이 우주 산업과 직간접적으로 다양한 관계를 맺고 있다. 우주 산업의 발전에 따라 이들 업체도 많은 수혜를 입을 것으로 예상되는 가운데 위성 인터넷 등 우주 관련 서비스가 보편화될수록 관련 기업들의 성장도 가속화될 것이다.

우주 쓰레기도 비즈니스가 된다

우주 산업의 상업화에 가장 적극적인 국가는 단연 미국이다. 2020년 한 해 동안 59조 원의 예산을 집행했다. 그중 민간 기관 프로젝트에 할당한 비중이 무려 49퍼센트에 달한다. 가장 큰 예산을 차지하는 프로젝트는 달 착륙을 목표로 하는 아르테미스 계획이다. 이 외에도 화성 탐사선, 우주 망원경, 국방 분야 등에 주요 예산이 책정돼 있다.

우주 관련 법률 제정에도 매우 적극적이다. 2017년 미국은 상업 우주 발사 경쟁력법을 제정하면서 우주에서 자원을 채취해 지구로 가져올 수 있는 법적 방안을 마련했다. 2017년 골드만삭스의 보고서에 따르면 하나의 소행성에 지구의 170배 이상의 백금이 매장돼 있으며 이는 최고 62조 원의 가치에 달하는 것으로 평가된다.

중국도 우주 개발의 상업화에 집중하고 있다. 2020년에는 총 10조 원 규모의 우주 예산을 집행했고 민간 분야에는 68퍼센트를 할당했다. 주요 계획으로는 2022년 발사가 목표인 우주정거장 톈궁天宮과 2020년 대 중반으로 예정된 목성 탐사, 2030년 초로 예정된 달 탐사 임무가 있다. 특히 2019년에는 중국의 무인우주선이 달 뒷면 착륙에 성공하면서 중국의 우주 기술이 세계적으로도 많은 주목을 받았다.

국내에서는 2022년 5월 한국판 항공우주국인 항공우주청을 설립하기로 결정했다. 국방부, 과학기술정보통신부, 방위사업청, 항공우주연구원 등 제각기 흩어진 부서들을 한데 모아 하나의 우주 정책 컨트롤타워로서 역할을 수행할 계획이다. 단순히 정부 주도의 우주 정책을 넘어서서 관련 산업, 안보, 환경 등 모든 분야에서 시너지를 일으킬 것으로 기대된다. 또한 국내 우주 기업들을 적극 양성하기 위해 우주개발진흥법의 개정도 추진 중이다. 해당 법안에는 공공기관의 인프라를 개방하고, 우주 신기술 지정 및 우주 분야 창업을 촉진하는 내용들이 담겨 있다.

아직 해결해야 할 문제들도 남아 있다. 그중 하나는 우주 쓰레기 문제다. 유럽우주기구European Space Agency에 따르면 현재 지구 주위를 도는 우주 쓰레기의 양은 9,600톤에 달한다고 한다. 하지만 이를 관리 감독할 국제법이나 기구가 전무한 상황이다. 우주를 떠도는 쓰레기들은 총알보다 7배 이상 빠른 평균 초속 7킬로미터의 속도로 지구 궤도를 돌고 있다. 만일 인공위성이나 우주정거장과 충돌한다면 매우 큰 피해를 입을 수밖에 없는 상황이다.

리오랩스LEOLABS는 지구 저궤도 상공에 있는 우주 쓰레기 문제를 해결하기 위해 설립된 스타트업이다. 이 기업은 저궤도상의 물체를 감지할 수 있는 독자적인 레이더 기술을 가지고 2020년부터 본격적으로 위

● 우주 쓰레기를 수거하는 클리어 스페이스 위성의 로봇팔

© Clear Space

성 충돌 방지 서비스를 시작했다. 미 국방부와 우주 관련 국제기구들과도 협력하고 있다. 특히 지구 주변의 우주를 떠돌고 있는 약 4.5센티미터 크기의 너트와 볼트를 비롯해 25만 개의 잔해들을 모니터링하고 있다. 스페이스X도 스타링크 위성 운용을 위해 리오랩스의 서비스를 이용하고 있다.

우주 쓰레기를 감지하는 방식 이외에도 직접 우주 쓰레기를 포획해 대기권으로 끌어내려 태워 버리는 방식도 거론되고 있다. 스위스의 클리어 스페이스Clear Space와 일본의 아스트로스케일Astroscale이 대표적으로 떠오르는 기업이다. 이들은 우주 쓰레기를 로봇 팔로 포획하거나 자성 물질을 이용해 끌어당기는 방법을 제안하고 있다. 2021년에는 각각

1,000억 원이 넘는 투자를 유치했다.

그동안 우주 개발은 오랜 기간 미지의 영역으로 여겨졌다. 하지만 많은 스타트업 기업이 우주 산업에서 새로운 기회를 포착하고 수익 구조를 재창조하면서 우주 산업의 상업화에 성공한 케이스들이 속속 등장하고 있다. 우주 개발의 상업화로 로켓 제조부터 발사, 인공위성 운용까지 전 과정에 대한 사업성을 재고하는 계기가 마련됐다. 이에 따라 비용이 절감되고 각종 파생 서비스도 등장했다.

이제 일반 소비자들도 지구 어느 곳에서나 장소의 제약 없이 초광대역, 초고속 인터넷을 사용할 수 있게 될 것이다. 민간인들도 우주 관광을 할 수 있을 만큼 보편화되는 날이 머지않았다. 일상생활 속에서도 위성 모니터링 서비스를 통해 도로 상황과 교통량을 실시간으로 확인함으로써 한층 진화된 내비게이션과 자율주행 시스템을 이용하는 시대가 이제 막 시작되고 있다. 스페이스 테크의 발전과 함께 앞으로 클라우드, 인공지능, 3D프린팅 같은 파생 산업들의 성장도 기대된다. 올드 스페이스 시대가 오늘날 우리의 일상생활을 바꾼 것처럼 뉴 스페이스 시대에는 어떤 미래를 만들지 전 세계의 이목이 집중되고 있다.

'올드 스페이스'에서 '뉴 스페이스'로! 🔍

전통적인 우주 산업은 국가 주도하에 이루어졌다. 이제 우주 산업을 이끌어가는 것은 바로 스페이스 스타트업이다. 스페이스X, 블루 오리진, 버진 갤럭틱 등이 인공위성 GPS, 위성 인터넷, 우주 관광 등 직접적인 수익을 발생시키는 분야에 뛰어들며 스페이스 산업에 혁신의 바람을 불러오고 있다.

6G 네트워크, 5G와 무엇이 어떻게 다를까? 🔍

5G의 특징은 초저지연, 초고속, 초연결이었다. 6G의 주요 특징은 초성능, 초광대역, 초저지연, 초지능, 초공간이라고 할 수 있다. 5G 대비 통신 지연 속도는 10분의 1로 줄어들고, 전송 속도는 50배 빨라진다.